ଆପଣ ଓ ଆପଣଙ୍କ ବ୍ୟବହାର

ଲେଖକ

ସୂର୍ଯ୍ୟ ସିହ୍ନା

ମାନବ ପ୍ରଶିକ୍ଷକ ତଥା ପ୍ରେରକ

ଡାଇମଣ୍ଡ ବୁକ୍ସ

ପ୍ରକାଶକ : ଡାଇମଣ୍ଡ ପକେଟ୍ ବୁକ୍ସ (ପ୍ରା.) ଲି.
X-30, ଓଖଲା ଇଣ୍ଡଷ୍ଟ୍ରିଆଲ ଏରିଆ, ଫେଜ - II
ନୂଆ ଦିଲ୍ଲୀ - 110020
ଦୂରଭାଷ : 011-41611861
ଇ-ମେଲ : www.diamondbook.in
ପ୍ରଥମ ସଂସ୍କରଣ - 2014
ମୁଦ୍ରକ : Adarsh Printers, Shahdra, Delhi-32

ଆପଣ ଓ ଆପଣଙ୍କ ବ୍ୟବହାର

By: ସୂର୍ଯ୍ୟ ସିହ୍ନା

AAP AUR AAPKA VYAVHAR (ORIYA)

By: Surya Sinha

ସମର୍ପଣ

ଏହି ପୁସ୍ତକ, ଜଗଜ୍ଜନନୀ ମା'
ବୈଷ୍ଣୋ ଦେବୀଙ୍କ ଚରଣକମଳରେ
ସମର୍ପିତ, ଯାହାଙ୍କର ଅପାର କରୁଣା
ମୋ ଉପରେ ରହିଛି ।

ଆପଣଙ୍କ ପାଇଁ ଏକ ଅମୂଲ୍ୟ ଉପହାର

ପ୍ରିୟ ସ୍ନେହୀ,

ଶ୍ରୀ/ଶ୍ରୀମତୀ/କୁମାରୀ/ପ୍ରିୟ __________

ସମସ୍ତେ ଜାଣନ୍ତି ଯେ, ଜୀବନରେ ଉପହାର କାହାକୁ ଦିଆଯାଇଥାଏ । କେବଳ ନିଜ ଲୋକମାନଙ୍କୁ । ବହୁତ ସମୟରୁ ମୁଁ ଏହା ଚିନ୍ତା କରୁଥିଲି ଯେ, ମୁଁ ଆପଣଙ୍କୁ ଏପରି କିଛି ଉପହାର ଦେବି, ଯାହା ଆପଣଙ୍କ ଜୀବନରେ ସବୁବେଳ ପାଇଁ ଖୁସି ଭରିଦେବ । ଈଶ୍ୱରଙ୍କ ଆଶିର୍ବାଦରୁ ଆଜି ମୋତେ, ଏହି ଉପହାର ଆପଣଙ୍କୁ ଦେବାର ଅବସର ପ୍ରାପ୍ତ ହୋଇଛି ।

ଆପଣ ଏହା ଭଲ ଭାବରେ ଜାଣିଛନ୍ତି ଯେ, ଜୀବନରେ ଖୁସି, ମାନ-ସମ୍ମାନ, ଘନିଷ୍ଠତା, ଶାନ୍ତି ପାଇବାକୁ ଓ କିଛି ହେବା ପାଇଁ ଯାହା ସବୁଠାରୁ ମହତ୍ୱପୂର୍ଣ୍ଣ ଦିଗ ଅଟେ - ତାହା ହେଉଛି ଆମର ବ୍ୟବହାର! ଆଉ ମୁଁ ଜାଣିବାକୁ ପାଇଛି ଯେ, ଆପଣଙ୍କ ବ୍ୟବହାର, ସମୟର ମାନଦଣ୍ଡରେ ସର୍ବଦା ସଠିକ୍ ରହିଆସିଛି । ଏହା ନିଶ୍ଚିତ ଯେ, ଆପଣ ବ୍ୟବହାରର ଧନୀ ଅଟନ୍ତି, ହେଲେ ଏହା ସମସ୍ତେ ଜାଣନ୍ତି ଓ ଆପଣ ମଧ୍ୟ ନିଶ୍ଚିତ ଜାଣିଥିବେ ଯେ, ସୁନା ଯେତେ ଗରମ ହୁଏ, ତାହାର ଚମକ ସେତେ ବାହାରେ । ସେଥିପାଇଁ, ଆପଣଙ୍କ ଜୀବନକୁ ଆହୁରି ଗଭୀର ଓ ସମୃଦ୍ଧ କରିବା ନିମନ୍ତେ ମୁଁ ଆପଣଙ୍କୁ ଏହି ଅମୂଲ୍ୟ ଉପହାର ଦେଉଛି । ମୋର ସମ୍ପୂର୍ଣ୍ଣ ବିଶ୍ୱାସ ଯେ, ଯଦି ଆମର ବ୍ୟବହାର ଏହି ପୁସ୍ତକର ସିଦ୍ଧ ଓ ବ୍ୟାବହାରିକ ଉପାୟଗୁଡ଼ିକ ଅନୁସାରେ ପରିବର୍ତ୍ତିତ ହୋଇଯାଏ, ତେବେ କୌଣସି ଉପଲବ୍ଧି, କୌଣସି ପଦବୀ, କୌଣସି ଖୁସି, ଆଉ କୌଣସି ସଫଳତା ଆମଠାରୁ ଦୂରରେ ରହିପାରିବ ନାହିଁ । ସେଥିପାଇଁ ମୁଁ, ଏହି ବହୁମୂଲ୍ୟ ଉପହାର ଆପଣଙ୍କୁ ଦେବାପାଇଁ ମନସ୍ଥ କରିଛି ।

ମୋର ହାର୍ଦ୍ଦିକ ଇଚ୍ଛା ଏହିକି ଯେ, ଜୀବନ ମାର୍ଗରେ ଏହି ମୂଲ୍ୟବାନ୍ ପୁସ୍ତକ ଆପଣଙ୍କ ପାଇଁ ଗୋଟିଏ ସଠିକ୍ ମାର୍ଗଦର୍ଶକ ଏବଂ ଜଣେ ପ୍ରକୃତ ମିତ୍ରର କାମ କରୁ । ଏହି ସମସ୍ତ ଶୁଭାଶିଷ ସହିତ ଏହି ପୁସ୍ତକକୁ ଆପଣଙ୍କ ସମ୍ମୁଖରେ ପ୍ରସ୍ତୁତ କରୁଛି ।

ତାରିଖ: ....

ଆପଣଙ୍କ ଶୁଭାକାଙ୍କ୍ଷୀ

____

(ସାକ୍ଷାତକର୍ତ୍ତା)

ସମାଜ କଲ୍ୟାଣ ହିତରେ ତଥା

ବ୍ୟକ୍ତିତ୍ୱ ବିକାଶ ପାଇଁ ଏହି ପୁସ୍ତକକୁ ଆପଣ ଯେକୌଣସି ବ୍ୟକ୍ତିଙ୍କୁ ଉପହାରସ୍ୱରୂପ ଦେଇପାରିବେ । ଉପହାରସ୍ୱରୂପ ଦେବାପାଇଁ ଯେଉଁ ସହୃଦୟ ବ୍ୟକ୍ତିଙ୍କୁ ଏହି ପୁସ୍ତକର ଆବଶ୍ୟକତା ହେବ, ସେ ଏହାକୁ ରିଆତି ମୂଲ୍ୟରେ 'ଭିନର୍ଜ ଟ୍ରେକ୍'ର ଉପହାର ଯୋଜନା ଅନ୍ତର୍ଗତ ପ୍ରକାଶକଙ୍କ ସହିତ ସମ୍ପର୍କ କରି ମଗାଇପାରିବେ ।

ବିଷୟ ସୂଚୀ

ଭାଗ - ୨

ଦୁଇ ପଦ

ବନ୍ଧୁଗଣ !

ନୂତନ ଚିନ୍ତାଧାରା ଓ ଅନୁଭବ ସହିତ ମୁଁ ଆପଣଙ୍କୁ ପୁଣି ସ୍ୱାଗତ କରୁଛି ।

'ଆପଣ ଓ ଆପଣଙ୍କ ବ୍ୟବହାର' ପୁସ୍ତକ ବର୍ତ୍ତମାନ ଆପଣଙ୍କ ହାତରେ ଅଛି ।

ନିଃସନ୍ଦେହରେ ଏହି ପୁସ୍ତକକୁ ଦେଖି ଆପଣଙ୍କ ମନରେ ସର୍ବପ୍ରଥମେ ଏହି ଚିନ୍ତା ଆସୁଥିବ ଯେ, ମୋ ବ୍ୟବହାର ତ ବହୁତ ଭଲ, ତାହାହେଲେ ମୋତେ ଏହି ବହିର କ'ଣ ବା ଆବଶ୍ୟକ । ବିଲ୍‌କୁଲ୍ ଠିକ୍ । ସାଧାରଣତଃ ଆମେ ସମସ୍ତେ, ନିଜ ବିଷୟରେ ଏହାହିଁ ଭାବିଥାଉ । ହେଲେ, ଆପଣ କେବେ ଭାବିଛନ୍ତି କି, ଏହିପରି ଭାବିବା ସମୟରେ ଆମେ କ'ଣ ସମ୍ପୂର୍ଣ୍ଣ ଭାବେ ଠିକ୍ ଥାଉ ? ଯେହେତୁ ଏହି ପ୍ରସଙ୍ଗ ସହିତ ଆମର ବ୍ୟକ୍ତିଗତ ବ୍ୟବହାର ଜଡ଼ିତ ହୋଇଥାଏ, ସେଥିପାଇଁ ଆମେ ନିଜକୁ ବିନାଦ୍ୱିଧାରେ ଶତ ପ୍ରତିଶତ ଅଙ୍କ ଦେଇଥାଉ ।

କିନ୍ତୁ, ଏବେ ପ୍ରଶ୍ନ ଉଠେ ଯେ, ଯଦି ଆପଣଙ୍କର କିମ୍ବା ଆମ ବ୍ୟବହାର ଭଲ ଅଛି, ତେବେ -

ଆମର ବ୍ୟାପାରିକ, ପାରିବାରିକ ଅଥବା ବନ୍ଧୁତ୍ୱପୂର୍ଣ୍ଣ ସମ୍ପର୍କରେ ତିକ୍ତତା କାହିଁକି ରହିଛି ?

କାହିଁକି ଆମେ ଶତ ଚେଷ୍ଟା ସତ୍ତ୍ୱେ ଅନ୍ୟମାନଙ୍କୁ ନିଜ କଥା ବୁଝାଇ ପାରୁନାହୁଁ ?

କାହିଁକି ଲୋକମାନେ ଆମ କଥା ଉପରେ ବିଶ୍ୱାସ କରନ୍ତି ନାହିଁ ?

ଆମେ ଯେତିକିର ଅଧିକାରୀ ବୋଲି ନିଜକୁ ଭାବୁ, ସେତିକି ଉନ୍ନତି କାହିଁକି କରିପାରୁନାହୁଁ ?

ଏପରି କେଉଁ କାରଣ ଅଛି, ଯାହା କାରଣରୁ ଆମେ ନିଜ ମାଲିକ, ସାଙ୍ଗ ତଥା ନିଜ ଦଳର ହୃଦୟ ଜିଣିପାରୁନାହୁଁ ?

ଆମର, ଲୋକଙ୍କ ପ୍ରତି କିମ୍ବା ଲୋକମାନଙ୍କର ଆମ ପ୍ରତି ଦ୍ୱେଷ ବା ବିରୋଧ ଭାବ କାହିଁକି ରହିଛି ?

ଏପରି କ'ଣ କାରଣ ଅଛି, ଯାହାପାଇଁ ଆମର ନେଟ୍‌ୱର୍କ ଓ ସାଙ୍ଗମାନଙ୍କର ପରିସର ବୃଦ୍ଧି ପାଇପାରୁନାହିଁ ?

ଏହି ସମସ୍ତ ପ୍ରଶ୍ନର ସିଧା ଉତ୍ତର ହେଉଛି ଯେ, ଆମ ମଧ୍ୟରେ କେଉଁଠି ନା କେଉଁଠି ବ୍ୟବହାର ସମ୍ବନ୍ଧୀୟ ତ୍ରୁଟିମାନ ରହିଛି, ଯେଉଁଗୁଡ଼ିକୁ ହୁଏତ ଆମେ ଜାଣିନଥାଇପାରୁ, ଅଥବା ସେହିସବୁ ତ୍ରୁଟିଗୁଡ଼ିକୁ ଆମେ ନିଜର ସ୍ୱଭାବ ବୋଲି ମାନିନେଇଥାଉ ।

ମନେରଖନ୍ତୁ, ଯେତେବେଳେ ଆମେ ନିଜ ତ୍ରୁଟିଗୁଡ଼ିକୁ ନିଜର ଗୁଣ ବୋଲି ଧରିନେଉ, ତେବେ ପ୍ରଥମେ, ସେଥିରେ କୌଣସି ପ୍ରକାରର ସଂଶୋଧନ କରିନଥାଉ ଏବଂ ଦ୍ୱିତୀୟତଃ, ବ୍ୟବହାର ସମ୍ପର୍କିତ ବଡ଼-ବଡ଼ ହାନିଗୁଡ଼ିକର ସମ୍ମୁଖୀନ ହୋଇଥାଉ ।

ବନ୍ଧୁଗଣ ! ଶୁଣନ୍ତୁ । ଯଦି ଆମକୁ ଜୀବନରେ ସଫଳତା ଦରକାର, ଖୁସି ଦରକାର, ସୁଖମୟ ପରିବେଶ ଓ ସମ୍ମାନ ଦରକାର, ତେବେ ସର୍ବପ୍ରଥମେ ଆମକୁ ନିଜ ବ୍ୟବହାରକୁ ଧ୍ୟାନପୂର୍ବକ ଭାବେ ନିରୀକ୍ଷଣ କରିବାକୁ ପଡ଼ିବ । ମାନବୀୟ, ସାମାଜିକ ତଥା ବ୍ୟାପାରିକ ଦୃଷ୍ଟିକୋଣରେ ଯାହା ବ୍ୟବହାର ସମ୍ବନ୍ଧୀୟ ନିୟମ ଅଟେ, ତଦନୁସାରେ ନିଜକୁ ଗଢିବାକୁ ପଡ଼ିବ । ମୋର ସମ୍ପୂର୍ଣ୍ଣ ଆଶା ଓ ଭରସା ଯେ, ଯଦି ଆପଣ ପ୍ରକୃତରେ ଏହି ପୁସ୍ତକରେ ପ୍ରଦତ୍ତ ବ୍ୟାବହାରିକ ନିୟମଗୁଡ଼ିକୁ ନିଜ ଜୀବନରେ ସ୍ଥାନିତ କରିବେ, ତେବେ ଆପଣ ସେହି ସମସ୍ତ ସହଜରେ ପ୍ରାପ୍ତ କରିପାରିବେ, ଯାହାର ଆଶା ଆପଣ ବର୍ଷ-ବର୍ଷ ଧରି କରିଆସୁଛନ୍ତି । ଉଦାହରଣସ୍ୱରୂପ, ବ୍ୟାପାର କିମ୍ବା ଚାକିରିରେ ସଫଳତା, ବ୍ୟାପାରର

ବିସ୍ତାର, ଚାକିରିରେ ଉନ୍ନତି, ବନ୍ଧୁ ଓ ପରିଜନମାନଙ୍କ ମଧ୍ୟରେ ସମ୍ମାନ, ପରିବାରରେ ସ୍ନେହ, ଏକସୂତ୍ରତା ଏବଂ ଆନନ୍ଦ । ବିଶେଷ ଭାବରେ ଏହି ପୁସ୍ତକ ବ୍ୟାପାର, ସ୍ୱରୋଜଗାର, ସେଲ୍ସପର୍ସନ୍, ଉଦ୍ୟୋଗୀ ଓ ଚାକିରି କରୁଥିବା ବ୍ୟକ୍ତିଙ୍କ ଜୀବନରେ ଏପରି କ୍ରନ୍ତିକାରୀ ପରିବର୍ତ୍ତନ ଆଣିବାର ସାମର୍ଥ୍ୟତା ରଖିଛି, ଯେଉଁଥିରୁ ତାଙ୍କର ଜୀବନସ୍ତର ପୂର୍ବାପେକ୍ଷା ବହୁତ ଅଧିକ ଉନ୍ନତ ତଥା ବିକଶିତ ହୋଇଯାଏ ।

ଏହି ପୁସ୍ତକକୁ ମୁଁ ଦୁଇ ଭାଗରେ ବିଭକ୍ତ କରିଛି । ପ୍ରଥମ ଭାଗରେ ମୁଁ, ମାନବିକ ବ୍ୟବହାରର ସେହି ସୂତ୍ରଗୁଡ଼ିକ ଉପରେ ଆଲୋକପାତ କରିଛି, ଯାହା ପ୍ରତ୍ୟେକ କ୍ଷେତ୍ରରେ ଆପଣଙ୍କର ମାନବ ସମ୍ପର୍କକୁ ବୃଦ୍ଧି ତଥା ସୁଦୃଢ଼ କରିବାରେ ସହାୟକ ହେବ । ଆପଣ ବ୍ୟବସାୟୀ ହୋଇଥା'ନ୍ତୁ ଅଥବା ଚାକିରିଆ କିମ୍ବା କୌଣସି ଶୋ'ରୁମ୍‌ରେ ସେଲ୍ସମ୍ୟାନ୍, ଦୋକାନୀ ହୋଇଥା'ନ୍ତୁ ବା କୌଣସି କୁଶଳୀ କାରିଗର - ସେହି ସମସ୍ତରେ ଆପଣଙ୍କର ସଫଳତା ସର୍ବପ୍ରଥମେ ଆପଣଙ୍କ ବ୍ୟବହାର ଉପରେ ନିର୍ଭର କରିଥାଏ । ଯଦି ଆପଣଙ୍କର ବ୍ୟବହାର ଭଲ ଅଟେ, ମାନବୀୟ ଗରିମା ତଥା ସାମାଜିକ ପରମ୍ପରା ଅନୁରୂପ ଅଟେ, ତେବେ ଆପଣଙ୍କ ନିକଟରେ ଶୁଭେଚ୍ଛୁ, ପରାମର୍ଶଦାତା, ଆପଣଙ୍କ ବିଷୟରେ ଚିନ୍ତା କରୁଥିବା ଓ ଆପଣଙ୍କୁ ସ୍ନେହ କରୁଥିବା ଲୋକମାନଙ୍କର ଏକ ବଡ଼ ପରିଧି ରହିବ । ଏହା ଆପଣ ନିଶ୍ଚିତ ଭାବରେ ଜାଣିଥିବେ ଯେ, ଯେଉଁ ବ୍ୟକ୍ତିର ସମ୍ପର୍କ ପରିଧି ଯେତେ ବିସ୍ତୃତ ଥାଏ, ତାକୁ ନିଜ କ୍ଷେତ୍ରରେ ସେତିକି ଅଧିକ ସଫଳତା ମିଳିଥାଏ । ତତ୍‌ସହିତ, ଯଦି ଆପଣଙ୍କର ବ୍ୟବହାର ଭଲ ଅଟେ, ତେବେ ଆପଣଙ୍କର ବ୍ୟକ୍ତିଗତ ତଥା ପାରିବାରିକ ଜୀବନ ମଧ୍ୟ ସୁଖମୟ ହେବ । ମାତା-ପିତା, ଭାଇ-ଭାଉଜ, ଭଉଣୀ-ଭିଣୋଇ, କାକା-ଖୁଡ଼ି, ଭଣଜା-ଭାଣିଜୀ ଓ ପୁତୁରା-ଝିଆରୀମାନଙ୍କ ସହିତ ଆପଣଙ୍କ ସମ୍ପର୍କ ସହଜ, ଉତ୍ତମ ଓ ପ୍ରେମପୂର୍ଣ୍ଣ ହେବ । ପରିବାରରେ ସ୍ତ୍ରୀ ଓ ସନ୍ତାନ, ଆପଣଙ୍କ ପ୍ରତି ଚିନ୍ତାଶୀଳ ହେବା ସହିତ ଆପଣଙ୍କ ସୁଖ-ଦୁଃଖର ପ୍ରକୃତ ସହଯୋଗୀ ହେବେ । ସମାଜରେ ଆପଣଙ୍କର ଏକ ଭିନ୍ନ ଧରଣର ପ୍ରତିଷ୍ଠା ହେବ । ଲୋକମାନେ, ପଛରେ ମଧ୍ୟ ଆପଣଙ୍କର ପ୍ରଶଂସା ଖୋଲା ମନରେ କରିବେ, ନା କି ଲୋକ ଦେଖାଣିଆ ଭାବରେ ଏବଂ ଏହି ସମସ୍ତ କେବଳ ଆଉ କେବଳ ଆପଣଙ୍କ ବ୍ୟବହାର ଉପରେ ନିର୍ଭର କରିଥାଏ । ଆପଣଙ୍କ ଶିକ୍ଷାଗତ ଯୋଗ୍ୟତା ବା ଧନାଢ଼୍ୟତା ସହିତ ଏହାର କୌଣସି ସମ୍ପର୍କ ନାହିଁ, ଏହା

ଜାଣିରଖନ୍ତୁ ।

ଗୋଟିଏ ଗୁପ୍ତ କଥା ମୁଁ ଆପଣଙ୍କୁ କହିବାକୁ ଚାହେଁ । ସମ୍ପର୍କ ଭାଙ୍ଗିବା-ଖରାପ ହେବା, ବନ୍ଧୁମାନେ ମିଶିବା-ଅଲଗା ହେବା, ସମାଜରେ ମାନ-ଅପମାନ, ବ୍ୟାପରରେ ଉନ୍ନତି-ଅବନତି, ଚାକିରିରେ ଉନ୍ନତି, ସବୁକିଛି ଆପଣ ନିଜ ବ୍ୟବହାର ଅନୁରୂପ ହିଁ ପ୍ରାପ୍ତ କରିଥା'ନ୍ତି । ଏହି ପୁସ୍ତକର ପ୍ରଥମ ଭାଗକୁ ଧ୍ୟାନପୂର୍ବକ ଭାବେ ଅବଶ୍ୟ ପଢ଼ନ୍ତୁ, ନାକେବଳ ପଢ଼ନ୍ତୁ, ବରଂ ଏହାକୁ ବୁଝନ୍ତୁ ତଥା ନିଜର ସାମ୍ପ୍ରତିକ ବ୍ୟବହାରର ଏକ ଛବି ମଧ୍ୟ ନିଜ ସମ୍ମୁଖରେ ରଖି ଦେଖନ୍ତୁ । ତାହାପରେ, ନିଷ୍ପାପ ତଥା ନିରପେକ୍ଷ ମନରେ ଏହା ନିର୍ଣ୍ଣୟ କରନ୍ତୁ ଯେ, କ'ଣ ଆପଣଙ୍କଠାରେ ଏହି ପୁସ୍ତକରେ ଦିଆଯାଇଥିବା ବ୍ୟାବହାରିକ ଗୁଣ ଅଛି ? ଯଦି ଅଛି, ତେବେ ଉତ୍ତମ, ଆଉ ଯଦି ନାହିଁ, ତାହାହେଲେ ଆପଣଙ୍କୁ ନିଜ ବ୍ୟବହାରରେ ସାମାନ୍ୟ ପରିବର୍ତ୍ତନ କରିବା ଉଚିତ୍ । ମୋର ସମ୍ପୂର୍ଣ୍ଣ ବିଶ୍ୱାସ ଯେ, ଏହି ପୁସ୍ତକରେ ଦିଆଯାଇଥିବା ନିୟମଗୁଡ଼ିକୁ ଗ୍ରହଣକରି, ଅଳ୍ପ କେତେକ ଦିନରେ ହିଁ ଆପଣଙ୍କୁ ସର୍ବୋତ୍ତମ ପରିମାଣ ମିଳିବାକୁ ଲାଗିବ ।

ଏହା ହେଲା ପ୍ରଥମ ଭାଗ ବିଷୟର କଥା ।

ଦ୍ୱିତୀୟ ଭାଗରେ ମୁଁ, ଆପଣଙ୍କୁ ତଥା ନିଜକୁ କିମ୍ବା ଏପରି କୁହନ୍ତୁ ଯେ 'ମନୁଷ୍ୟ'କୁ ରଖିଛି । ଅର୍ଥାତ୍, ଆପଣଙ୍କୁ କିପରି ହେବା ଉଚିତ୍ ?

ବନ୍ଧୁଗଣ ! ଜଣେ ଭଲ ଲୋକ ହିଁ ଭଲ ବ୍ୟବହାର କରିପାରେ । ଯେଉଁ ବ୍ୟକ୍ତିଠାରେ ସଭ୍ୟତା, ଶିଷ୍ଟତା, ସମ୍ବେଦନା, ଧୈର୍ଯ୍ୟ, ଶାନ୍ତି, ବ୍ୟବସ୍ଥିତତା ନଥିବ, ତା'ର ବ୍ୟବହାର ମଧ୍ୟ ଭଲ ହେବନାହିଁ । ତେଣୁ, ସର୍ବପ୍ରଥମେ ଜଣେ ବ୍ୟକ୍ତିକୁ 'ମଣିଷ' ହେବା ଦରକାର । ଯଦି ଆମ ଭିତରେ ଅବଗୁଣ ଅଛି, ଦୋଷ ଅଛି ଓ ଆମେ ସେଗୁଡ଼ିକୁ ଛାଡ଼ିପାରୁନେ ତଥା ଏହି ପୁସ୍ତକ କିମ୍ବା ଅନ୍ୟ କୌଣସି ମହତ୍ୱପୂର୍ଣ୍ଣ ପ୍ରେରଣାଦାୟକ ପୁସ୍ତକକୁ ପଢ଼ି ଭଲ ବ୍ୟବହାର ଦେଖାଇବାକୁ ଚେଷ୍ଟା କରିବା, ତେବେ ତାହା କେବଳ ଲୋକ ଦେଖାଣିଆ ହେବ । 'ମନରେ କିଛି ମୁହଁରେ କିଛି' ପ୍ରକାର ବ୍ୟକ୍ତିମାନଙ୍କ ଓଜନ ଲୋକମାନଙ୍କ ନଜରରେ ହ୍ରାସ ପାଇଥାଏ । ତେଣୁ, ଉତ୍ତମ ବ୍ୟବହାରସମ୍ପନ୍ନ ବ୍ୟକ୍ତି ଅପଣ ସେତେବେଳେ ହୋଇପାରିବେ, ଯେତେବେଳେ ଆପଣ ନିଜ ଭିତରେ ପ୍ରଭାବଶାଳୀ ମାନବିକ ଗୁଣକୁ

ବିକାଶ କରିବେ ।

ଭାଗ ଦୁଇରେ ମାନବୀୟ ଗୁଣ ଉପରେ ସଂକ୍ଷିପ୍ତ ଆଲୋକପାତ କରାଯାଇଛି । ସେହି ଛୋଟ-ଛୋଟ କଥାଗୁଡ଼ିକ ଉପରେ ମଧ୍ୟ ଆଲୋଚନା କରାଯାଇଛି, ଯାହା କେବଳମାତ୍ର ଆଧୁନିକ ମନୁଷ୍ୟକୁ ପ୍ରକୃତ ଅର୍ଥରେ ବୁଦ୍ଧିମାନ ମାନବ କରି ସମାଜରେ ଉପସ୍ଥାପିତ କରିବାରେ ସାହାଯ୍ୟ କରିଥାଏ ।

ମୁଁ ଏହି ପୁସ୍ତକକୁ ଏକ ଜ୍ଞାନର ଦୀପ ସଦୃଶ ଦେଖୁଛି । ମୋର ସମ୍ପୂର୍ଣ୍ଣ ବିଶ୍ୱାସ ଯେ, ମାନବିକ ସମ୍ପର୍କକୁ ଏକ ନୂତନ ଦିଗନ୍ତ ଦେବାରେ ତଥା ସୁଦୃଢ଼ କରିବାରେ ଏହି ପୁସ୍ତକ ମାଇଲଖୁଣ୍ଟ ସାବ୍ୟସ୍ତ ହେବ । ଏହି ପୁସ୍ତକରେ ପରାମର୍ଶିତ ମାର୍ଗ ଓ ରଣନୀତିମାନ ବ୍ୟାବହାରିକ ସ୍ତରରେ ପ୍ରମାଣିତ ଅଟେ । ମୁଁ, ନିଜର ଏହି ପ୍ରଚେଷ୍ଟାରେ ସାଧାରଣ ମନୁଷ୍ୟକୁ ଅସାଧାରଣ ମାନବ କରିବା ପାଇଁ ନିତାନ୍ତ ଆବଶ୍ୟକୀୟ ସମସ୍ତ କାରଣଗୁଡ଼ିକର ବିଶ୍ଳେଷଣ କରି ମାର୍ଗଦର୍ଶନ ଦେବାର ଚେଷ୍ଟା କରିଛି ।

ମନେରଖନ୍ତୁ, ଯେତେବେଳେ ଜଗତ ଶୋଇଥାଏ, ସେତେବେଳେ ଯୋଗୀ ଜାଗ୍ରତ ଥାଆନ୍ତି । ଏବେ ଆପଣଙ୍କୁ ହିଁ ସ୍ଥିର କରିବାର ଅଛି ଯେ – ଆପଣ ଶୋଇବେ ନା ଜାଗ୍ରତ ରହିବେ ।

ଆପଣଙ୍କର

ସୂର୍ଯ୍ୟ ସିହ୍ନା
website : www.suryasinha.com
E-mail : surya@suryasinha.com
winnerztrack@gmail.com

ଯଦି ଆପଣ ସମାଜରେ ପ୍ରତିଷ୍ଠା ଓ ସମ୍ମାନ ପ୍ରାପ୍ତ କରିବାକୁ ଚାହାଁନ୍ତି, ତେବେ ଆପଣଙ୍କୁ ନିଜ ମସ୍ତିଷ୍କକୁ ଥଣ୍ଡା, ପକେଟକୁ ଗରମ, ଆଖିରେ ଲାଜ, ଜିଭକୁ ନରମ, ହୃଦୟରେ ଦୟା, ଦୀନ-ଦରିଦ୍ରମାନଙ୍କ ପ୍ରତି ଅନୁକମ୍ପା ତଥା ନିଜ ବ୍ୟବହାରକୁ ଉତ୍ତମ କରିବାକୁ ହିଁ ପଡ଼ିବ ।

ଯଦି ଆପଣ ଏପରି କରିପାରିବେ, ତେବେ ଦେଖିବେ, ଏହି ଧରାଭୂମୀରେ ଆପଣ ସ୍ୱର୍ଗର ଅନୁଭୂତି ପ୍ରାପ୍ତ କରିବେ ।

-ସୂର୍ଯ୍ୟ ସିହ୍ନା

ବ୍ୟାବହାରିକତାର ଆରମ୍ଭ ଘରୁ କରନ୍ତୁ

ଏପରି ଦେଖାଯାଇଛି ଯେ, କିଛି ଲୋକ ବାହାର ଲୋକମାନଙ୍କ ସହିତ ବହୁତ ଭଲ ବ୍ୟବହାର କରନ୍ତି, ହେଲେ ନିଜ ପରିବାର ସହିତ ସେମାନଙ୍କ ବ୍ୟବହାର ସେତେ ଭଲ ନଥାଏ । ବାହାର ଜଗତରେ ସେମାନଙ୍କ ଓଠରେ ସର୍ବଦା ହସ ଲାଗିକରି ରହିଥାଏ । ସେମାନେ, ସମସ୍ତଙ୍କ ସହିତ ଆତ୍ମୀୟତାର ସହିର ମିଶନ୍ତି, ମିଠା କଥା କୁହନ୍ତି, ମାତ୍ର ଘରକୁ ଆସିବା କ୍ଷଣି ସେମାନଙ୍କ ମୁହଁରୁ ହସ ଲିଭିଯାଏ । ସେ ଗମ୍ଭିରତା, ବିରକ୍ତି କିମ୍ବା କ୍ରୋଧର ମୁଖା ପିନ୍ଧିଦିଅନ୍ତି । ସ୍ତ୍ରୀ, ପିଲାଙ୍କୁ କଠୋର ଦୃଷ୍ଟିରେ ଦେଖନ୍ତି କିମ୍ବା ସେମାନଙ୍କ ପ୍ରତି ତାଙ୍କ ବ୍ୟବହାର ମନ୍ଦ ହୋଇଥାଏ । ଏହା, ସେମାନଙ୍କର ଅତ୍ୟନ୍ତ ନିନ୍ଦନୀୟ ତଥା ଦ୍ୱିବିଧ ବ୍ୟବହାର ଅଟେ । ଏପରି ଲୋକମାନଙ୍କୁ ଦେଖିକରି ଏହା ବୁଝିପାରିବା କଠିନ ହୋଇଥାଏ ଯେ, ସେମାନଙ୍କର ପ୍ରକୃତ ଚେହେରା କେଉଁଟି ? ସତ ଯାହା ବି ହୋଇଥାଉନା କାହିଁକି, ସେମାନଙ୍କ ବ୍ୟବହାରରୁ ଏହା ନିଶ୍ଚିତ ପ୍ରତୀତ ହୋଇଥାଏ ଯେ, ଏପରି ବ୍ୟକ୍ତି ଘର ବାହାରେ ନାଟକ କରୁଥାଇପାରେ, ନଚେତ୍ ନିଜ ଘରୋଇ ଜୀବନରେ ।

ଏହିପରି ଦ୍ୱିବିଧ ବ୍ୟକ୍ତିତ୍ୱ ବିଶିଷ୍ଟ ବ୍ୟକ୍ତି ନିଜର ଟେକ ବା ସମ୍ମାନକୁ ଅଧିକ ସମୟ ପର୍ଯ୍ୟନ୍ତ ବଜାୟ ରଖିପାରେନାହିଁ । ବହୁ ଶୀଘ୍ର ବାହ୍ୟ ଜଗତର ଲୋକମାନେ ମଧ ଜାଣିଯାଆନ୍ତି ଯେ, ଏହି ବ୍ୟକ୍ତି ଦ୍ୱୈତ ଚରିତ୍ରର ତଥା ନାଟକବାଜ୍ ଅଟେ ।

ପ୍ରକୃତରେ ଏପରି ବ୍ୟକ୍ତି ସମାଜ ପାଇଁ ଭଲ ହୋଇହିଁ ପାରିବେନାହିଁ, ଯେଉଁମାନେ ନିଜ ପରିବାର ପ୍ରତି ବିରକ୍ତି, ସମ୍ବେଦନହୀନ ବା ଆବଶ୍ୟକତାଠାରୁ ଅଧିକ କଠୋର ହୋଇଥିବେ, ଅଥବା ଯିଏ ନିଜର ମାତା-ପିତା, ଭାଇ-ଭଉଣୀ, ସ୍ତ୍ରୀ କିମ୍ବା

ସନ୍ତାନମାନଙ୍କ ସହିତ ଭଲ ବ୍ୟବହାର କରେନାହିଁ ।

ସେଥିପାଇଁ ଏହା ଜରୁରୀ ଅଟେ ଯେ, ଯଦି ପ୍ରକୃତରେ ଆପଣ ନିଜକୁ ଜଣେ ଭଲ ଓ ବ୍ୟାବହାରିକ ବ୍ୟକ୍ତି କରିବାକୁ ଚାହାଁନ୍ତି, ତେବେ ଏହାର ଆରମ୍ଭ ଆପଣଙ୍କୁ ନିଜ ଘରୁ କରିବାକୁ ପଡ଼ିବ ।

ଏହା କେବଳ ମୁଁ ନୁହେଁ, ବରଂ ଆପଣମାନଙ୍କର ମଧ୍ୟ ଅନୁଭବ ଥିବ ଯେ, ଅନେକ ଲୋକ ନିଜ ମାତା-ପିତାଙ୍କୁ କେବେବି ଠିକ୍ ଭାବରେ ପ୍ରଣାମ ମଧ୍ୟ କରନ୍ତି ନାହିଁ, ହେଲେ ଅଫିସ୍‌ରେ, ନିଜ ବସ୍‌ଙ୍କ ସମେତ ସହକର୍ମୀମାନଙ୍କ ଆଗରେ ମଧ୍ୟ ଲୋଇଁକରି ରହିଥା'ନ୍ତି । ନିଜ ସ୍ତ୍ରୀକୁ ସ୍ନେହରେ ପଦେ କହିବେ ନାହିଁ, ହେଲେ ପର ସ୍ତ୍ରୀମାନଙ୍କ ସହିତ ଅତ୍ୟନ୍ତ ଭଦ୍ରାମୀ ଓ ପ୍ରେମର ସହିତ କଥା ହେବେ । ନିଜ ପିଲାମାନଙ୍କୁ ସର୍ବଦା ଗାଳି କରୁଥିବେ, ମାତ୍ର ପାଖ-ପଡ଼ିଶା ତଥା ପରିଚିତ ଲୋକମାନଙ୍କର ପିଲାମାନଙ୍କୁ ବହୁତ ସ୍ନେହ କରିବେ । ଏପରି ଲୋକମାନଙ୍କୁ କ'ଣ ଆପଣ ବ୍ୟାବହାରିକ କିମ୍ବା ମାନବୀୟ କହିପାରିବେ ?

ଏହିପରି ଦ୍ୱିବିଧ ବ୍ୟବହାର ଯଦି ଆପଣ ମଧ୍ୟ କରନ୍ତି ଏବଂ ଏହି ଚିନ୍ତାରେ ଅଛନ୍ତି ଯେ, ଏଥିରୁ ଆପଣଙ୍କ ପରିବାର, ଆପଣଙ୍କ ସ୍ତ୍ରୀ, ଆପଣଙ୍କ ସନ୍ତାନମାନେ ଆପଣଙ୍କ ନିୟନ୍ତ୍ରଣରେ ରହିବେ, ତେବେ ଏହା ଜାଣିରଖନ୍ତୁ ଯେ, ଆପଣ ସମ୍ପୂର୍ଣ୍ଣ ଭୁଲ୍ ଅଟନ୍ତି । ଏହି ପ୍ରକାରର କଠୋର ତଥା ଭୁଲ୍ ବ୍ୟବହାର ଦ୍ୱାରା ଆପଣ ନିଜ ଓ ସେମାନଙ୍କ ମଧ୍ୟରେ ଏକ ଅଦୃଶ୍ୟ ଫାଟ ସୃଷ୍ଟି କରିଦିଅନ୍ତି । ସେତେବେଳେ ସେମାନେ ହୃଦୟରୁ ଆପଣଙ୍କର ସମ୍ମାନ କରନ୍ତି ନାହିଁ, କେବଳ ପ୍ରଦର୍ଶନ ହିଁ କରନ୍ତି । କେବଳ ଏତିକି ନୁହେଁ, ଯେତେବେଳେ ଆପଣଙ୍କର ଏହି ବ୍ୟବହାରର ରହସ୍ୟ ଉନ୍ମୋଚନ ହୁଏ, ସେତେବେଳେ ବାହ୍ୟ ଜଗତର ଲୋକମାନେ ମଧ୍ୟ ଆପଣଙ୍କୁ ଅସ୍ୱୀକାର କରିବାରେ ଡେରି କରନ୍ତି ନାହିଁ ।

ତେଣୁ, ସର୍ବଦା ଏହା ଧ୍ୟାନ ରଖନ୍ତୁ ଯେ, ଆପଣ ନିଜ ଭଲ ବ୍ୟବହାରର ପ୍ରାରମ୍ଭ ନିଜ ଘରୁ କରିବେ । ଏହା ଭୁଲନ୍ତୁ ନାହଁ ଯେ, ପିଲାମାନେ ନିଜ ଜୀବନରେ

ଯାହାକି କିଛି ଶିକ୍ଷା କରନ୍ତି, ସେଥିରୁ ଅଧିକାଂଶ ନିଜ ମାତା-ପିତାଙ୍କଠାରୁ ହିଁ ଶିକ୍ଷା କରିଥା'ନ୍ତି । ଆପଣ ଯେପରି ବ୍ୟବହାର ନିଜ ମାତା-ପିତାଙ୍କୁ କରନ୍ତି, ତାହାକୁ ଦେଖି ଆପଣଙ୍କ ପିଲାମାନେ ତାହାହିଁ ଶିଖିଥା'ନ୍ତି ଏବଂ ଠିକ୍ ସେହିପରି ବ୍ୟବହାର ସେମାନେ ବଡ଼ ହେବାପରେ, ଆପଣଙ୍କ ସହିତ କରିଥା'ନ୍ତି । କେତେକ ଲୋକ ନିଜ ବୃଦ୍ଧ ମାତା-ପିତାଙ୍କୁ ବୋଝ ମଣିଥା'ନ୍ତି । ଏପରି ଲୋକମାନଙ୍କର ପିଲାମାନେ ମଧ୍ୟ ସେମାନଙ୍କୁ ବୃଦ୍ଧାବସ୍ଥାରେ ବୋଝ ବୋଲି ହିଁ ଭାବିବେ ।

ଏତଦ୍‌ବ୍ୟତୀତ, ଏହା ଦେଖିବାକୁ ମିଳିଛି ଯେ ସ୍ୱାମୀ, ନିଜ ସ୍ତ୍ରୀ ସହିତ କିମ୍ବା ସ୍ତ୍ରୀ, ନିଜ ସ୍ୱାମୀ ସହିତ ଭଲ ବ୍ୟବହାର କରେନାହିଁ । ଏପରି ଲୋକମାନେ, ଈଶ୍ୱରଙ୍କ ସମ୍ମୁଖରେ ନେଇଥିବା ସେହି ପ୍ରତିଜ୍ଞାର ଉଲ୍ଲଂଘନ କରିଥା'ନ୍ତି, ଯାହା ସେମାନେ ଅଗ୍ନିକୁ ତଥା ନିଜ ଗୁରୁ, ଆଲ୍ଲା, ଭଗବାନଙ୍କୁ ସାକ୍ଷୀମାନି ନେଇଥିଲେ ଯେ, ଜୀବନର ପ୍ରତ୍ୟେକ ରାସ୍ତାରେ ସେମାନେ ପରସ୍ପରର ହାତଧରି ଚାଲିବେ । ଯେଉଁ ସ୍ତ୍ରୀ ବା ପୁରୁଷ ଏହି ପ୍ରତିଜ୍ଞାର ଉଲ୍ଲଂଘନ କରନ୍ତି, ତାଙ୍କୁ ଭଗବାନ ମଧ୍ୟ କ୍ଷମା କରନ୍ତି ନାହିଁ ଓ ସେମାନଙ୍କୁ ଉଚିତ୍ ଦଣ୍ଡ ମିଳିଥାଏ ।

ଅନେକ ମୂଢ଼ ପୁରୁଷ ବା ମହିଳା, ଯିଏ ନିଜ ପରିବାର ଧନବଳରେ ଗର୍ବୀ ହୋଇ ନିଜ ଜୀବନସାଥୀର ଅପମାନ କରନ୍ତି କିମ୍ବା ନିଜର ମିଥ୍ୟା ଅହଂ ପାଇଁ ପରସ୍ପରଙ୍କୁ ମାନସିକ ଅଥବା ଶାରୀରିକ ପୀଡ଼ାଦେଇ ଖୁସି ହୁଅନ୍ତି, ସେମାନେ ଏହିସବୁ କରିବା ସମୟରେ ଚିନ୍ତା କରନ୍ତି ନାହିଁ ଯେ, ବୟସ ଧୀରେଧୀରେ ବୃଦ୍ଧି ପାଉଛି, ଆଉ ଏପରି ଏକ ସମୟ ଆସିବ, ଯେତେବେଳେ ପରିବାରର ସମସ୍ତ ସଦସ୍ୟ ନିଜ ନିଜ ସଂସାରରେ ନିମଗ୍ନ ରହିଯିବେ ଓ ସେ ଏକାକୀ ହୋଇଯିବେ, ସମ୍ପୂର୍ଣ୍ଣ ଏକାକୀ । ସେହି ସମୟରେ ତାଙ୍କୁ ଜଣେ ପ୍ରକୃତ ସାଥୀର ଆବଶ୍ୟକତା ହେବ, ମାତ୍ର ସେହି ପୁରୁଷ ବା ମହିଳାଙ୍କୁ ସୁଖ-ଦୁଃଖର କେହି ସାଥୀ ମିଳିବେ ନାହିଁ । ତାଙ୍କ ପାଖରେ ନିଜ ମନକଥା କହିବା ପାଇଁ ଓ ଶୁଣିବା ପାଇଁ କେହି ନଥା'ନ୍ତି ଓ ତାଙ୍କର ଅବଶିଷ୍ଟ ଜୀବନ ନର୍କ ସଦୃଶ ହୋଇଯାଏ । ସମ୍ପର୍କର ମାନଦଣ୍ଡ ବଦଳିଯାଏ । ସେମାନଙ୍କର ଅହଂ ଏତେ ପରିମାଣରେ ଆହତ ହୋଇଯାଏ ଯେ,

ସେମାନେ ଭାଙ୍ଗିଯାଆନ୍ତି ଓ ପଶ୍ଚାତାପର ଲୁହ ବୁହାନ୍ତି ।

ତେଣୁ, ନିଜ ସ୍ୱାମୀ/ସ୍ତ୍ରୀ, ମାତା-ପିତା ତଥା ପିଲାମାନଙ୍କୁ ସମ୍ମାନ ଦିଅନ୍ତୁ । ସେମାନଙ୍କ ସହିତ ଭଲ ବ୍ୟବହାର କରନ୍ତୁ, ତାଙ୍କ କଥା ଶୁଣନ୍ତୁ, ନିଜ କଥା ମଧ୍ୟ କୁହନ୍ତୁ । ତେବେହିଁ ଯାଇ ଘରେ ସୁଖର ସାମ୍ରାଜ୍ୟ ବିସ୍ତାର ହେବ ।

ସ୍ୱାମୀ-ସ୍ତ୍ରୀ ନିଜ ସମ୍ପର୍କର ମର୍ଯ୍ୟାଦାକୁ ବୁଝନ୍ତୁ

କେତେ ଲୋକଙ୍କୁ ଏହି ତଥ୍ୟ ଜଣାଅଛି ଯେ, ଯେତେବେଳେ କୌଣସି ପୁଅ ବା ଝିଅ ବିବାହ ବନ୍ଧନରେ ଆବଦ୍ଧ ହୋଇ, ଅଗ୍ନି ଅଥବା କୌଣସି ଅନ୍ୟ ବିଧି ଦ୍ୱାରା ପରମାତ୍ମାଙ୍କୁ ସାକ୍ଷୀରଖି ପରସ୍ପରଙ୍କୁ ସ୍ୱୀକାର କରନ୍ତି, **ସେତେବେଳେ ସେମାନେ ନାକେବଳ ପରସ୍ପରଙ୍କୁ ସ୍ୱୀକାର କରନ୍ତି, ବରଂ ପରସ୍ପରଙ୍କର ପରିବାର, ବନ୍ଧୁ ଓ ପରିବାରବର୍ଗଙ୍କୁ ମଧ୍ୟ ସ୍ୱୀକାର କରନ୍ତି ।**

ପରିବାରରେ ଶାନ୍ତି ଓ ସୌହାର୍ଦ୍ଦ୍ୟ ତଥା ସମାଜରେ ସମ୍ମାନ ବଜାୟ ରଖିବା ପାଇଁ ଏହା ଜରୁରୀ ଅଟେ ଯେ, ଜଣେ ପୁରୁଷ ନିଜ ସ୍ତ୍ରୀର ମାତା-ପିତା, ଭାଇ-ଭଉଣୀ ତଥା ଅନ୍ୟ ସମ୍ପର୍କୀୟ ଓ ବନ୍ଧୁବର୍ଗଙ୍କୁ ଯଥୋଚିତ ଆଦର କରୁ । ସ୍ତ୍ରୀକୁ ସ୍ୱାମୀର ଅର୍ଦ୍ଧାଙ୍ଗିନୀ କୁହାଯାଇଛି । ଯେତେବେଳେ ସ୍ତ୍ରୀ ନିଜ ସ୍ୱାମୀର ହୋଇଯାଏ, ସେତେବେଳେ ତା ସହିତ ଜଡ଼ିତ ସମସ୍ତ ଜିନିଷ, ସମସ୍ତ ସମ୍ପର୍କ ତା ସ୍ୱାମୀର ମଧ୍ୟ ହୋଇଯାଇଥାଏ । ତାହାପରେ ସେହି ସମ୍ବନ୍ଧଗୁଡ଼ିକୁ ରକ୍ଷାକରିବା ସ୍ୱାମୀର ସାମାଜିକ ଦାୟିତ୍ୱ ହିଁ ନୁହେଁ, ବରଂ ସନାତନ ଧର୍ମ ମଧ୍ୟ ଅଟେ ।

ସମଭାବେ ଯେତେବେଳେ କୌଣସି ଝିଅ, ବିବାହ ବେଦୀରେ କୌଣସି ଯୁବକକୁ ସ୍ୱୀକାର କରେ, ତେବେ ଏହା ନିଶ୍ଚିତ ହୋଇଯାଇଥାଏ ଯେ ସେ, ସେହି ଯୁବକ ସହିତ ଜଡ଼ିତ ଥିବା ସମସ୍ତ ସମ୍ପର୍କକୁ ସ୍ୱୀକାର କରିଛି ଏବଂ ତାକୁ ସେହି

ସମ୍ପର୍କଗୁଡ଼ିକୁ ସବୁ ପରିସ୍ଥିତିରେ ରକ୍ଷା କରିବାକୁ ହିଁ ପଡ଼ିବ ।

ଯେଉଁ ସ୍ୱାମୀ-ସ୍ତ୍ରୀ, ଜୀବନର ଏହି ମୌଳିକ ତଥା ଅଟଳ ସତ୍ୟକୁ ମାନନ୍ତି ନାହିଁ ଓ ସେହିପରି କରନ୍ତି ନାହିଁ, ସେମାନେ, ନିଜ ଗୋଡ଼ରେ ନିଜେ ହିଁ କୁରାଢ଼ି ମାରିଥା'ନ୍ତି । ସମୟ ଆସିଲେ, ସେମାନଙ୍କ ଦ୍ୱାରା କରାଯାଇଥିବା ଭୁଲ୍ କାର୍ଯ୍ୟରୁ ଉତ୍ପନ୍ନ କ୍ଷତ ସେମାନଙ୍କୁ ଅସହନୀୟ ପୀଡ଼ା ଦେଇଥାଏ । ସେମାନଙ୍କର ମିଥ୍ୟା ଅହଂ, ଗର୍ବ ଓ ମୁଖରତା, ସେମାନଙ୍କ ଜୀବନକୁ ନର୍କ ସଦୃଶ କରିଦେଇଥାଏ ।

ମୁଁ ଗୋଟିଏ ଉଦାହରଣ ଦ୍ୱାରା ନିଜ କଥାକୁ ସ୍ପଷ୍ଟ କରୁଛି-

ମୋର ଜଣେ ପରିଚିତଙ୍କ ବିବାହ ଗୋଟିଏ ବଡ଼ ଓ ସମ୍ପନ୍ନ ପରିବାରରେ ହେଲା । ଝିଅର ବାପା ଜଣେ ଧନାଢ଼୍ୟ ବ୍ୟକ୍ତି ଥିଲେ । ବହୁତ ଜାକଜକମରେ ବିବାହ ହେଲା । ଝିଅଟି, ଶାଶୁଘରକୁ ଆସିବା କ୍ଷଣି ନିଜ ରଙ୍ଗ ଦେଖାଇବା ଆରମ୍ଭ କରିଦେଲା । ସେ, ନା ସ୍ୱାମୀର ସାଙ୍ଗମାନଙ୍କୁ ପସନ୍ଦ କରୁଥିବା, ଆଉ ନା ହିଁ ସମ୍ପର୍କୀୟମାନଙ୍କୁ । ଶାଶୁ-ଶ୍ୱଶୁର ଓ ନଣନ୍ଦମାନେ ତ ତାକୁ ବିଲ୍‌କୁଲ୍ ହିଁ ପସନ୍ଦ ନଥିଲେ । କଥା-କଥାରେ ସେ ନିଜ ସ୍ୱାମୀର ଭୁଲ୍ ବାଛୁଥାଏ । ଧୀରେ-ଧୀରେ ସମସ୍ତେ ଜାଣିଗଲେ ଯେ, ସେହି ଝିଅଟି ଏକ ନମ୍ବର୍‌ର ଗର୍ବୀ ଓ ଉଦ୍ଦଣ୍ଡୀ ଅଟେ । ଝିଅର ମାଆ-ବାପାଙ୍କ ନିକଟରେ ଅଭିଯୋଗ କରାଗଲା । ପରେ ଜଣାପଡ଼ିଲା ଯେ, ଝିଅର ବାପା ଓ ଭାଇ, ତା'ଠାରୁ ବି ଅଧିକ ଗର୍ବୀ ଓ ଉଦ୍ଦଣ୍ଡ ଅଟନ୍ତି । ସେମାନେ, ସେହି ଝିଅକୁ ବୁଝାଇବା ବଦଳରେ ନିଜ ସହିତ ଘରକୁ ନେଇଗଲେ । ଆଜିକି ଅନେକ ବର୍ଷ ବିତିଯାଇଥିଲେ ବି ସେହି ଝିଅ, ନିଜ ବାପ ଘରେ ରହିଆସୁଛି । ସେପଟେ, ଭାଇର ବାହାଘର ହେବାପରେ ଘରକୁ ବୋହୂ ଆସିଗଲା । ଝିଅଟି, ତା' ଉପରେ ମଧ୍ୟ ନିଜର ଉଦ୍ଦଣ୍ଡତା ଦେଖାଇବାରୁ, ତା' ଭାଉଜ ତାକୁ ଭଲ ଭାବରେ ଝାଡିଦେଇ କହିଲା - ''ଯା, ନିଜ ଘରକୁ ଯା, ଏଇଟା ତୋର ନୁହେଁ, ମୋ ଘର । ଧିକ୍ ତୋ ଭଳିଆ ଝିଅ ଉପରେ, ଯିଏ ନିଜ ସ୍ୱାମୀକୁ ଛାଡ଼ି, ଆସି ବାପଘରେ ରହୁଛି, ଆଉ ଭାଇର ଖାଉଛି ।''

ଏବେ ସମୟ ବଦଳିଯାଇଛି । ସେହି ଝିଅର ବାପା ବୁଢ଼ା ହୋଇଗଲେଣି, ଭାଇ ମଧ୍ୟ ନିଜ ସ୍ତ୍ରୀ ପଟିଆ ହିଁ କଥା କହୁଛି, ଆଉ ବର୍ତ୍ତମାନ ସେହି ଝିଅର ଅବସ୍ଥା ଅତ୍ୟନ୍ତ ଶୋଚନୀୟ, ନା ସେ ଶାଶୁଘରକୁ ଯାଇପାରୁଛି, ଆଉ ନା ହିଁ ବାପଘରେ ଶାନ୍ତିରେ ରହିପାରୁଛି ।

ଏପରି ଅବସ୍ଥା ଯେକୌଣସି ଲୋକ ସହିତ ବି ହୋଇପାରେ । ସେଥିପାଇଁ, ପ୍ରଥମରୁ ହିଁ ଚେତେଇଯାଆନ୍ତୁ । ସ୍ୱାମୀ-ସ୍ତ୍ରୀ ସମ୍ପର୍କ, ପରସ୍ପର ଉପରେ ବିଶ୍ୱାସ ଓ ସମ୍ମାନ ଉପରେ ପର୍ଯ୍ୟବେସିତ । ପରସ୍ପର ପ୍ରତି, ଉଭୟଙ୍କ ପରିବାର ଓ ସମ୍ପର୍କୀୟମାନଙ୍କ ପ୍ରତି ସମ୍ମାନ ଓ ଆଦର ଭାବନା ରଖି ହିଁ ଆପଣ, ଗୃହସ୍ଥ ଜୀବନର ପ୍ରକୃତ ଆନନ୍ଦ ଉଠାଇପାରିବେ । ଆପଣଙ୍କର ଅପରିଣାମଦର୍ଶିତା, ଅବ୍ୟାବହାରିକତା, ଗର୍ବ ଓ ଉଦ୍ଦଣ୍ଡତା, ଆପଣଙ୍କର ଜୀବନକୁ ନର୍କ କରିଦେଇପାରେ, ଯାହାର ଝାସରୁ ବର୍ତ୍ତିବା ଅସମ୍ଭବ । ସେଥିପାଇଁ ପ୍ରତ୍ୟେକ ସମ୍ପର୍କକୁ ଆଦର କରନ୍ତୁ ଓ ତାହାର ଆରମ୍ଭ ନିଜ ଘରୁ ହିଁ କରନ୍ତୁ ।

ଲୋକମାନଙ୍କର ମାନସିକତା ଓ ସ୍ୱଭାବକୁ ବୁଝନ୍ତୁ

ଏହା ମାନବୀୟ ସ୍ୱଭାବ ଯେ, ଲୋକମାନେ ଅନ୍ୟମାନଙ୍କ ଅପେକ୍ଷା ନିଜ ବିଷୟରେ ହିଁ ଅଧିକ ଚିନ୍ତା କରିଥା'ନ୍ତି । ଜଣେ ମାନବ ପ୍ରଶିକ୍ଷକ ଭାବରେ ମୁଁ ଏହି କଥାକୁ ଏହିପ୍ରକାରରେ କହିପାରେ ଯେ, କୌଣସି ବ୍ୟକ୍ତି, ଅନ୍ୟ କାହା ଅପେକ୍ଷା ହଜାରେ ଗୁଣ ନିଜ ପ୍ରତି ହିଁ ଆକର୍ଷିତ ହୋଇଥାଏ ଏବଂ କେବଳ ନିଜ ସମ୍ପର୍କିତ ବିଷୟରେ ହିଁ ଅଧିକ ଭାବିଥାଏ ।

କିଛି ସମୟ ରହି ଆଜି ଆପଣ ନିଜର ବିଶ୍ଳେଷଣ କରନ୍ତୁ ।

ଆପଣ ସବୁଠାରୁ ଅଧିକ କାହା ବିଷୟରେ ଭାବନ୍ତି ବା କାହାର ଚିନ୍ତା କରନ୍ତି ?

ଯଦି ଆପଣ ସତ୍ୟତାର ସହିତ ଏହି କଥାର ଉତ୍ତର ଦେବେ, ତେବେ ନିଃସନ୍ଦେହ ଆପଣଙ୍କର ଉତ୍ତର ହେବ - **'ନିଜ ବିଷୟରେ ।'**

ଆଉ, ପ୍ରାୟ ସବୁ ଲୋକଙ୍କର ଉତ୍ତର ଏହା ହିଁ ହେବ ।

ଚାଲନ୍ତୁ, ଏହାର ମନୋବିଜ୍ଞାନକୁ ବୁଝିବା । ମନୋବୈଜ୍ଞାନିକମାନେ କହିଆସିଛନ୍ତି ଯେ, ଜଣେ ଲୋକର ପ୍ରତ୍ୟେକ କାର୍ଯ୍ୟ, କେବଳ ତା'ର ନିଜ ସ୍ୱାର୍ଥ ଓ ନିଜର ଭଲ ପାଇଁ ହିଁ ହୋଇଥାଏ । ନିଜ ସ୍ୱାର୍ଥ, ନିଜର ଭଲ କିମ୍ବା ନିଜ ସୁଖର ଅନୁଭୂତିର ଏହି ଲକ୍ଷଣ ମନୁଷ୍ୟମାନଙ୍କଠାରେ ଏତେ ପ୍ରବଳ ହୋଇଥାଏ ଯେ, ଦାନ ଆଦି କରିବା ସମୟରେ ମଧ୍ୟ ତା' ମନରେ ନିଜ ଦ୍ୱାରା କରାଯାଇଥିବା ଦାନର ପ୍ରତିବଦଳରେ ମିଳିବାକୁ ଥିବା ପୁଣ୍ୟ, ସନ୍ତୁଷ୍ଟି ବା ଆନନ୍ଦର ବିଚାର ହିଁ

ପ୍ରମୁଖ ହୋଇଥାଏ । ଏଥିସହିତ ତା'ର କୌଣସି ସମ୍ପର୍କ ନାହିଁ ଯେ, ତା' ଦ୍ୱାରା କରାଯାଇଥିବା ଦାନରେ ଅନ୍ୟର କ'ଣ ଲାଭ ହେବ । ସେ ନିଜେ ସନ୍ତୁଷ୍ଟ ହୋଇଯିବା ପରେ ହିଁ ଯାଇ ଅନ୍ୟମାନଙ୍କ ବିଷୟରେ ଚିନ୍ତା କରିଥାଏ ।

ସେଥିପାଇଁ ବ୍ୟବହାରକୁଶଳ ହେବା ନିମନ୍ତେ ସବୁଠାରୁ ଜରୁରୀ ଅଟେ ଯେ, ଆମେ ସର୍ବପ୍ରଥମେ ଲୋକମାନଙ୍କର ମାନସିକତା ତଥା ସେମାନଙ୍କର ସ୍ୱଭାବକୁ ବୁଝିବା । ଯେତେବେଳେ ଆମେ ଲୋକମାନଙ୍କର ସ୍ୱଭାବ ତଥା ସେମାନଙ୍କୁ ସଠିକ୍ ଭାବରେ ବୁଝିବା ଆରମ୍ଭ କରୁ, ସେତେବେଳେ ଆମେ ଏହା ଜାଣିପାରୁ ଯେ, ଲୋକମାନେ ଯାହା କିଛିବି କରୁଛନ୍ତି, କାହିଁକି କରୁଛନ୍ତି ! କେବଳ ସେତିକି ନୁହେଁ, ଭିନ୍ନ-ଭିନ୍ନ ସ୍ଥିତିରେ ଭିନ୍ନ-ଭିନ୍ନ ପ୍ରକାରର ବ୍ୟବହାର କାହିଁକି କରନ୍ତି, ଏହା ମଧ୍ୟ ଆମେ ଜାଣିପାରୁ । ସେତେବେଳେ ଆମ ପାଇଁ ବ୍ୟବହାରକୁଶଳ ହେବା, ଲୋକମାନଙ୍କ ସହିତ ତାଳମେଳ ସ୍ଥାପିତ କରିବା କିମ୍ବା ଲୋକମାନଙ୍କର ମନ ଜିଣିବା ସହଜ ହୋଇଯାଇଥାଏ । ସେଥିପାଇଁ, ଏହି ପ୍ରକ୍ରିୟାରେ, ସାମନା ଲୋକ କ'ଣ ଭାବୁଛି, ତାହା ଜାଣିବା ସବୁଠାରୁ ଜରୁରୀ ହୋଇପଡ଼େ ।

ଯେପରିକି ମୁଁ ପୂର୍ବରୁ ବି କହିସାରିଛି ଯେ, ଅଧିକାଂଶ ଲୋକ ନିଜ ବିଷୟରେ ଭାବିଥା'ନ୍ତି, ନା କି ଅନ୍ୟମାନଙ୍କ ବିଷୟରେ । ଏହାର କାରଣ ହେଉଛି ମାନବ ପ୍ରକୃତି, ସ୍ୱ-ହିତ । ଏହା ସ୍ୱାଭାବିକ । ଏହି ପ୍ରବୃତ୍ତି ଅନାଦିକାଳରୁ ଚାଲିଆସୁଛି ଏବଂ ଅନନ୍ତକାଳ ପର୍ଯ୍ୟନ୍ତ ଜାରି ରହିବ । ଏହି ବିଶେଷତା ସହିତ ମାନବ ଏହି ଧରାଭୂମିକୁ ଆସିଥିଲା, ଆଉ ଆମେ ସମସ୍ତେ ଏଥିରେ ସାମିଲ୍ ଅଛୁ ।

ସେଥିପାଇଁ ମହତ୍ତ୍ୱପୂର୍ଣ୍ଣ ଏହା ନୁହେଁ ଯେ, ଅନ୍ୟ ଲୋକମାନେ ଆପଣଙ୍କ ଦୃଷ୍ଟିକୋଣରେ କ'ଣ ଅଟନ୍ତି ଏବଂ ଆପଣ ସେମାନଙ୍କୁ କେଉଁପରି ଦେଖନ୍ତି, ବରଂ ମହତ୍ତ୍ୱପୂର୍ଣ୍ଣ ଏହା ଯେ, ଆପଣ ସେମାନଙ୍କୁ ସେମାନଙ୍କ ନଜରରେ ଦେଖନ୍ତୁ ଓ ବୁଝନ୍ତୁ ।

ସେଥିପାଇଁ, ସର୍ବଦା ମନେରଖନ୍ତୁ-

''ଅନ୍ୟମାନଙ୍କ ସହିତ କଥାହେବା ସମୟରେ ଆପଣ ଏହି ବିଷୟକୁ ଭିତ୍ତିକରି ଚାଲନ୍ତୁ ଯେ ମନୁଷ୍ୟ, ଅନ୍ୟମାନଙ୍କ ଅପେକ୍ଷା ନିଜର ହାନି-ଲାଭ କଥା ପ୍ରଥମେ ଭାବିଥାଏ । ଏଥିରେ ଯଦି ତାହାର ଲାଭର କଥା ନଥିବ, ତେବେ ସେ, ନା ତ ଆପଣଙ୍କ କଥା ଶୁଣିବ, ଆଉ ନା ହିଁ ଆପଣଙ୍କ ସହିତ ଜଡ଼ିତ ହେବାକୁ ଚାହିଁବ । ସେ, ଆପଣଙ୍କ ସହିତ ସେତେବେଳେ ଜଡ଼ିତ ହେବ ବା ହେବାକୁ ଚାହିଁବ, ଯେତେବେଳେ ଆପଣ ତାକୁ, ତାହାର ଫାଇଦା ବିଷୟରେ କହିବେ - ତାହାର ହିତ ଓ ମଙ୍ଗଳର ଯୋଜନା ଉପରେ କାମ କରିବେ ।''

ଏହା ସେତେବେଳେ ସମ୍ଭବ, ଯେତେବେଳେ ଆପଣ ଲୋକମାନଙ୍କର ଚିନ୍ତାଧାରା ଓ ବୋଧଶକ୍ତିକୁ ସଠିକ୍ ଭାବରେ ମୂଲ୍ୟାଙ୍କନ କରିବା ଶିଖିବେ ।

ବ୍ୟାବହାରିକତାର ଅର୍ଥ ହେଉଛି -

- ଏପରି କାର୍ଯ୍ୟ କରିବା, ଯାହା ଅନ୍ୟର ମନ ଜିଣିନେବ,
- ନିଜ ବାଣୀରୁ ଏପରି ଶବ୍ଦ କହିବା, ଯାହା ଶୁଣିବା ଲୋକଙ୍କୁ ସୁଖଦ ଲାଗିବ,
- ଏପ୍ରକାରେ ସହଯୋଗ କରିବା, ଯାହା ଅନ୍ୟଙ୍କୁ ଆତ୍ମୀୟତାର ଅନୁଭବ କରାଇବ,
- ସାମନା ବ୍ୟକ୍ତିଙ୍କୁ ଏପରି ଅନୁଭବ କରାଇବା , ଯେଉଁଥିରୁ ସେ ଆପଣଙ୍କ ସପକ୍ଷରେ ତଥା ସର୍ବଦା ଆପଣଙ୍କ ସପକ୍ଷରେ ଠିଆ ହୋଇପାରିବ ।

-ସୂର୍ଯ୍ୟ ସିହ୍ନା

ଲୋକମାନଙ୍କୁ ଶୁଣନ୍ତୁ

ଗୋଟିଏ ବହୁତ ପୁରୁଣା ପ୍ରବାଦ ରହିଛି ଯେ, କହିବା ଲୋକଠାରୁ ଶୁଣିବା ଲୋକ ଅଧିକ ଶିକ୍ଷା କରିଥାଏ ।

ଶୁଣିବା ବହୁତ ବଡ଼ କଳା ଅଟେ ଓ ଭଲ କହିବା ପରି କଳାଠାରୁ କୌଣସି ଗୁଣରେ କମ୍ ଅଟେ ନାହିଁ ।

କଥାତ ସମସ୍ତେ କହିପାରିବେ, ମାତ୍ର ଏପରି ବହୁତ କମ୍ ଲୋକ ଅଛନ୍ତି, ଯେଉଁମାନଙ୍କ ମଧ୍ୟରେ ଧୈର୍ଯ୍ୟପୂର୍ବକ ଶୁଣିବାର ଶକ୍ତି, ଆଉ ସେଥିରୁ ନିଜ ଜୀବନ ପାଇଁ ଅତ୍ୟନ୍ତ ମହତ୍ତ୍ୱପୂର୍ଣ୍ଣ ଜ୍ଞାନ ଆହରଣ କରିବାର କ୍ଷମତା ରହିଥାଏ ।

ଗୋଟିଏ ସୂତ୍ର ଆପଣ ସର୍ବଦା ମନେରଖନ୍ତୁ, **ଆପଣ ଯେତେ ଅଧିକ ଶୁଣିବେ, ସେତିକି ଅଧିକ ବ୍ୟବହାରକୁଶଳ ହେବେ ଏବଂ ସେତିକି ହିଁ ଅଧିକ ଲୋକମାନଙ୍କ ଦ୍ୱାରା ପସନ୍ଦ ମଧ୍ୟ କରାଯିବେ ।** ମାନବୀୟ ଗୁଣ ତଥା ମାନବୀୟ ବ୍ୟବହାରରେ ବୋଧହୁଏ ଏପରି କୌଣସି ଦ୍ୱିତୀୟ ଜିନିଷ ଥିବ, ଯାହା ଆପଣଙ୍କୁ ଲୋକମାନଙ୍କର ଘନିଷ୍ଠ କରିପାରିବ ।

ଟିକିଏ ରହି ଆପଣ ନିଜର ନିରୀକ୍ଷଣ ସ୍ୱୟଂ କରନ୍ତୁ ଏବଂ ଜାଣନ୍ତୁ ଯେ, ଆପଣ ଜଣେ ଭଲ ଶ୍ରୋତା କି ନୁହେଁ !

ସେପରି ଦେଖିଲେ, ଏହା ହିଁ ଜଣାପଡ଼େ ଯେ, ଅଧିକାଂଶ ଲୋକ ଅନ୍ୟମାନଙ୍କୁ ଶୁଣିବାରେ କୌଣସି ଖାସ୍ ଆଗ୍ରହ ଦେଖାନ୍ତି ନାହିଁ । ଯଦି ସେମାନଙ୍କୁ ବାଧ୍ୟରେ ଶୁଣିବାକୁ ହୁଏ, ତେବେ ସେମାନେ ଶୁଣିବାର ନାଟକ ହିଁ କରିଥା'ନ୍ତି । କିଛି

ଲୋକ ତ ଘୁମେଇବାରେ ଲାଗନ୍ତି କିମ୍ବା ହାଇମାରିବାରେ ଲାଗନ୍ତି । ବିଶ୍ୱାସ କରନ୍ତୁ, ସେହିପରି ଲୋକମାନେ, ଏପରି ଅନେକ ଶିକ୍ଷାରୁ ବଞ୍ଚିତ ରହିଯା'ନ୍ତି, ଯାହା କେବଳ ଶୁଣିକରି ହିଁ ଗ୍ରହଣ କରାଯାଇପାରେ ।

ଯେତେବେଳେ ସ୍କୁଲ୍ ଓ କଲେଜ୍‌ମାନଙ୍କରେ ଶିକ୍ଷକ ପଢ଼ାଉଥା'ନ୍ତି, ସେତେବେଳେ ସେଠାରେ ଅନେକ ବିଦ୍ୟାର୍ଥୀମାନେ ତ ଉପସ୍ଥିତ ଥାଆନ୍ତି, ମାତ୍ର କେବଳ ସେହି ବିଦ୍ୟାର୍ଥୀମାନେ ଟପର୍ ହୁଅନ୍ତି, ଯେଉଁମାନେ ଶିକ୍ଷକଙ୍କ କଥାକୁ ଧ୍ୟାନପୂର୍ବକ ଶୁଣନ୍ତି ଓ ନୋଟ୍ସ ଲେଖନ୍ତି । ସେଥିପାଇଁ, ଯେଉଁମାନେ ଶୁଣିବା କଳାରେ ନିପୁଣ ନୁହଁନ୍ତି, ସେମାନଙ୍କର ଏହିଠାରୁ ପଛରେ ରହିବା ଆରମ୍ଭ ହୋଇଥାଏ, ଆଉ ସେମାନେ, ସାରା ଜୀବନ ପଛରେ ହିଁ ରହିଯାଆନ୍ତି, କାରଣ ସେମାନେ ଅନ୍ୟ କାହା କଥା, ତାହା ଯେତେବି ତାଙ୍କ ହିତରେ ହୋଇଥାଉ ନା କାହିଁକି, ଶୁଣିବାକୁ ଚାହିଁନଥା'ନ୍ତି । ମାର୍କେଟିଙ୍ଗ୍ ଓ ବ୍ୟବସାୟ କ୍ଷେତ୍ରର ପ୍ରତିନିଧିମାନଙ୍କ ପାଇଁ ସର୍ବଦା କହିବାଠାରୁ ଅଧିକ ଜରୁରୀ ହେଉଛି ଶୁଣିବା । ଶୁଣିଲେ, ନାକେବଳ ତାଙ୍କୁ ସାମନା ଲୋକର ଆବଶ୍ୟକତାର ସଠିକ୍ ଅନୁପାତ ଜଣାପଡ଼ିଥାଏ, ବରଂ ସେହି ଲୋକର, ସେଥିପାଇଁ ମୂଲ୍ୟ ପୈଠ କରିବାର ତୀବ୍ରତା ଓ ସମୟାବଧିର ମଧ୍ୟ ଜ୍ଞାତ ହୋଇଥାଏ ।

ସେଥିପାଇଁ ଆପଣଙ୍କୁ ପଚରାଯାଇଥିବା ପ୍ରଶ୍ନ, ''ଆପଣ ଜଣେ ଭଲ ଶ୍ରୋତା କି ?''ର ଉତ୍ତର ଯଦି 'ନାହିଁ' ଅଟେ ଏବଂ ଯଦି ଆପଣ ଜଣେ ଉତ୍ତମ ଶ୍ରୋତା ହେବାକୁ ଚାହୁଁଛନ୍ତି, ନିମ୍ନଲିଖିତଗୁଡ଼ିକୁ ଧ୍ୟାନରେ ରଖନ୍ତୁ:-

କୌଣସି ବକ୍ତା, କେବଳ ନିଜ ପାଇଁ ହିଁ କଥା କହୁନଥାଏ । କେତେକ ମାମଲାରେ ସେ, ସେହି ସମୟରେ ଅନ୍ୟମାନଙ୍କର ମଙ୍ଗଳ ପାଇଁ ମଧ୍ୟ କିଛିନା କିଛି କହୁଥାଏ ।

ଅଶିକ୍ଷିତ ବ୍ୟକ୍ତି ମଧ୍ୟ ଅଧିକାଂଶ ସମୟରେ ନିଜ କଥାବାର୍ତ୍ତାରେ ଅନେକ ମହତ୍ୱପୂର୍ଣ୍ଣ ବ୍ୟାବହାରିକ ଶିକ୍ଷା ଦେଇଥାଏ ।

ଶ୍ରବଣ ଶିକ୍ଷା ଅଭ୍ୟାସରୁ ଆପଣଙ୍କୁ ସେହି ଲୋକମାନଙ୍କଠାରୁ ମଧ୍ୟ ଲାଭ

ମିଳିବ, ଯେଉଁମାନେ ସଠିକ୍ ଶୈଳୀରେ କଥା କହିବା ଜାଣନ୍ତି ନାହିଁ ଓ ଆପଣଙ୍କ ନଜରରେ ସେମାନଙ୍କର କୌଣସି ସ୍ଥାନ ନାହିଁ ।

କହିବାଠାରୁ ଅଧିକ ମୂଲ୍ୟବାନ୍ ହେଉଛି ଶୁଣିବା । ସଠିକ୍ ଭାବରେ ଶୁଣାଯାଇଥିବା କଥା, ବିଚାର କିମ୍ବା ପ୍ରସ୍ତାବ, ଉଭୟ କହିବାର ଶକ୍ତି ଓ ସମୟକୁ ବଞ୍ଚାଇଥାଏ ।

ଉତ୍ତମ ଶ୍ରୋତା ହେବାର ଗୁଣ:

୧. ବକ୍ତାଙ୍କ ଆଡ଼କୁ ଉତ୍ସୁକତା ତଥା ଉତ୍ସାହର ସହିତ ଦେଖନ୍ତୁ ।

୨. ଟିକିଏ ଆଗକୁ ଲୋଇଁକି ତାଙ୍କୁ ଶୁଣନ୍ତୁ । ବକ୍ତାଙ୍କୁ ଏହା ଅନୁଭବ କରାନ୍ତୁ ଯେ ଆପଣ, ତାଙ୍କ ଦ୍ୱାରା କୁହାଯାଉଥିବା କୌଣସି ଶବ୍ଦକୁ ଶୁଣିବାରୁ ନିଜକୁ ବଞ୍ଚିତ କରିବାକୁ ଚାହୁଁନାହାଁନ୍ତି ।

୩. ଯଦି ଆଲୋଚନା କରିବାର ଅବସର ମିଳେ, ତେବେ ବକ୍ତାଙ୍କୁ ବିଷୟ ସମ୍ବନ୍ଧିତ ପ୍ରଶ୍ନ ପଚାରନ୍ତୁ । ଧ୍ୟାନ ରଖନ୍ତୁ ଯେ, ଆପଣଙ୍କ ପ୍ରଶ୍ନ, ବିଷୟ ବହିର୍ଭୁତ କିମ୍ବା ବାଧା ଉତ୍ପନ୍ନ କରୁଥିବା ବଦଳରେ ସାର୍ଥକ ହୋଇଥିବା ଉଚିତ୍ । ଏଥିରୁ ଆପଣ ବକ୍ତାଙ୍କୁ ଏହା ଅନୁଭବ କରାନ୍ତି ଯେ ଆପଣ, ତାଙ୍କ କଥାକୁ ଧ୍ୟାନପୂର୍ବକ ଶୁଣୁଛନ୍ତି, ଯେଉଁଥିରୁ ବକ୍ତାଙ୍କର ଉତ୍ସାହ ବୃଦ୍ଧି ପାଇଥାଏ ଏବଂ ତାଙ୍କ ଦୃଷ୍ଟିରେ ଆପଣଙ୍କ ସ୍ଥାନ ଜଣେ ଉତ୍ତମ ଶ୍ରୋତା ଭାବରେ ହୋଇଯାଏ । ଏଥିରୁ ଆପଣଙ୍କର ଗୋଟିଏ ସ୍ଥାୟୀ ଲାଭ ଏହା ହେବ ଯେ ବକ୍ତା, ଆପଣଙ୍କୁ ଦୀର୍ଘ ସମୟ ପର୍ଯ୍ୟନ୍ତ ମନେରଖିଥା'ନ୍ତି ।

୪. ନୂଆ ବିଷୟ ଆରମ୍ଭ କରିବା ପାଇଁ ଆପଣ ଯେତେବି ଉତ୍ସୁକ ଥାଆନ୍ତୁ ନା କାହିଁକି, ଅତ୍ୟନ୍ତ ଆବଶ୍ୟକ ନହେବା ପର୍ଯ୍ୟନ୍ତ ବକ୍ତାଙ୍କ କଥାରେ ବ୍ୟାଘାତ ସୃଷ୍ଟି କରନ୍ତୁ ନାହିଁ, ଆଉ ନା ହିଁ ବିଷୟ ବଦଳାଇବାର ଚେଷ୍ଟା କରନ୍ତୁ ।

ଏହିପ୍ରକାରର ବ୍ୟବହାର କଲେ ଆପଣ, ନିଜର ଏକ ଭିନ୍ନ ଛବି ସୃଷ୍ଟି କରିବେ । ଆପଣ ଜଣେ ଧୈର୍ଯ୍ୟବାନ୍, ବ୍ୟାବହାରିକ, ବିନମ୍ର, ବୁଦ୍ଧିମାନ୍ ବ୍ୟକ୍ତି ଭାବରେ ବକ୍ତାଙ୍କ ହୃଦୟରେ ଅଙ୍କିତ ହୋଇଯିବେ ।

ଏହାପରେ ଯଦି ଆପଣ, ନିଜର ବିଚାର, ଇଚ୍ଛା କିମ୍ବା କୌଣସି ପ୍ରସ୍ତାବ ତାଙ୍କ ସମ୍ମୁଖରେ ରଖିବେ, ତେବେ ବିଶ୍ୱାସ କରନ୍ତୁ, ସେ ନାକେବଳ ଆପଣଙ୍କ କଥାକୁ ଧ୍ୟାନପୂର୍ବକ ଶୁଣିବେ, ବରଂ ତାକୁ ସ୍ୱୀକାର ମଧ୍ୟ କରିବେ । ଏହିପରି ଭାବରେ, ଆପଣ ସାମନା ବ୍ୟକ୍ତିଙ୍କୁ ନାକେବଳ ନିଜ ପକ୍ଷରେ କରିନେବେ, ବରଂ ତାଙ୍କୁ ସଦାସର୍ବଦା ପାଇଁ ନିଜର ମଧ୍ୟ କରିନେବେ ।

ଲୋକମାନଙ୍କ ବିଶ୍ୱାସ ଜିତନ୍ତୁ

ଏହି କଥା ତ ଆପଣ ନିଶ୍ଚୟ ସ୍ୱୀକାର କରିବେ ଯେ, ଆଜିକାଲିର ଯୁଗରେ, ଲୋକମାନଙ୍କ ମନରେ ନିଜ ପ୍ରତି ବିଶ୍ୱାସ ଉତ୍ପନ୍ନ କରିବା ଅତ୍ୟନ୍ତ କଷ୍ଟକର ଅଟେ । ଆଜିକାଲି କେହିବି, ସହଜରେ କାହା ଉପରେ ବିଶ୍ୱାସ କରିପାରେନାହିଁ । ବିଶ୍ୱାସ ସ୍ଥାନରେ ସନ୍ଦେହ କରିବା ସହଜ ଅଟେ, କାରଣ ଲୋକମାନେ ଲଗାତାର ବିଶ୍ୱାସଘାତକତାର ଶିକାର ହେଉଛନ୍ତି ।

ସେଥିପାଇଁ ଏହି ମନୋବିଜ୍ଞାନକୁ ବୁଝନ୍ତୁ । ପ୍ରଥମେ-ପ୍ରଥମେ ଲୋକମାନେ ଆପଣଙ୍କ ଉପରେ ସନ୍ଦେହ କରିବେ । ଖାସ୍‌କରି ସେତେବେଳେ, ଯେତେବେଳେ ଆପଣ ନିଜ ଲାଭ ବିଷୟରେ କଥା କୁହନ୍ତି । ସେଲ୍ସ, ମାର୍କେଟିଙ୍ଗ୍, ପ୍ରଡକ୍ଟ ବିକ୍ରେତା କିମ୍ବା ଛୋଟ-ବଡ଼ ବ୍ୟାପାରୀ ସାଧାରଣତଃ ଲୋକମାନଙ୍କର ଏହି ମନୋବୃତ୍ତିର ପରିସରକୁ ଆସିଯା'ନ୍ତି । ଯଦି ଆପଣ ଏହି ବର୍ଗରେ ଅଛନ୍ତି, ତେବେ ନିଶ୍ଚିତ ଜାଣିଥିବେ ଯେ, ଯେତେବେଳେ ଆପଣ, ଲୋକମାଙ୍କ ସହିତ ସିଧାସଳଖ ନିଜ ଲାଭ ବିଷୟରେ କଥା ହୁଅନ୍ତି, ତେବେ ଲୋକମାନେ ତାହାକୁ ସହଜତାରେ ନିଅନ୍ତି ନାହିଁ । ଏଥିରୁ ନିସ୍ତାର ପାଇବାପାଇଁ ମୁଁ ଆପଣଙ୍କୁ ଗୋଟିଏ ବ୍ୟାବହାରିକ ସୂତ୍ର କହୁଛି ।

ସୂତ୍ର ହେଉଛି - **ଲୋକମାନେ ଆପଣଙ୍କ ଉପରେ, ଆପଣଙ୍କ କଥା ଉପରେ, ଆପଣଙ୍କ କମ୍ପାନୀ ଉପରେ, ଆପଣଙ୍କ ପ୍ରଡକ୍ଟ ଉପରେ ଓ ଆପଣଙ୍କ ଭବିଷ୍ୟତର ନୂତନ ଯୋଜନାଗୁଡ଼ିକ ଉପରେ ବିଶ୍ୱାସ କରନ୍ତୁ, ସେଥିପାଇଁ ଆପଣ କୌଣସି ତୃତୀୟ ବ୍ୟକ୍ତିର ସହାୟତା ନିଅନ୍ତୁ, ସେ ସେଠାରେ ଉପସ୍ଥିତ ଥାଉ ବା ନଥାଉ ।** ଏହାର ମନୋବୈଜ୍ଞାନିକ ପ୍ରଭାବ, ସାମନା ଲୋକ

ଉପରେ ପଡ଼ିଥାଏ ଓ ସେ, ଶତ ପ୍ରତିଶତ ନହେଲେ ମଧ୍ୟ, କିଛି ପ୍ରତିଶତ ବିଶ୍ୱାସ କରିବାକୁ ବାଧ୍ୟ ହୋଇଥାଏ । ଗୋଟିଏ ଥର ବିଶ୍ୱାସ ଆସିଗଲେ ସେ, ଆପଣଙ୍କ ବିଷୟରେ ବିଚାର କରିବା ଆରମ୍ଭ କରିଦେଇଥାଏ ।

ଏହାକୁ ଭଲ ଭାବରେ ବୁଝନ୍ତୁ !

ଆପଣ, ନିଜ ବ୍ୟବସାୟକୁ ଆହୁରି ପ୍ରସାର କରିବାକୁ ଚାହୁଁଛନ୍ତି ଓ ଚାହୁଁଛନ୍ତି ଯେ, କିଛି ଲୋକ ଆପଣଙ୍କ ଦ୍ୱାରା ପରିକଳ୍ପିତ ବ୍ୟବସାୟରେ ନିଜର ଧନ ନିବେଶ କରନ୍ତୁ । ଯଦି ଆପଣ କାହାକୁ କହୁଛନ୍ତି ଯେ, ସେ (ଏକ କିମ୍ବା ତଦୁର୍ଦ୍ଧ୍ୱ ବ୍ୟକ୍ତି) ଆପଣଙ୍କ କୌଣସି ପ୍ରୋଜେକ୍ଟରେ ନିବେଶ କଲେ ତାଙ୍କୁ ବହୁତ ଭଲ ଲାଭ ମିଳିବ, ଆପଣଙ୍କର ଏହି କଥା ଉପରେ ହଠାତ୍ କେହି ବିଶ୍ୱାସ କରିବେ ନାହିଁ । ତାଙ୍କୁ ଲାଭ ହେବାର କ'ଣ ଗ୍ୟାରେଣ୍ଟି ଅଛି ବୋଲି ସେମାନେ ପଚାରିପାରନ୍ତି । ଏପରି ସ୍ଥିତିରେ ସାଧାରଣତଃ ଜଣେ ବ୍ୟବସାୟୀ, ସେଲ୍ସ କିମ୍ବା ମାର୍କେଟିଙ୍ଗ୍ ଲୋକ ଏହା କହିଥା'ନ୍ତି "ଆପଣ ମୋର ବିଶ୍ୱାସ କରନ୍ତୁ, ମୁଁ ଗ୍ୟାରେଣ୍ଟି ଦେଉଛି ଯେ, ଏଥିରେ ଆପଣଙ୍କର ନିଶ୍ଚିତ ଲାଭ ହେବ ।"

ମାତ୍ର, କେବଳ ଆପଣ କହିଦେଲେ ହିଁ ଲୋକମାନେ ଆପଣଙ୍କ ଉପରେ ବିଶ୍ୱାସ କରିବାକୁ ଲାଗିବେନାହିଁ । ତାଙ୍କର ପ୍ରଥମ ପ୍ରତିକ୍ରିୟା ଏହା ହେବ ଯେ ଆପଣ, ତାଙ୍କୁ କୌଣସି ଜାଲରେ ଫସାଉନାହାଁନ୍ତି ତ ? ତତ୍‌ସହିତ ସେ, ଏହା ମଧ୍ୟ ଅବଶ୍ୟ ଚିନ୍ତା କରିବେ ଯେ, ତାଙ୍କର ଝାଳବୁହା ଧନ ବୁଡ଼ିନଯାଉ ।

ତେଣୁ, ଆପଣ ତାଙ୍କୁ ନିଜ ଉପରେ ବିଶ୍ୱାସ କରାଇବା ପାଇଁ ମୁଣ୍ଡ ପିଟିବା ଅପେକ୍ଷା, ତାଙ୍କ ପ୍ରଶ୍ନର ଉତ୍ତର ଏହିପ୍ରକାରେ ଦିଅନ୍ତୁ -

"ଗତ ବର୍ଷ ମଧ୍ୟ ମୁଁ ଅମୁକ-ଅମୁକ ଲୋକଙ୍କ ସମ୍ମୁଖରେ ଏହିପରି ହିଁ ଗୋଟିଏ ପ୍ରୋଜେକ୍ଟ ଉପସ୍ଥାପିତ କରିଥିଲି । ଲୋକମାନେ ସେଥିରେ ନିବେଶ କଲେ ଓ ବର୍ଷ ଶେଷରେ ସେମାନଙ୍କୁ ଯେଉଁ ଲାଭାଂଶ ମିଳିଲା, ସେଥିରେ ସେମାନେ ବହୁତ ସନ୍ତୁଷ୍ଟ ହେଲେ ଓ ସେମାନେ ସ୍ୱୀକାର କଲେ ଯେ, ମୋ ପ୍ରୋଜେକ୍ଟରେ ନିବେଶ କରି

ସେମାନେ କୌଣସି ଭୁଲ୍ କରିନାହାଁନ୍ତି ।'' ଏପରି କହି ଆପଣ, ସେମାନଙ୍କର ନାମ ଓ ଠିକଣା ମଧ୍ୟ ଦେଇପାରିବେ । କେତେକ ସଫଳ ବ୍ୟବସାୟୀମାନେ ତ ଲୋକମାନଙ୍କର ପ୍ରଶଂସାପତ୍ର ତଥା ଲାଭ ସମ୍ପର୍କିତ ବକ୍ତବ୍ୟ ମଧ୍ୟ ପ୍ରକାଶିତ କରି ନିଜ ପାଖରେ ରଖନ୍ତି ।

ଏବେ ଧରିନିଅନ୍ତୁ ଯେ, କିଛି ଲୋକଙ୍କୁ ଆପଣ କୌଣସି ପ୍ରଡକ୍ଟ ବିକ୍ରି କରିବାକୁ ଚାହୁଁଛନ୍ତି । ପ୍ରଡକ୍ଟର ସମସ୍ତ ବୈଶିଷ୍ଟ୍ୟ ବଖାଣିବା ସତ୍ତ୍ୱେ ଲୋକମାନେ ଆପଣଙ୍କୁ ପ୍ରଶ୍ନ କରନ୍ତି ଯେ, ''ଏହା କ'ଣ ପ୍ରକୃତରେ ସେତିକି ଭଲ, ଯେତିକି ଆପଣ ଦାବି କରୁଛନ୍ତି ?''

ଏପରି ସ୍ଥିତିରେ ଆପଣ ସେମାନଙ୍କୁ ଏହା କୁହନ୍ତୁ - ''ମୋର ଜଣେ ମିତ୍ର ଏହି ପ୍ରଡକ୍ଟକୁ ବିଗତ ତିନି ବର୍ଷରୁ ବ୍ୟବହାର କରୁଛି ଓ ଆଜି ମଧ୍ୟ ଏହି ପ୍ରଡକ୍ଟ ଉପରେ ତା'ର ବିଶ୍ୱାସ ଅଟଳ ରହିଛି । ସେ, ଏହି ପ୍ରଡକ୍ଟ ପାଇଁ ପୁରା ପାଗଳ । ଏହା ସାମନାରେ ତାକୁ ଅନ୍ୟ କୌଣସି ପ୍ରଡକ୍ଟ ପସନ୍ଦ ଆସେନାହିଁ ।'' ଆପଣଙ୍କର ଆତ୍ମବିଶ୍ୱାସ ଭରା କଥନ ପ୍ରଭାବ ଦେଖନ୍ତୁ, କିପରି ସୁଗନ୍ଧ ପରି କାର୍ଯ୍ୟ କରୁଛି ।

ସେହି ପ୍ରକାରେ -

ଆପଣଙ୍କ ଆଗରେ ବସିଥିବା ଲୋକମାନଙ୍କର ପ୍ରଶ୍ନର ସିଧା ଉତ୍ତର ଆପଣ ନଦେଇ, ଆପଣଙ୍କ ମିତ୍ର ସେମାନଙ୍କ ପ୍ରଶ୍ନର ଉତ୍ତର ଦେଲା । ଏଠାରେ ଆପଣଙ୍କର କୌଣସି ମିତ୍ର ଉପସ୍ଥିତ ନାହିଁ, ମାତ୍ର ଯେହେତୁ ଆପଣ ପ୍ରଶ୍ନକର୍ତ୍ତାଙ୍କ ସନ୍ଦେହ ନିବାରଣ, ନିଜର କୌଣସି ମିତ୍ର ପକ୍ଷରୁ କରିଛନ୍ତି, ତେଣୁ, ସେହି ଲୋକମାନେ ମଧ୍ୟ ଆପଣଙ୍କ ପ୍ରତି ଏବେ ବିଶ୍ୱାସର ଦୃଷ୍ଟିକୋଣ ରଖି, କୌଣସି ନିଷ୍ପତ୍ତି ଅବଶ୍ୟ ନେବେ ।

ଯଦି ସମ୍ମୁଖରେ ବସିଥିବା ବ୍ୟକ୍ତି ଏହା କହେ ଯେ, ''ମୁଁ ଦେଖିସାରିଛି, ଏପରି ବ୍ୟବସାୟରେ ନିବେଶ କଲେ ସର୍ବଦା କ୍ଷତି ହିଁ ହୋଇଥାଏ ।'' ତେବେ ମଧ୍ୟ ଆପଣ, ତାଙ୍କ କଥାକୁ ସିଧାସଳଖ କାଟନ୍ତୁ ନାହିଁ । ଏପରି କଲେ, ତାଙ୍କ ମନରେ ଆପଣଙ୍କ ପ୍ରତି ଆହୁରି ଅବିଶ୍ୱାସକୁ ଜନ୍ମ ଦେବ । ସେଥିପାଇଁ ତାଙ୍କୁ ସମୟର ଉଦାହରଣ

ଦେଇ, କେବଳ ପ୍ରଡକ୍ଟ ବ୍ୟବହାର କରିବାର ଅନୁରୋଧ ମାତ୍ର କରନ୍ତୁ ।

ସେହିପରି, ଯଦି ଆପଣ କେଉଁଠାରେ ଚାକିରି କରୁଛନ୍ତି, ତେବେ ନିଜର ସମ୍ପ୍ରତି ମାଲିକଙ୍କ ବିଶ୍ୱାସ ଜିତିବା କ୍ରମରେ, ସଠିକ୍ ଅବସର ଦେଖି ତାଙ୍କୁ କହିପାରନ୍ତି ଯେ, ଆପଣଙ୍କର ପୂର୍ବ ମାଲିକ, ଆପଣଙ୍କ ଉପରେ ବହୁତ ବିଶ୍ୱାସ କରୁଥିଲେ । ଆପଣଙ୍କ ସହିତ ନିଜର ବ୍ୟକ୍ତିଗତ ସମସ୍ୟା ମଧ୍ୟ ଶେୟାର୍ କରୁଥିଲେ । ଏହିପ୍ରକାରେ, ପୂର୍ବ ମାଲିକଙ୍କ ବକ୍ତବ୍ୟର ଉଦାହରଣ ଦେଇ ଆପଣ, ସାମ୍ପ୍ରତିକ ମାଲିକର ବିଶ୍ୱାସ ଜିତି ପାରିବେ ।

ଧରିନିଅନ୍ତୁ, ଆପଣଙ୍କର କାହା ସହିତ ନୂଆ ମିତ୍ରତା ହୋଇଛି । ସେହି ବନ୍ଧୁର ବିଶ୍ୱାସ ଜିତିବା ପାଇଁ ମଧ୍ୟ ଆପଣ ନିଜର କୌଣସି ପୁରୁଣା ମିତ୍ରର ବକ୍ତବ୍ୟ ଏଠାରେ ବ୍ୟବହାର କରିପାରନ୍ତି । ଆପଣ କହିପାରନ୍ତି ଯେ, ମୋର ଅମୁକ ସାଙ୍ଗ ମୋତେ, ‘‘ତୋ ଉପରେ ମୋତେ ନିଜଠାରୁ ମଧ୍ୟ ଅଧିକ ବିଶ୍ୱାସ ଅଛି ।’’ ବୋଲି ସବୁବେଳେ କହୁଥିଲା ।

କିମ୍ବା

ମୋ ସାଙ୍ଗ ମୋତେ ଅଧିକାଂଶ ସମୟରେ କହୁଥିଲା ଯେ, ‘‘ତୁ ମୋର ଜଣେ ଭଲ ସାଙ୍ଗ, ଆଉ ମୋର ସମ୍ପୂର୍ଣ୍ଣ ବିଶ୍ୱାସ ଯେ, ଜୀବନର ସବୁ ବିପତ୍ତି ସମୟରେ ତୁ ମୋତେ ସାହାଯ୍ୟ କରିବୁ ।’’ ଏପରି କହିଆପଣ, ନିଜର ନୂଆ ବନ୍ଧୁତ୍ୱକୁ ପୂର୍ବ ସମ୍ପର୍କର ଆଧାରଶୀଳା ଦେଇପାରନ୍ତି ।

ଏହିପ୍ରକାରରେ ଆପଣ ଦେଖିବେ ଯେ ଆପଣ, ନିଜେ କାହାର କୌଣସି ପ୍ରଶ୍ନର ଉତ୍ତର ଦେଲେନାହିଁ, ବରଂ ଏଠାରେ ଆପଣଙ୍କ ପୁରୁଣା ଇନ୍‌ଭେଷ୍ଟର୍ସ, ଆପଣଙ୍କ ପୂର୍ବ ମାଲିକ କିମ୍ବା ମିତ୍ର ଆପଣଙ୍କ ପକ୍ଷରୁ ଉତ୍ତର ଦେଲେ । ଶୀଘ୍ର ହିଁ ଆପଣ ଦେଖିବେ ଯେ, ଯେଉଁ ଲୋକମାନଙ୍କ ସହିତ ଆପଣ ବର୍ତ୍ତମାନ ସମୟରେ କଥା ହେଉଛନ୍ତି ସେମାନେ, ଆପଣଙ୍କ ଉପରେ ପ୍ରଭାବିତ ହେଉଛନ୍ତି । ଏଥିରୁ ଆପଣ ପ୍ରତ୍ୟକ୍ଷ ଭାବରେ ଦାବି କଲେନାହିଁ ଯେ, ଆପଣଙ୍କ ଉପରେ ଆଖି ବନ୍ଦକରି ବିଶ୍ୱାସ କରାଯାଉ, ମାତ୍ର

ସାମନା ଲୋକ ପାଇଁ ଏପରି ସ୍ଥିତି ମଧ୍ୟ ଛାଡ଼ିଲେ ନାହିଁ ଯେ ସେ, ହଠାତ୍ ଆପଣଙ୍କ ଉପରେ ନିଜର ଅବିଶ୍ୱାସ ବ୍ୟକ୍ତ କରିପାରିବ । ଏହାର କେବଳ ଏତିକି ରହସ୍ୟ ହେଉଛି ଯେ, ଆପଣଙ୍କ ଉପରେ ପୂର୍ବରୁ ମଧ୍ୟ ଲୋକମାନେ ଭରସା କରିଛନ୍ତି, ଏହି ବିଶ୍ୱାସ ଆପଣ, ନିଜ ସାମନା ବ୍ୟକ୍ତି ମନରେ ଭରିଦିଅନ୍ତି । ଗୋଟିଏ ପ୍ରକାରରେ ଆପଣ, ମନୋବୈଜ୍ଞାନିକ ଭାବରେ ଏହା ସିଦ୍ଧ କରିଦିଅନ୍ତି ଯେ, - ***''ଲୋକମାନେ ପୂର୍ବରୁ ଆପଣଙ୍କ ଉପରେ ବିଶ୍ୱାସ କରିଛନ୍ତି, ଆଉ ଯଦି ସେହି ବ୍ୟକ୍ତି (କିମ୍ବା ସମୂହ) ମଧ୍ୟ ଆପଣଙ୍କ ଉପରେ ବିଶ୍ୱାସ କରିବ, ତେବେ ତାଙ୍କୁ ଲାଭ ହିଁ ମିଳିବ, କ୍ଷତି ନୁହେଁ ।''***

ମନୋବୈଜ୍ଞାନିକମାନେ ଏଠାରେ ଏହା ସିଦ୍ଧକରି କହିଛନ୍ତି ଯେ, ''ମୋର ବିଶ୍ୱାସ କର'', ଆଉ ''ମୁଁ ବିଶ୍ୱାସର ପାତ୍ର ଅଟେ'' ବୋଲି ନିଜେ କହିବୁଲିବା ଅପେକ୍ଷା, ସକରାତ୍ମକତା ଭାବରେ ଆପଣ ଲୋକମାନଙ୍କ ବିଶ୍ୱାସ ଜିତନ୍ତୁ ।

ମନେରଖନ୍ତୁ -

୧. ଲୋକମାନଙ୍କର ବିଶ୍ୱାସ ଜିତିବା ପାଇଁନିଜ ସ୍ଥାନରେ କୌଣସି ତୃତୀୟ ବ୍ୟକ୍ତିଙ୍କ ମାଧ୍ୟମରେ ନିଜ କଥା ରଖିବା ଅଧିକ ପ୍ରଭାବଶାଳୀ ଅଟେ ।

୨. ନିଜ ସଫଳତାଗୁଡ଼ିକର ପୁରୁଣା ଉଦାହରଣ, ଲୋକମାନଙ୍କ ସମ୍ମୁଖରେ ବିଶ୍ୱସନୀୟତା ଓ ଜୋର୍‌ଦେଇ ପ୍ରସ୍ତୁତ କରନ୍ତୁ ।

୩. ସେମାନଙ୍କ ସମ୍ମୁଖରେ ନିଜର ପୁରୁଣା ରେକର୍ଡ ଓ ହିସାବ ସଠିକ୍ ପରିସ୍ଥିତି ଅନୁମାନ କରି ପ୍ରସ୍ତୁତ କରନ୍ତୁ ।

ଏହିପ୍ରକାରରେ, ନିଶ୍ଚିତ ହିଁ ଆପଣ ଲୋକମାନଙ୍କର ବିଶ୍ୱାସ ଜିତିବାରେ ଅବଶ୍ୟ ସଫଳ ହେବେ ଓ ସବୁଦିନ ପାଇଁ ଆପଣଙ୍କ ସହିତ ଯୋଡ଼ିହୋଇଯିବେ ଏବଂ ଲୋକମାନଙ୍କ ସହିତ ଆପଣଙ୍କର ସଂଶ୍ଳିଷ୍ଟତା, ଆପଣଙ୍କ ବ୍ୟବସାୟ ଓ କ୍ୟାରିଅର୍‌କୁ କେଉଁଠିକୁ ନେଇଯିବ, ଏହା କହିବାର ଆବଶ୍ୟକ ନାହିଁ ।

ଆମକୁ ସର୍ବପ୍ରଥମେ ଯେଉଁ ଜିନିଷକୁ ପରିବର୍ତ୍ତନ କରିବାର ଆବଶ୍ୟକତା ରହିଛି, ତାହା ହେଉଛି ଆମ ନିଜକୁ । ଯେତେବେଳେ ଆମେ ଜାଣୁ ଯେ, ନିଜକୁ ପରିବର୍ତ୍ତନ କରିବା କେତେ କଠିନ ଅଟେ, ସେତେବେଳେ ଆମେ ଏହା ଜାଣିପାରୁ ଯେ, ଅନ୍ୟମାନଙ୍କୁ ପରିବର୍ତ୍ତନ କରିବା ତଥା ନିଜ ବିଚାର ସହିତ ସହମତ କରାଇବା କେତେ କଠିନ ହୋଇଥାଏ ।

–ସୂର୍ଯ୍ୟ ସିହ୍ନା

ଲୋକଙ୍କ ଉପରେ ପ୍ରଭାବ ଛାଡ଼ନ୍ତୁ

ସବୁ ଲୋକ ଚାହାଁନ୍ତି ଯେ, ଅନ୍ୟମାନେ ସେମାନଙ୍କ କଥା ମାନନ୍ତୁ । ମାତ୍ର, ଅଧିକାଂଶ ସମୟରେ ସେପରି ହୋଇପାରେନାହିଁ । କ'ଣ ଆପଣ ଏହା ପଛରେ ଥିବା କାରଣକୁ ଜାଣନ୍ତି ? ଏହାର ମୁଖ୍ୟ କାରଣ ହେଉଛି, ଆମର କାମ କରିବାର ଶୈଳୀ ଲୋକମାନଙ୍କୁ ପ୍ରଭାବିତ କରିବାର ଯୋଗ୍ୟତା ରଖେନାହିଁ ।

ଯଦି ଆପଣ ଚାହାଁନ୍ତି ଯେ, ଅନ୍ୟମାନେ ଆପଣଙ୍କ କଥା ମାନନ୍ତୁ ତଥା ଆପଣଙ୍କ ଇଚ୍ଛାନୁସାରେ କାମ କରନ୍ତୁ, ତେବେ ସର୍ବପ୍ରଥମେ ଆପଣ, ସେମାନଙ୍କୁ ପ୍ରଭାବିତ କରିବାକୁ ପଡ଼ିବ ।

ସେଥିପାଇଁ ଆପଣଙ୍କୁ ନିମ୍ନଲିଖିତ ବିଷୟ ଉପରେ ବିଶେଷ ଭାବରେ ଧ୍ୟାନଦେବା ଦରକାର -

ସର୍ବପ୍ରଥମେ, ଆପଣଙ୍କୁ ଜାଣିବାକୁ ହେବ ଯେ, 'ସେମାନେ' କିଏ ?

ଦ୍ୱିତୀୟରେ, ସେମାନଙ୍କୁ କ'ଣ ପସନ୍ଦ ଓ ସେମାନେ କ'ଣ ଚାହାଁନ୍ତି ?

ତାହାପରେ ଜାଣନ୍ତୁ ଯେ, ସେମାନଙ୍କୁ କେଉଁ କଥାରେ ବା ଜିନିଷ ଦ୍ୱାରା କିପରି ପ୍ରଭାବିତ କରାଯିବ ?

ପ୍ରକୃତରେ, ଏକାଭଳି ଶାରୀରିକ ଗଠନ ହେବା ସତ୍ତ୍ୱେ, ସମସ୍ତ ମନୁଷ୍ୟଙ୍କରଦୃଷ୍ଟିକୋଣ ଭିନ୍ନ ଭିନ୍ନ ହୋଇଥାଏ । ଆମକୁ ଭିନ୍ନ ଭିନ୍ନ ଜିନିଷ ପସନ୍ଦ ହୋଇଥାଏ । ଆମେ ପ୍ରତ୍ୟେକ ବସ୍ତୁ, ପରିସ୍ଥିତି, ସମ୍ପର୍କର ଭିନ୍ନ ଭିନ୍

ମୂଲ୍ୟାୟନ କରିଥାଉ । ଏହି କଥାକୁ ସ୍ପଷ୍ଟ କରିବା ପାଇଁ ମୁଁ ଆପଣଙ୍କ ସମ୍ମୁଖରେ ଗୋଟିଏ ଛୋଟ ଉଦାହରଣ ରଖୁଛି ।

ମୋର ଜଣେ ସାଙ୍ଗ ଅଛି, ଯିଏ ଗୋଟିଏ କମ୍ପାନୀରେ ସିନିୟର୍ ସେଲ୍ସ ମ୍ୟାନେଜର୍ ପଦରେ କାର୍ଯ୍ୟ କରେ । ମାତ୍ର, କିଛିବର୍ଷ ପୂର୍ବେ ସେ ଜଣେ ସାଧାରଣ ସେଲ୍ସମ୍ୟାନ୍ ଥିଲା । ସେଲ୍ସମ୍ୟାନ୍ ଥିବା ସମୟରେ ସେ, ଥରେ ମୋତେ ଡିନର୍‌କୁ ଡାକିଲା । ମୁଁ ତା' ଘରକୁ ଗଲି, ଆଉ ଦେଖିଲି ଯେ, ତା' ଘରେ ଗୋଟିଏ ବଡ଼ ମୂଷା ଉପଦ୍ରବ କରୁଛି । ମୂଷା ଆଡ଼କୁ ଦେଖି ମୁଁ ମୋ ସାଙ୍ଗକୁ କହିଲି ଯେ, ଗୋଟେ ମୂଷାଧରା ଯନ୍ତା କାହିଁକି ଆଣିଦେଉନୁ ? ସେ କହିଲା, ଠିକ୍ ଅଛି, କାଲି ହିଁ ନେଇଆସିବି, ଆଉ ସେ ତାହା ହିଁ କଲା । ପରଦିନ ସେ, ଗୋଟାଏ ଯନ୍ତା ଆଣିଲା ଓ ଯେହେତୁ ତାକୁ ସେଓ ବହୁତ ପସନ୍ଦ, ତେଣୁ ସେ, ମୂଷାକୁ ଧରିବା ପାଇଁ ଖଣ୍ଡେ ସେଓ ଯନ୍ତା ଭିତରେ ରଖିଦେଲା । ଦିନ ପରେ ଦିନ ଗଡ଼ିଚାଲିଲା, ହେଲେ ମୂଷା, ନା ସେଓ ଖାଇଲା, ଆଉ ନା ହିଁ ଯନ୍ତାରେ ପଡ଼ିଲା । କିଛିଦିନ ପରେ ବିରକ୍ତ ହୋଇ ମୋ ସାଙ୍ଗ ମୋତେ, ମୂଷା ଯନ୍ତାରେ ଫସୁନି ବୋଲି କହିଲା, ଯେତେବେଳେକି ସେ, ତା' ପାଇଁ ଦୈନିକ ଗୋଟିଏ ତାଜା ମିଠା ସେଓ ଖଣ୍ଡ ଲଗାଉଥାଏ । ଏହାର ପ୍ରତ୍ୟୁତ୍ତରରେ ମୁଁ କହିଲି ଯେ, ମୂଷାକୁ କ'ଣ ପସନ୍ଦ ସେ ଜାଣିଛି କି ? ସେ, ନା କହିବାରୁ ମୁଁ ତାକୁ କହିଲି ଯେ, ମୂଷାକୁ ବାସି ରୁଟି ପସନ୍ଦ । ସେଥିପାଇଁ ଆଜି ତୁ, ସେହି ଯନ୍ତାରେ ବାସି ରୁଟି ଖଣ୍ଡ ରଖ । ମୋ ପରାମର୍ଶରେ ମୋ ସାଙ୍ଗ ସେହି ରାତିରେ ଯନ୍ତାରେ ରୁଟି ଖଣ୍ଡ ଲଗାଇଲା ଓ ତା'ପରଦିନ ସେ ଦେଖିଲା ଯେ, ମୂଷାଟି ଯନ୍ତାରେ ପଡ଼ିଯାଇଛି । ଏହି କଥାରୁ ସେ, ସବୁଦିନ ପାଇଁ ଗୋଟିଏ ଶିକ୍ଷା ଗ୍ରହଣ କଲା, ଯାହାପରେ ସେ ତାହାକୁ ନିଜ ବୃତ୍ତିରେ ମଧ୍ୟ ଲାଗୁ କରିନେଲା ।

'ଯଦି ଆମେ କାହାକୁ ନିଜ ସହିତ ଜଡ଼ିତ କରିବାକୁ ଚାହୁଁଛେ କିମ୍ବା କାହାକୁ କିଛି ବିକ୍ରି କରିବାକୁ ଚାହୁଁଛେ, ତେବେ ଏହା ଦେଖିବାର ନାହିଁ ଯେ, ଆମକୁ କ'ଣ ପସନ୍ଦ ଅଛି, ବରଂ ଏହା ଦେଖିବାର ଅଛି ଯେ, ତାଙ୍କ କ'ଣ ପସନ୍ଦ ଅଛି ତଥା ସେ କ'ଣ ଚାହାଁନ୍ତି ଓ ତାଙ୍କୁ, ତାଙ୍କ

ପସନ୍ଦର ଜିନିଷ ଦେଲେ ହିଁ ସଫଳତା ମିଳିଥାଏ ।'

ବନ୍ଧୁଗଣ, ବିଶ୍ୱାସ କରନ୍ତୁ, ଏହି ସିଦ୍ଧାନ୍ତକୁ ଗ୍ରହଣ କରିବା ପରେ ମୋର ସେହି ସାଙ୍ଗ, ଯିଏ ନିଜ କମ୍ପାନୀରେ ଜଣେ ସାଧାରଣ ସେଲ୍ସମ୍ୟାନ୍ ଥିଲା, ସେ, ସେହି କମ୍ପାନୀରେ ଜନେ ସିୟର୍ ସେଲ୍ସ ମ୍ୟାନେଜର୍ ପଦରେ କାର୍ଯ୍ୟ କରୁଛି ।

ଉପରୋକ୍ତ ଉଦାହରଣରୁ ଆମକୁ ଏହି ଶିକ୍ଷା ମିଳୁଛି ଯେ, ସମସ୍ତଙ୍କର ଦୃଷ୍ଟିକୋଣ ଆମ ପରି ଅଟେ ଅଥବା ଯେଉଁ ଜିନିଷ ଆମକୁ ପସନ୍ଦ, ତାହା ଅନ୍ୟମାନଙ୍କୁ ବି ପସନ୍ଦ ଆସିବ କିମ୍ବା ଯେଉଁ ଜିନିଷକୁ ପାଇବାର ଇଚ୍ଛା ଆମେ କରୁ, ଅନ୍ୟମାନେ ମଧ୍ୟ ତାହାକୁ ପ୍ରାପ୍ତ କରିବାକୁ ସେତିକି ପରିମାଣରେ ଇଚ୍ଛୁକ ହେବେ, ଏପରି ଚିନ୍ତାଧାରା ଧରି ଚାଲିବା ଆମର ମସ୍ତବଡ଼ ଭୁଲ୍ ଅଟେ ।

ସେଥିପାଇଁ, ସର୍ବପ୍ରଥମେ ଏହା ଜାଣନ୍ତୁ ଯେ, 'ସେମାନେ', ସାମନା ଲୋକମାନେ କ'ଣ ଚାହାଁନ୍ତି, କେଉଁ ଜିନିଷକୁ ବା କେଉଁ ଉଚ୍ଚତାକୁ ପ୍ରାପ୍ତ କରିବା ସେମାନଙ୍କର ପ୍ରାଥମିକତା ଅଟେ । ତାହାପରେ ଆପଣ, ସେମାନଙ୍କର ଇଚ୍ଛାନୁସାରେ ପ୍ରେରିତ କରନ୍ତୁ । ***ସେମାନଙ୍କୁ କେବଳ ଆପଣ ଏତିକି ବୁଝାଇବେ ଯେ, ସେମାନେ ନିଜର ଇପ୍ସିତ ବସ୍ତୁ ପ୍ରାପ୍ତ କରିପାରିବେ, ମାତ୍ର, ସର୍ତ୍ତ ଏହିକି ଯେ, ସେ ଆପଣଙ୍କ ଇଚ୍ଛାନୁରୂପ କାର୍ଯ୍ୟ କରିବେ ।***

ଲୋକମାନଙ୍କୁ ପ୍ରଭାବିତ କରିବାର ଏହା ଏକ ବହୁତ ବଡ଼ ପ୍ରମାଣିତ ମନ୍ତ୍ର ଅଟେ ।

ମାତ୍ର ଏହି ମନ୍ତ୍ର ସେତେବେଳେ ହିଁ ପ୍ରଭାବୀ ହେବ, ଯେତେବେଳେ ଆପଣ ସାମନା ବ୍ୟକ୍ତି ବିଷୟରେ ଭଲ ଭାବରେ ଜାଣିଥିବେ ଯେ, ତାକୁ କ'ଣ ପସନ୍ଦ ଓ ସେ କ'ଣ ଚାହୁଁଛି ? ତାହାପରେ, ତାକୁ ଏହା ବିଶ୍ୱାସ ଦେବାର ଅଛି ଯେ, ଯେଉଁ ଜିନିଷ ସେ ଚାହୁଁଛି, ତାହାକୁ ସେ, ଆପଣଙ୍କ ଇଚ୍ଛାନୁରୂପ କାର୍ଯ୍ୟ କରିକି ପ୍ରାପ୍ତ କରିପାରିବ ।

ଉଦାହରଣସ୍ୱରୂପ -

ଧରିନିଅନ୍ତୁ ଯେ, ଜଣେ ବହୁତ ଭଲ ଟେକ୍ନିସିଆନ୍, ଯିଏ ଏକ ସୁନାମଧନ୍ୟ ସଂସ୍ଥାରୁ ଟେକ୍ନିସିଆନ୍ ଡିଗ୍ରୀ ହାସଲ କରିଛି । ଏବେ, ଅନେକ କମ୍ପାନୀ ଲାଗିଛନ୍ତି ଯେ ସେ, ସେମାନଙ୍କ କମ୍ପାନୀ ଜଏନ୍ କରୁ । ତାକୁ, ଗୋଟିକରୁ ବଳି ଗୋଟିଏ ପ୍ରସ୍ତାବ ମିଳୁଛି, ମାତ୍ର ସେ କୌଣସି ନିଷ୍ପତ୍ତି ନେଇପାରୁନି । ଆପଣଙ୍କୁ ମଧ୍ୟ ସେହି ଟେକ୍ନିସିଆନ୍‌ର ଆବଶ୍ୟକତା ଅଛି । ତେଣୁ ଆପଣ, ସର୍ବପ୍ରଥମେ ଏହା ଜାଣିବାକୁ ଚେଷ୍ଟା କରନ୍ତୁ ଯେ, ସେର କ'ଣ ଚାହୁଁଛି -

ଉନ୍ନତିର ସୁଯୋଗ

ଆର୍ଥିକ ସ୍ୱତନ୍ତ୍ରତା

ବ୍ୟକ୍ତିତ୍ୱ ବିକାଶ

ଅନ୍ୟମାନଙ୍କୁ ସାହାଯ୍ୟ କରିବା

ଭବିଷ୍ୟତ ସୁରକ୍ଷା

ବିଦେଶରେ ଶିକ୍ଷାର ସୁଯୋଗ

ଏପରି କ୍ଷେତ୍ରରେ ଆପଣ, ତା'ର ଇଚ୍ଛାନୁସାରେ, ଆପଣଙ୍କ ପ୍ରସ୍ତାବ ତା' ସମ୍ମୁଖରେ ରଖନ୍ତି ଓ କୁହନ୍ତି ଯେ, ଆପଣଙ୍କ କମ୍ପାନୀ ସହିତ ଜଡ଼ିତ ହୋଇ ସେ କେତେ ଉନ୍ନତି କରିପାରେ ।

କିମ୍ବା

ଆପଣଙ୍କ କମ୍ପାନୀ, ତା' ଭବିଷ୍ୟତକୁ କେତେ ପରିମାଣରେ ସୁରକ୍ଷା ପ୍ରଦାନ କରିପାରେ ।

କିମ୍ବା ଆପଣଙ୍କ କମ୍ପାନୀର ପ୍ରାଥମିକତା ହେବ ଯେ, ତା'ର ଉଜ୍ଜ୍ୱଳ ଭବିଷ୍ୟତ ପାଇଁ ଓ କମ୍ପାନୀର ଉନ୍ନତି ହେତୁ ଆପଣଙ୍କ କମ୍ପାନୀ ତାକୁ, ବିଦେଶରେ ଅଧ୍ୟୟନ ନିମନ୍ତେ ସୁଯୋଗ ମଧ୍ୟ ପ୍ରଦାନ କରିବ ।

ଉପରୋକ୍ତ ସମସ୍ତ ପରିସ୍ଥିତି, ସାମନା ବ୍ୟକ୍ତିକୁ ତା'ର ଲାଭ ସ୍ପଷ୍ଟ କରିବା ପାଇଁ ଯଥେଷ୍ଟ ଅଟେ । ଯେକୌଣସି ସ୍ଥିତିକୁ ପ୍ରାପ୍ତ କରିବା ପାଇଁ କେବଳ ସର୍ତ୍ତ ଏହା ହେବ ଯେ ସେ, ଆପଣଙ୍କ କମ୍ପାନୀରେ, ଆପଣଙ୍କ ଅନୁସାରେ କାର୍ଯ୍ୟ କରିବ ।

ଆପଣ ଦେଖିବେ ସେ, ଆପଣଙ୍କ ପ୍ରସ୍ତାବକୁ ଗ୍ରହଣ କରିବ ଏବଂ ଆପଣଙ୍କ ଇଚ୍ଛାନୁସାରେ କାର୍ଯ୍ୟ କରିବା ପାଇଁ ମଧ୍ୟ ପ୍ରସ୍ତୁତ ହୋଇଯିବ ।

ଏହି ପ୍ରକାରରେ, ଆପଣ ଅନ୍ୟମାନଙ୍କଠାରୁ, ନିଜ ଇଚ୍ଛାନୁସାରେ କାର୍ଯ୍ୟ କରାଇବାର କଳାରେ ସିଦ୍ଧହସ୍ତ ହୋଇପାରିବେ ।

ଆପଣଙ୍କୁ କେବଳ ଏତିକି କରିବାର ଅଛି ଯେ, ପ୍ରଥମେ ଲୋକମାନେ କ'ଣ ଚାହୁଁଛନ୍ତି, ତାହା ଜାଣିବାର ଚେଷ୍ଟା କରନ୍ତୁ । ଏହାର ଉପାୟ ହେଉଛି ତାଙ୍କୁ ପଚାରିବେ, ତାଙ୍କୁ ଶୁଣିବେ ଓ ତାଙ୍କୁ ଧ୍ୟାନପୂର୍ବକ ବୁଝିବେ । ଥରେ ଆପଣ ଏହା ଶିଖିଗଲେ, ତାହାପରେ ଆପଣଙ୍କର ଚେଷ୍ଟା, ଆପଣଙ୍କୁ ଏହି କଳାରେ ପାରଙ୍ଗମ କରିଦେବ, ଏହା ନିଶ୍ଚିତ ।

ଛୋଟ ପିଲାମାନେ ଯଦି କେବେ କୌଣସି ଭୁଲ କରନ୍ତି, ତେବେ ଆମେ ସେମାନଙ୍କ ସେହି ଭୁଲକୁ ଅଣଦେଖା କରିଦେବା ଉଚିତ୍ ଏବଂ ଏହା ଚେଷ୍ଟା କରିବା ଦରକାର ଯେ ଆମେ ସେମାନଙ୍କୁ, ସେମାନଙ୍କ ଭୁଲର ଅନୁଭବ ନକରାଇ, ସଠିକ୍ ରାସ୍ତା ଦେଖାଇବା । କାରଣ, ନିର୍ବୋଧ ପିଲାମାନେ ଭୁଲ କରିବେନି ତ, ଆଉ କିଏ କରିବ ।

–ସୂର୍ଯ୍ୟ ସିହ୍ନା

ଲୋକମାନଙ୍କଠାରୁ 'ହଁ' କୁହାଇବାର କଳା

ଲୋକମାନଙ୍କଠାରୁ ନିଜ ଇଚ୍ଛାମୁତାବକ 'ହଁ' କୁହାଇବା ଏକ ବହୁତ ବଡ଼ କଳା ଅଟେ । କୌଣସି ଚମତ୍କାରୀ ବ୍ୟକ୍ତିଠାରେ ହିଁ ଏହି ଗୁଣ ରହିଥାଏ, ଯେଉଁଥିରୁ ଲୋକମାନେ ତା' କଥାର ସମର୍ଥନ କରନ୍ତି ତଥା ତା' କଥା ମାନନ୍ତି । ଏପରି ଚମତ୍କାରୀ ବ୍ୟକ୍ତି, ମାନବ ସମ୍ପର୍କରେ ନିପୁଣ ହୋଇଥାଏ । ସେ, ଲୋକମାନଙ୍କଠାରୁ ନିଜ ଇଚ୍ଛାନୁସାରେ କାମ କରାଇନିଏ, ଆଉ ଲୋକମାନେ ଏହା ହୃଦୟଙ୍ଗମ ମଧ୍ୟ କରିପାନ୍ତିନାହିଁ ଯେ ସେମାନେ, ନିଜର ନୁହେଁ, ବରଂ ସାମନା ବ୍ୟକ୍ତିର ଇଚ୍ଛାନୁଯାୟୀ କାର୍ଯ୍ୟ କରୁଛନ୍ତି । ମାର୍କେଟିଙ୍ଗ୍ ତଥା ସେଲ୍ସର ଲୋକମାନେ ଏହି କଳା ଦ୍ୱାରା ସର୍ବୋତ୍କୃଷ୍ଟ ପରିଣାମ ପ୍ରାପ୍ତ କରିପାରିବେ ।

ଲୋକମାନଙ୍କଠାରୁ 'ହଁ' କୁହାଇବାର ସୂତ୍ର

୧. ସେମାନଙ୍କୁ, କାହିଁକି 'ହଁ' କହିବା ଦରକାର, ତାହାର କାରଣ ବୁଝାନ୍ତୁ ।

୨. ଲୋକଙ୍କଠାରୁ 'ହଁ' ବିଶିଷ୍ଟ ପ୍ରଶ୍ନ ପଚାରନ୍ତୁ । ପ୍ରଶ୍ନ ଏପରି ହୋଇଥିବା ଦରକାର ଯେ, ଉତ୍ତରଦାତାକୁ 'ହଁ' ହିଁ କହିବାକୁ ପଡ଼ିବ ।

୩. ସେମାନଙ୍କୁ ଦୁଇଟି 'ହଁ' ମଧ୍ୟରୁ ଗୋଟିଏ 'ହଁ'କୁ ଚୟନ କରିବାର ସୁଯୋଗ ଦିଅନ୍ତୁ ।

୪. ସେମାନଙ୍କ ମନରେ ବିଶ୍ୱାସ ଜନ୍ମାନ୍ତୁ ଯେ, ତାଙ୍କର ନିଜ ମଙ୍ଗଳ ପାଇଁ ହିଁ ତାଙ୍କଠାରୁ 'ହଁ'ର ଆଶା କରାଯାଉଛି ।

ଆସନ୍ତୁ, ଏହି ସୂତ୍ରଗୁଡ଼ିକୁ ବିସ୍ତାର ପୂର୍ବକ ବୁଝିବା -

ସୂତ୍ର ୧ – ଆପଣ ଲୋକମାନଙ୍କଠାରୁ କାମ କରାଇବାକୁ ଚାହୁଁଛନ୍ତି । ସେମାନେ, ସ୍ୱେଚ୍ଛାରେ ଆପଣଙ୍କ ପାଇଁ କାମ କରିପାରିବେ ସେଥିପାଇଁ ଜରୁରୀ ଅଟେ ଯେ ଆପଣ, ସେହି କାର୍ଯ୍ୟ ପଛରେ ଥିବା କାରଣକୁ ନିଶ୍ଚିତ ଜଣାନ୍ତୁ, ଯାହା ସେମାନଙ୍କର ହିତ ପୂରଣ କରୁଥିବ ।

ସେମାନଙ୍କୁ କୁହନ୍ତୁ ଯେ, ଯଦି ସେମାନେ ଏହି କାର୍ଯ୍ୟ କରିବେ, ତେବେ ସେମାନଙ୍କୁ ଅମୁକ ଲାଭ ମିଳିବ । ସେମାନଙ୍କୁ, ଏକଥା ଆଦୌ କୁହନ୍ତୁ ନାହିଁ ଯେ, ସେହି କାର୍ଯ୍ୟ ସମ୍ପାଦନ ଦ୍ୱାରା ଆପଣଙ୍କର ମଧ୍ୟ କୌଣସି ଫାଇଦା ହେବ । ସେମାନଙ୍କୁ କେବଳ ସେମାନଙ୍କର ହିଁ ଲାଭ ବିଷୟରେ କୁହନ୍ତୁ ।

ସୂତ୍ର ୨ – ଏହା ଜରୁରୀ ଅଟେ ଯେ, ଯଦି ଆପଣ କାହାଠାରୁ 'ହଁ' କୁହାଇବାର ଆଶା ରଖନ୍ତି, ତେବେ ସର୍ବପ୍ରଥମେ ତା'ର ମସ୍ତିଷ୍କକୁ ପଜିଟିଭ୍ ସ୍ଥିତି, ଅର୍ଥାତ୍ 'ହଁ' ସ୍ଥିତିକୁ ଆଣନ୍ତୁ । ଏପରି କରିବା ପାଇଁ ଆପଣ, ତା'ଠାରୁ ୩-୪ଟି 'ହଁ' ବିଶିଷ୍ଟ ପ୍ରଶ୍ନ ପଚାରିପାରନ୍ତି, ଯେପରି-

- କ'ଣ ଆପଣ ଜୀବନରେ ବହୁତ ଉନ୍ନତି କରିବାକୁ ଚାହୁଁଛନ୍ତି, ଉପରକୁ ଉଠିବାକୁ ଚାହୁଁଛନ୍ତି ?
- କ'ଣ ଆପଣ ସମାଜରେ ନିଜର ଏକ ଭିନ୍ନ ପରିଚୟ ସୃଷ୍ଟି କରିବାକୁ ଚାହୁଁଛନ୍ତି ?
- କ'ଣ ଆପଣ ନିଜର ଧନ ଓ ସମୟକୁ ସମ୍ପୂର୍ଣ୍ଣ ଉପଭୋଗ କରିବାକୁ ଚାହୁଁଛନ୍ତି ?
- କ'ଣ ଆପଣ ନିଜ ପରିବାରର ସମସ୍ତ ଆବଶ୍ୟକତାକୁ ପୂରଣ କରିବାକୁ ଚାହୁଁଛନ୍ତି ?
- କ'ଣ ଆପଣ ଚାହୁଁଛନ୍ତି ଯେ, ଆପଣଙ୍କ ପିଲାମାନେ ବହୁତ ଉନ୍ନତି କରନ୍ତୁ ?
- କ'ଣ ଆପଣ ଚାହିଁବେ ଯେ, ଲୋକମାନେ ଆପଣଙ୍କୁ ସର୍ବଦା ସମ୍ମାନର ସହିତ ମନେପକାନ୍ତୁ ?

ଆପଣଙ୍କର ଏହି ସମସ୍ତ ପ୍ରଶ୍ନର ସେ ଗୋଟିଏ ହିଁ ଉତ୍ତର ଦେବ, ଆଉ ତାହାହେଉଛି 'ହଁ' । ଏହା ଧ୍ୟାନରଖନ୍ତୁ, ଯେତେବେଳେ ଆପଣ, ସାମନା ଲୋକଠାରୁ 'ହଁ' ବିଶିଷ୍ଟ କୌଣସି ପ୍ରଶ୍ନ ପଚାରନ୍ତି, ତେବେ ସେ ନିଜ ମୁଣ୍ଡକୁ 'ହଁ'ରେ ହିଁ ହଲାଉ । ଏଥିରୁ ସେ, ଆପଣଙ୍କୁ ନିଜ ସମର୍ଥନରେ ଠିଆହୋଇଥିବାର ପାଇଥାଏ ଏବଂ ତାହାର ଉତ୍ତର ମଧ୍ୟ ଆପଣଙ୍କ ଅନୁକୂଳ, ଅର୍ଥାତ୍ 'ହଁ'ରେ ହିଁ ହୋଇଥାଏ ।

ସୂତ୍ର ୩ – କିଛି ଲୋକ ଏହି କୌଶଳର ବ୍ୟବହାର ତ କରନ୍ତି, ହେଲେ ଗୋଟିଏ ଭୁଲ୍ କରିଦିଅନ୍ତି । ସେମାନେ, ସାମନା ଲୋକଠାରୁ ଉଭୟ 'ହଁ' ଓ 'ନାହିଁ' ବିଶିଷ୍ଟ ପ୍ରଶ୍ନ ପଚାରନ୍ତି ଏବଂ ଆଶାକରନ୍ତି ଯେ, ସେମାନଙ୍କୁ ଉତ୍ତର 'ହଁ'ରେ ମିଳୁ । ଏହି କୌଶଳ ଭୁଲ ଅଟେ ତଥା ଅଧିକାଂଶ ସମୟରେ ଆଶାନୁରୂପ ହୋଇନଥାଏ ।

ସଠିକ୍ କୌଶଳ ହେଉଛି ଆପଣ, ସାମନା ଲୋକକୁ ଏପରି ପ୍ରଶ୍ନ ପଚାରନ୍ତୁ ଯେ, ତାକୁ ଦୁଇଟି 'ହଁ' ମଧ୍ୟରୁ ଗୋଟିଏ 'ହଁ' ଚୟନ କରିବାର ସୁଯୋଗ ମିଳିବ ।

'ହଁ'ର ସିଧା ଅର୍ଥ ହେଉଛି – 'ହଁ', ସେମାନେ ଏହାକୁ କରିବେ ।

'ନାହିଁ'ର ସିଧା ଅର୍ଥ ହେଉଛି – 'ନାହିଁ', ବୋଧହୁଏ ସେମାନେ ଏହାକୁ କରିବେନାହିଁ ।

ଆପଣଙ୍କର ବିଶେଷ ଗୁଣ ସହିତ କଥାବାର୍ତ୍ତା ଏପରି ହେବା ଉଚିତ୍ ଯେ ସେମାନେ, ଯେଉଁପରି ଭାବରେ ହେଉ, ଆପଣଙ୍କ ପାଇଁ କାମ କରିବେ ହିଁ କରିବେ । ତେଣୁ ସେମାନଙ୍କୁ, କେବଳ 'ହଁ' ଆଉ 'ହଁ' ହିଁ କହିବାର ସୁଯୋଗ ଦିଅନ୍ତୁ ।

ଯେପରି –

ଯଦି ଆପଣ କାହା ସହିତ ସାକ୍ଷାତକାର ପାଇଁ ସମୟ ନେବା ପାଇଁ ଚାହୁଁଛନ୍ତି, ତେବେ "ଆଜି ଆପଣ ଦେଖାକରିବାକୁ ସମୟ ଦେଇପରିବେ କି ?" ବୋଲି କୁହନ୍ତୁ ନାହିଁ । ହୋଇପାରେ ସେ, ସମୟାଭାବ କାରଣରୁ 'ନାହିଁ' କରିଦେଇପାରନ୍ତି । ତେଣୁ, ଆପଣ ଏପରି କୁହନ୍ତୁ "ମିଶ୍ର ବାବୁ! କ'ଣ ଆପଣ ଆଜି ଖରାବେଳେ ଦେଖାକରିବାକୁ ସମୟ ଦେଇପରିବେ, ନହେଲେ ସନ୍ଧ୍ୟାବେଳକୁ ବା ଆସନ୍ତାକାଲି

ଖରାବେଳେକୁ ?"

ଏହି ପ୍ରକାରେ, ମିଶ୍ର ବାବୁଙ୍କ ଉତ୍ତର 'ହଁ'ରେ ହିଁ ହେବ, ଯେପରି – "ହଉ, କାଲି ସକାଳେ ଦେଖାହେବା ।"

ଏଠାରେ 'ନାହିଁ'ର କୌଣସି କଥା ହିଁ ହେଲାନାହିଁ ତେଣୁ, ହଠାତ୍ ହିଁ ପରିସ୍ଥିତି 'ନାହିଁ' ପର୍ଯ୍ୟନ୍ତ ପହଞ୍ଚିଲା ନାହିଁ ।

ଅନ୍ୟ ଉଦାହରଣ – ଯଦି ଆପଣ ଜେଣ ସେଲ୍ସମ୍ୟାନ୍, ତେବେ ଆପଣ ନିଜ ଗ୍ରହାକଙ୍କୁ ଏହି ପ୍ରକାରରେ ପ୍ରଶ୍ନ ପଚାରିପାରନ୍ତି, "ଆପଣଙ୍କୁ ଏହି ଦୁଇଟି ମଧ୍ୟରୁ ଗୋଟିଏ ପସନ୍ଦ, ନୁହେଁ କି ?"

ସେହି ପ୍ରକାରେ –

"ଆପଣ ଏହି କାମକୁ ଆଜି ଆରମ୍ଭ କରିବାକୁ ଚାହିଁବେ ନା କାଲି ?"

ଉତ୍ତର ହେବ "ହଁ, ଆଜି" କିମ୍ବା "ହଁ, କାଲି"

"ଆପଣ କିପରି ପେମେଣ୍ଟ୍ କରିବାକୁ ଚାହିଁବେ ? କ୍ରେଡିଟ୍ କାର୍ଡରେ ନା ନଗଦ ଆକାରରେ ?"

ଉତ୍ତର ଦୁଇଟି ମଧ୍ୟରୁ ଗୋଟିଏ ହିଁ ହେବ ।

ସୂତ୍ର ୪ – ଲୋକମାନଙ୍କ ମନରେ ଏହା ବିଶ୍ୱାସ ଜନ୍ମାନ୍ତୁ ଯେ ଆପଣ, ସେମାନଙ୍କର ମଙ୍ଗଳ ପାଇଁ ହିଁ 'ହଁ' ମାଗୁଛନ୍ତି । ପ୍ରାରମ୍ଭରେ, ସମସ୍ତ ଲୋକ ନିଜ କଥା ଓ ବିଚାରରେ ଅଟକିଥା'ନ୍ତି । ମାତ୍ର ଆପଣ, ସେମାନଙ୍କୁ ଏହା ଅନୁଭବ କରାଇବାର ଅଛି ଯେ, ସେମାନଙ୍କର ନିଜ ଲାଭ ପାଇଁ ହିଁ ତାଙ୍କୁ ଆପଣଙ୍କ କଥା ନିଶ୍ଚିତ ମାନିବା ଉଚିତ୍ ।

ଅନ୍ୟକୁ ରାଜି କରାଇବା ପାଇଁ ଆପଣଙ୍କୁ, ତା' ଲାଭ ବିଷୟକ କଥା ପ୍ରଥମେ କହିବାର ଅଛି, ନା କି ନିଜ ଲାଭ କଥା । ଏହା ଏକ ମନୋବୈଜ୍ଞାନିକ ତଥା ପ୍ରାମାଣିକ କୌଶଳ ଅଟେ ଏବଂ ଏହା ଜଣେ ବ୍ୟକ୍ତିକୁ ସଫଳତାର ମାର୍ଗରେ ଆଗକୁ ବଢିବାରେ ସର୍ବଦା ସହାୟକ ସିଦ୍ଧ ହୋଇଛି ।

ଅନ୍ୟମାନଙ୍କର ପ୍ରିୟଭାଜନ ହେବାର କଳା

ଆପଣ ଦେଖିଥିବେ ଯେ, ଲୋକମାନେ ପରସ୍ପରର ପ୍ରିୟଭାଜନ ହୋଇ ସେହି ସମସ୍ତ ପ୍ରାପ୍ତ କରିନିଅନ୍ତି, ଯାହା ଏକୁଟିଆ ରହି ସେମାନଙ୍କୁ ମିଳିନଥାଏ । ସମାଜରେ, ଏପରି ଲୋକମାନେ ଆଲୋଚନା ତଥା ଇର୍ଷାର ବିଷୟ ହୋଇଯାଆନ୍ତି । ଆପଣ କେବେବି ଏହା ଉପରେ ଧ୍ୟାନ ଦେଇନଥିବେ ଯେ, ଦୁଇଜଣ ଲୋକଙ୍କ ମଧ୍ୟରେ ଏପରି ଆକର୍ଷଣ କିପରି ସୃଷ୍ଟି ହୋଇଥାଏ । ଆପଣ କେବେହେଲେ ନିଜକୁ ଏହି ପ୍ରଶ୍ନ ପଚାରିଛନ୍ତି କି, ଯେ -

କାହିଁକି ଜଣେ ଆପଣଙ୍କୁ ପସନ୍ଦକରିବ ? କ'ଣ ଆପଣ କାହାକୁ ବାଧ୍ୟ କରିପାରିବେ କି, ଯେ ସେ ଆପଣଙ୍କୁ ପସନ୍ଦ କରିପାରୁ ?

ଏହାର ଦୁଇଟି ଉତ୍ତର ଅଛି, ***ନାହିଁ ବି ଆଉ ହଁ ବି ।***

ନାହିଁ ଏଥିପାଇଁ ଯେ, ଯଦି ଆପଣ ଏହି କଳାରେ ପାରଙ୍ଗମ ନୁହଁନ୍ତି, ତେବେ ଏପରି କରିପାରିବେ ନାହିଁ ଏବଂ ଯଦି ଏହି କଳାରେ ଆପଣ ପାରଙ୍ଗମ ତେବେ, ଏହା ଆପଣଙ୍କ ପାଇଁ ବହୁତ ସହଜ ହେବ ।

ଏହି କଳାର ଛୋଟ ଓ ସୁନ୍ଦର ନାମ ହେଉଛି- ହସ ।

ଆପଣଙ୍କ ଓଠରେ ସର୍ବଦା ହସ ଲଗାଇ ରଖନ୍ତୁ । ଏଥିରେ ଆପଣଙ୍କୁ କୌଣସି ପୁଞ୍ଜି ନିବେଶ କରିବାକୁ ପଡେନାହିଁ, ଏଥିପାଇଁ କୌଣସି ସାଧନାର ଆବଶ୍ୟକତା ନାହିଁ, ହେଲେ ଏଥିରୁ ଆପଣ ବହୁତ କିଛି ପାଇପାରିବେ ।

ଏହାକୁ ଅନ୍ୟମାନଙ୍କୁ ଦେଲେ ଆପଣଙ୍କର କୌଣସି କ୍ଷତି ହୁଏନାହିଁ, ବରଂ ଯିଏ ପାଏ, ନିଜକୁ ମାଲାମାଲ୍ ଅନୁଭବ କରେ ।

ଏହାର ମହିମାକୁ ଧ୍ୟାନପୂର୍ବକ ଦେଖନ୍ତୁ । ଆପଣଙ୍କର ଓଠରେ କେବଳ ଗୋଟିଏ କ୍ଷଣପାଇଁ ମଧୁର ହସ ଉତ୍ପନ୍ନ ହୁଏ, ମାତ୍ର ସାମନା ଲୋକ ମନରେ ଦୀର୍ଘ ସମୟ ପର୍ଯ୍ୟନ୍ତ, ଆଉ କେବେକେବେ ତ ସାରା ଜୀବନ ଏହାର ସ୍ମୃତି ରହିଥାଏ ।

ଯଦି ଆପଣଙ୍କର ହସରେ ମୋହକତା ଅଛି, ତେବେ ସାମନା ଲୋକ ଆପଣଙ୍କୁ ପସନ୍ଦ କରିବାକୁ ବାଧ୍ୟ ହୋଇଯିବ ।

ଅଧିକାଂଶ ସମୟରେ, ଲୋକମାନେ ଏହା କହୁଥିବାର ଆପଣ ଶୁଣିଥିବେ "ଆପଣଙ୍କ ହସ ବହୁତ ସୁନ୍ଦର" ।

ଛୋଟିଆ ହସଟିଏ କ'ଣ କ'ଣ କରିପାରେ -

- ଏଥିରୁ ପରିବାରରେ ସୁଖର ବାତାବରଣ ସୃଷ୍ଟି ହୋଇଥାଏ ।
- ବ୍ୟାପାରରେ ଉନ୍ନତି ହୋଇଥାଏ ।
- ମିତ୍ର ଓ ଶୁଭଚିନ୍ତକମାନଙ୍କ ସଂଖ୍ୟାରେ ବୃଦ୍ଧି ହୋଇଥାଏ ।
- ଏହା କ୍ଲାନ୍ତ ଲୋକ ପାଇଁ ବିଶ୍ରାମର କାର୍ଯ୍ୟ କରିଥାଏ ।
- ହତୋତ୍ସାହିତମାନଙ୍କୁ ଉତ୍ସାହ ପ୍ରଦାନ କରିଥାଏ ।
- କଷ୍ଟରେ ଥିବା ଲୋକ ପାଇଁ ଉପଶମକର କାମ କରିଥାଏ ।

ଏବେ ଚିନ୍ତା କରନ୍ତୁ, ହସ ମାଧ୍ୟମରେ କ'ଣ ପ୍ରାପ୍ତ କରାନଯାଇପାରେ ?

ଲୋକମାନଙ୍କୁ ଯୋଡିବାପାଇଁ ଓ ଲୋକମାନଙ୍କ ସହିତ ଯୋଡ଼ି ହେବାପାଇଁ ଏହା ଫେବିକଲ୍‌ଠୁ ବି ଅଧିକ ଫଳଦାୟକ ଅଟେ, କାରଣ ଏହାର ମଜଭୁତ ଯୋଡ଼ ସହଜରେ ଛିଣ୍ଡେନାହିଁ ।

ମନେରଖନ୍ତୁ -

ମଣିଷମାନଙ୍କ ମଧ୍ୟରେ 'ଯେପରିକୁ ସେପରି' ପ୍ରବୃତ୍ତି ରହିଥାଏ ଏବଂ ଏହାର ଲାଭ କୌଣସି ବ୍ୟବହାରକୁଶଳ ବ୍ୟକ୍ତି ହିଁ ନେଇପାରେ ।

ତେଣୁ -

ଯେତେବେଳେ ବି ଆପଣ କାହାସହିତ ପ୍ରଥମକରି ଭେଟିବେ, ତେବେ ସର୍ବପ୍ରଥମେ ତା' ଆଖିରେ ଆଖି ମିଶାଇ ଗୋଟିଏ ମନମୋହକ ହସ ନିଜ ଓଠରେ ଖେଳାଇଦିଅନ୍ତୁ ।

ଏହାର ତୁରନ୍ତ ଚମତ୍କାର ପ୍ରଭାବ ହେବ ଏବଂ 'ଯେପରିକୁ ସେପରି' ନିୟମାନୁସାରେ, ସେ ମଧ୍ୟ ନିଜ ଓଠରେ ହସ ସଜାଇ ଆପଣଙ୍କର ସ୍ୱାଗତ କରିବ ।

ଏହିପ୍ରକାରେ, ଗୋଟିଏ ସୁଖମୟ ପରିବେଶ ଆପଣମାନଙ୍କ ମଧ୍ୟରେ ସୃଷ୍ଟି ହୋଇଯିବ ।

ଏହାତ ଆପଣ ନିଶ୍ଚିତ ଜାଣିଥିବେ ଯେ, କାହାସହିତ ପାରସ୍ପରିକ ତାଳମେଳ ସୃଷ୍ଟି କରିବାରେ 'ପରିବେଶ ଓ ଭାବନା', ଉଭୟଙ୍କର ହିଁ ଅତ୍ୟନ୍ତ ଗୁରୁତ୍ୱପୂର୍ଣ୍ଣ ଭୂମିକା ରହିଥାଏ । ଏହିପ୍ରକାରେ କୁହାଯାଇଥିବା 'ହସ'ର ନିୟମାନ୍ତର୍ଗତ, ଆପଣ ନିଜନାସାରେ ପରିବେଶ ସ୍ଥାପିତ କରିବାରେ ସଫଳ ହୋଇଯିବେ । ହସ ଖେଳାଇ ବନ୍ଧୁତ୍ୱର 'ଭାବନା' ମଧ୍ୟ ଆପଣ ବ୍ୟକ୍ତ କରିସାରିଛନ୍ତି । ପରାମର୍ଶ ଏହିକି ଯେ, ନିଜ ସପକ୍ଷରେ ପରିବେଶ ସୃଷ୍ଟି କରିବାର ପ୍ରଥମ ପଦକ୍ଷେପ ଆପଣ ହିଁ ନିଅନ୍ତୁ । ବ୍ୟାପାର ଜଗତ ତଥା ସେଲ୍ସ ମାର୍କେଟିଙ୍ଗ୍ ବିଶେଷଜ୍ଞମାନଙ୍କୁ ସଂସାରରେ ଏହି ଫର୍ମୁଲା ସଂପୂର୍ଣ୍ଣ ଠିକ୍ ଲାଗିଥାଏ । ଏହି ନିୟମରେ ଚାଲିଲେ ଲକ୍ଷ-ଲକ୍ଷ, କୋଟି-କୋଟିର ଲାଭ ହୋଇପାରେ । କିପରି ?

ଯଦି ଆପଣ ପ୍ରଥମ ପଦକ୍ଷେପ ନେବାର ସୁଯୋଗ ହରାଇବେ, ତେବେ ଆଲୋଚନାର ପରିବେଶକୁ ସମନା ବ୍ୟକ୍ତି ହିଁ ସ୍ଥିର କରିବ । ତାହାପରେ, ତା'ଦ୍ୱାରା ସୃଷ୍ଟି କରାଯାଇଥିବା ପରିବେଶରେ ହିଁ ଆପଣଙ୍କୁ ଆଲୋଚନା କରିବାକୁ ପଡ଼ିବ ।

ଅନ୍ୟଦ୍ୱାରା ତିଆରି କରାଯାଇଥିବା ପରିବେଶ ଆପଣଙ୍କ ପାଇଁ ଅନୁକୂଳ ବି ହୋଇପାରେ, ପ୍ରତିକୂଳ ବି ହୋଇପାରେ । ବ୍ୟବସାୟୀମାନେ ଏହାକୁ ଭଲଭାବରେ ଜାଣନ୍ତି । ସେଥିପାଇଁ ଏହି ମାମଲାରେ 'ଯେପରିକୁ ସେପରି' ସିଦ୍ଧାନ୍ତକୁ କେବେବି ଭୁଲନ୍ତୁ ନାହିଁ ।

ସାଧାରଣ ଲୋକ 'ଯେପରିକୁ ସେପରି' ନିୟମାନ୍ତର୍ଗତ ଖରାପ ବଦଳରେ ଖରାପ କରିବା ବହୁତ ତତ୍ପରତାର ସହିତ ଗ୍ରହଣ କରିଥା'ନ୍ତି । ମାତ୍ର, ବ୍ୟବହାର କୁଶଳ ଲୋକମାନେ ଭଲ ବଦଳରେ ଭଲ ଦେବା ଓ ପାଇବା ନୀତିରେ ଚାଲିଥା'ନ୍ତି ଏବଂ ଶିଖରକୁ ସ୍ପର୍ଶକରନ୍ତି ।

ସେମାନେ ଜାଣିଛନ୍ତି ଯେ, ଯାହାକିଛି ବି ଓ ଯେପରି ସେମାନେ ଲୋକମାନଙ୍କୁ ଦେବେ, ତାହା ଓ ସେହିପରି ହିଁ ସେମାନଙ୍କୁ ମିଳିବ । ତେଣୁ, ସ୍ଥିତି ଯେତେବି ଋପପୂର୍ଣ୍ଣ ଓ ଜଟିଳ ହୋଇଥାଉନା କାହିଁକି, ସେମାନେ ନିଜ ହସ ଦ୍ୱାରା ତାହାକୁ ମୂହୁର୍ତ୍ତରେ ହିଁ ସହଜ କରିଦିଅନ୍ତି । ନିରସ ତଥା ଓ ରୁଦ୍ଧ ବାତାବରଣକୁ ମଧ୍ୟ ସେମାନେ ହସ ଦ୍ୱାରା ନିଜ ଅନୁକୂଳ ତଥା ସପକ୍ଷରେ କରିନିଅନ୍ତି ଓ ଏହିପରି ଲୋକ ଅନ୍ୟମାନଙ୍କର ପ୍ରିୟଭାଜନ ହୋଇଯାଆନ୍ତି ।

ତେଣୁ ମନେରଖନ୍ତୁ -

ହସନ୍ତୁ ଓ ଲୋକମାନଙ୍କ ପ୍ରିୟଭାଜନ ହୁଅନ୍ତୁ । ନିଜ ବ୍ୟକ୍ତିତ୍ୱକୁ ସ୍ମାରକୀ କରନ୍ତୁ । ଛୋଟ ହସଟିଏ ମାଇଲ୍ ଲମ୍ବର ବ୍ୟବଧାନକୁ କ୍ଷଣକରେ କମ୍ କରିଥାଏ ।

ସ୍ପଷ୍ଟ ଶବ୍ଦରେ ଆଭାର ବ୍ୟକ୍ତ କରନ୍ତୁ

ମାନବ ଚରିତ୍ରକୁ ବୁଝୁଥିବା ଲୋକମାନେ ଏହା ଭଲଭାବରେ ଜାଣନ୍ତି ଯେ, ଅନାଦି କାଳରୁ ନିଜର ପ୍ରଶଂଶା ଶୁଣିବା ମନୁଷ୍ୟର ପ୍ରକୃତି ଭାବରେ ରହିଆସିଛି । ଏହାକୁ, ଏହି କଥାରୁ ବୁଝିପାରିବେ ଯେ, ଯଦି କୌଣସି ବ୍ୟକ୍ତି ଆପଣଙ୍କ ଉପରେ କୌଣସି ପ୍ରକାରର ଉପକାର କରିଛି, ଆଉ ବଦଳରେ ଆପଣ ତାକୁ ଧନ୍ୟବାଦ କହିନାହାଁନ୍ତି, ଆଭାର ବ୍ୟକ୍ତ କରିନାହାଁନ୍ତି, ତେବେ ତାକୁ ଖରାପ ଲାଗିଥାଏ, ଆଉ ସମାଜ ଏହାକୁ ଅଶିଷ୍ଟତା ଭାବରେ ଦେଖିଥାଏ ।

ତେଣୁ ଏହା ଜରୁରୀ ଅଟେ ଯେ, ଯଦି କୌଣସି ବ୍ୟକ୍ତି ଆପଣଙ୍କର କୌଣସି ଉପକାର କରେ, ଆପଣଙ୍କର କୌଣସି ମଙ୍ଗଳ କରେ, ଆପଣଙ୍କୁ କୌଣସି ପ୍ରକାରର ଶାରୀରିକ ବା ମାନସିକ ଆରାମ ଦିଏ, ତେବେ ମାନବିକ ସଂମ୍ପର୍କର ଦୃଢତା ଓ ବ୍ୟବହାର କୁଶଳତା ପାଇଁ ଏହା ଜରୁରୀ ଅଟେ ଯେ ଆପଣ, ସେହି ବ୍ୟକ୍ତିର ଖୋଲା ମନରେ ତଥା ଆନ୍ତରିକତାର ସହ ଆଭାର ବ୍ୟକ୍ତ କରନ୍ତୁ । ଏଥିରେ କୌଣସି ପ୍ରକାରର କୃପଣତା କିମ୍ୱା ଔପଚାରିକତା କରନ୍ତୁ ନାହିଁ ।

ଖାସ୍‌କରି ବ୍ୟବସାୟ ତଥା ମାର୍କେଟିଙ୍ଗ୍ ସହିତ ଜଡ଼ିତ ଲୋକମାନେ ଏହାକୁ ନିଜର 'ସେଲ୍ସ କିଟ୍'ରେ 'ବେଷ୍ଟ୍ ଟୁଲ୍' ଅର୍ଥାତ୍ ସର୍ବୋତ୍ତମ ଉପକରଣ ଭାବରେ ସାମିଲ୍ କରିନେବା ଉଚିତ୍ ।

ଏହାକୁ ଭୁଲନ୍ତୁ ନାହିଁ ଯେ, ଲୋକମାନେ, ଆଭାରହୀନ ବ୍ୟକ୍ତିମାନଙ୍କୁ ପସନ୍ଦ କରନ୍ତିନାହିଁ, ଆଉ ନା ହିଁ ଭବିଷ୍ୟତରେ ସେମାନଙ୍କର କୌଣସି ପ୍ରକାରରେ ସାହାଯ୍ୟ

କରିବାକୁ ପ୍ରସ୍ତୁତ ହୁଅନ୍ତି । ଏହିପ୍ରକାରର ଗୋଟିଏ ଦୁର୍ଗୁଣ କାରଣରୁ ଜଣେ ବ୍ୟକ୍ତି ପ୍ରାପ୍ତ କରୁଥିବା ଲାଭଗୁଡ଼ିକୁ ସବୁଦିନ ପାଇଁ ସମାପ୍ତ କରିଦେଇଥାଏ । ତେଣୁ, ଭୁଲ୍‌ରେ ବି ଆଭାର ବ୍ୟକ୍ତ କରିବା ଭୁଲନ୍ତୁ ନାହିଁ ।

କିଛି ଲୋକଙ୍କର ଅଭ୍ୟାସ ଥାଏ ଯେ, ନିଜଠାରୁ ଧନ, ଜନ କିମ୍ବା ପ୍ରତିଷ୍ଠାରେ କମ୍ ଥିବା ଲୋକଙ୍କୁ (ସେହି ଲୋକ, ତାଙ୍କର ଯେତେବା ଉପକାର କରିଥାଉନା କାହିଁକି) ମହତ୍ୱ ଦିଅନ୍ତିନାହିଁ । ସେମାନେ, ଧନ୍ୟବାଦ ଦେବା କିମ୍ବା ଆଭାର ବ୍ୟକ୍ତ କରିବା ବଦଳରେ 'ହଉ, ଠିକ୍ ଅଛି' ବୋଲି କହି କଥାକୁ ସମର୍ଥ କରିଦିଅନ୍ତି । ଏପରି ବ୍ୟବହାର, ନା ତ ମାନବିକ ଅଟେ, ଆଉ ନା ହିଁ ସାମାଜିକ । ଏପରି ବ୍ୟବହାର ଦ୍ୱାରା ନାକେବଳ ଅସଭ୍ୟତା ପରିଦୃଷ୍ଟ ହୋଇଥାଏ, ବରଂ ଆପଣଙ୍କର ଅହଂକାର ମଧ୍ୟ ସାମନାକୁ ଆସିଥାଏ । ଯଦି କେହି ଆପଣଙ୍କ ପାଇଁ କିଛି ଭଲ କରିଛି, ସେ ଧନ, ଜନ କିମ୍ବା ପ୍ରତିଷ୍ଠାରେ ଆପଣଙ୍କଠାରୁ ଯେତେ କମ୍ ହୋଇଥାଉନା କାହିଁକି, ତା' ପ୍ରତି ନିଶ୍ଚିତ ଭାବରେ ଆଭାର ବ୍ୟକ୍ତ କରନ୍ତୁ । ତା' ନାମ ନେଇ 'ଧନ୍ୟବାଦ' କୁହନ୍ତୁ ଓ ଏହା ମଧ୍ୟ ସ୍ପଷ୍ଟ ରୂପେ କୁହନ୍ତୁ ଯେ, ଆପଣ ତା' କାମରେ ବହୁତ ଖୁସି ଅଛନ୍ତି । ଯେତେବେଳେ ଆପଣ ଏହିପରି ଭାବରେ ତା'ର ପ୍ରଶଂସା କରିବେ, ତେବେ ସେ ନିଜକୁ ଗୌରବାନ୍ୱିତ ଅନୁଭବ କରିବ । ଦୁନିଆରେ ତା'ର ବି କିଛି ମହତ୍ୱ ଓ ଅସ୍ତିତ୍ୱ ଅଛି ବୋଲି ତାକୁ ଲାଗିବ । ଆପଣଙ୍କର ଏତାଦୃଶ ବ୍ୟବହାର, ତାକୁ ସବୁଦିନ ପାଇଁ ଆପଣଙ୍କ ସହିତ ଯୋଡ଼ିଦେବ ।

ଜାଣନ୍ତୁ –

- 'ଧନ୍ୟବାଦ' କହିବା ଏପରି ଏକ କଳା ଅଟେ, ଯାହାଦ୍ୱାରା ଲୋକମାନେ ଆନ୍ତରିକତାର ସହ ଆପଣଙ୍କ ସହିତ ଯୋଡ଼ି ହୁଅନ୍ତି ।
- ଆଭାର ବ୍ୟକ୍ତ କରିବା ଦ୍ୱାରା ମାନବିକ ସମ୍ପର୍କରେ ଦୃଢତା ଆସିଥାଏ ।
- ଯାହାକୁ ଧନ୍ୟବାଦ ଦେଉଛନ୍ତି, ତା'ର ନାମଧରି ଓ ତା'ର ଆଖିରେ ଆଖି ମିଶାଇ

କୁହନ୍ତୁ "ଧନ୍ୟବାଦ ମିଷ୍ଟର ପ୍ରଶାନ୍ତ ! ଆପଣ ଏହି ଉପକାରକୁ ମୁଁ ସବୁଦିନ ପାଇଁ ମନେରଖିବି ।"

● ଛୋଟଛୋଟ କଥାରେ ମଧ୍ୟ ଧନ୍ୟବାଦ ଦେବା ଯେଉଁଠାରେ ବ୍ୟାବହାରିକ ସ୍ତରରେ ଆପଣଙ୍କର ଭଲ ଛବି ସୃଷ୍ଟି କରିବ, ସେହିଠାରେ ସାମନା ଲୋକପାଇଁ ଏହା ପୁରସ୍କାର ସ୍ୱରୂପ ହେବ । ତା'ର ଉତ୍ସାହ ବଢିବ ଓ ସେ ସର୍ବଦା ଆପଣଙ୍କର ମଙ୍ଗଳକାମନା କରିବ ।

● ମନୁଷ୍ୟକୁ ଆଭାର ବ୍ୟକ୍ତ କରିବା ପାଇଁ ପଶୁମାନଙ୍କର ଭାବଭଙ୍ଗିମାରୁ ମଧ୍ୟ କିଛି ଶିଖିବା ଦରକାର । ସବୁଠାରୁ ଭଲ ଉଦାହରଣ ହେଉଛି –କୁକୁର । ଯେତେବେଳେ ବି ଆପଣ ସ୍ନେହରେ ତାକୁ ଡାକନ୍ତି, ସେ ତୁରନ୍ତ ଲାଙ୍ଗୁଡ଼ ହଲାଇ ଆପଣଙ୍କ ସ୍ନେହ ପ୍ରତି ଆଭାର ବ୍ୟକ୍ତ କରିଥାଏ, ଆଉ ଯେତେବେଳେ ଆପଣ ତାକୁ କିଛି ଖାଇବାକୁ ଦିଅନ୍ତି, ତେବେ ସେ ତା' ଲାଙ୍ଗୁଡ଼କୁ ବହୁତ ଜୋର୍‌ରେ ଓ ବହୁତ ସମୟ ପର୍ଯ୍ୟନ୍ତ ହଲାଉଥାଏ, ଯାହର ଅର୍ଥ ହେଉଛି, 'ମୁଁ ଆପଣଙ୍କର ବହୁତ ଆଭାରୀ ଅଟେ' ।

ଅନାଦି କାଳରୁ ଏହି କଥା କୁହାଯାଉଛି ଏବଂ ସମୟର କଷଟିରେ ସର୍ବଦା ସତ୍ୟ ପ୍ରମାଣିତ ହୋଇଛି ଯେ ମନୁଷ୍ୟ, ଯେଉଁପରି ମଞ୍ଜି ବୁଣେ, ସେହିପରି ଫଳ ପାଏ । ସେଥିପାଇଁ ଆମକୁ ନିଜ ମନ, ବିଚାର, କାର୍ଯ୍ୟ ଓ ଆତ୍ମାରେ ଏପରି ମଞ୍ଜି ବୁଣିବା ଉଚିତ୍ ନୁହେଁ, ଯାହାର ଫଳ ତୋଳିବା ସମୟରେ ଆମକୁ କାନ୍ଦିବାକୁ ପଡ଼ିବ ।

-ସୂର୍ଯ୍ୟ ସିହ୍ନା

ଏପରି କରନ୍ତୁ ପରୋପକାର

କେତେକ ଲୋକ ଅନ୍ୟମାନଙ୍କର ଉପକାର ତ କରନ୍ତି, ହେଲେ ଉପକାର କରିବାର ସଠିକ୍ ଶୈଳୀ ଜାଣନ୍ତି ନାହିଁ, ଯେପରି -

ଯଦି ସେମାନେ କାହାକୁ ଆର୍ଥିକ ସାହାଯ୍ୟ କରିବେ, ତେବେ ବହୁତ ଦୟା ଦେଖାଇ କରିବେ ।

ସେମାନେ, ନିଜ ଦ୍ୱାରା କରାଯାଇଥିବା ଉପକାରର ଗୁଣଗାନ କରି, ଅଧିକାଂଶ ସମୟରେ ଏପରି କିଛି ଶବ୍ଦର ପ୍ରୟୋଗ କରିଦିଅନ୍ତି, ଯେଉଁଥିରୁ ସାମନା ଲୋକ, ନିଜକୁ ଅପମାନିତ ବୋଧ କରିଥାଏ ।

ଅହଙ୍କାରରେ ଭରି ସେମାନେ, ନିଜକୁ ଭଲ ଓ ସାମନା ଲୋକକୁ ହେୟ ଜ୍ଞାନକରି, ତାକୁ ଏପରି ଦୃଷ୍ଟିରେ ଦେଖନ୍ତି, ଯେପରି ସେ ଅତ୍ୟନ୍ତ ତୁଚ୍ଛ ଓ ମୁର୍ଖ ଅଟେ ।

ଏହି ସମସ୍ତ ଶୈଳୀ ବହୁତ ଅବ୍ୟାବହାରିକ ଅଟେ । ଯଦି ଆପଣ କାହାକୁ ସାହାଯ୍ୟ କରୁଛନ୍ତି, ତେବେ ଏପରି କରନ୍ତୁ, ଯେପରି ସେ ନିଜକୁ ଅପମାନିତ ବୋଧ କରିବ ନାହିଁ ଓ ତାକୁ ଏହା ଅନୁଭବ ହେବନାହିଁ ଯେ, ଆପଣ ତା'ଉପରେ ସାମାନ୍ୟତମ ମଧ୍ୟ ଦୟା କରୁଛନ୍ତି ।

ସୂତ୍ର ଏହିକି ଯେ, ***କାହାର ଉପକାର କରିବା ସମୟରେ ଆପଣଙ୍କ ମନରେ କେବଳ ସହଯୋଗର ହିଁ ଭାବନା ରହୁ, ସ୍ୱାର୍ଥର ନୁହେଁ ।***

ଆପଣ, ସାମନା ଲୋକକୁ ଏପରି କହିପାରନ୍ତି ''ଆମେ ଦୁଇଜଣ ବନ୍ଧୁ କିମ୍ବା ସମ୍ପର୍କୀୟ ଅଟେ । ପରସ୍ପରର ସୁଖ-ଦୁଃଖରେ କାମ ଆସିବା ଆମର କର୍ତ୍ତବ୍ୟ ଅଟେ, ଆଉ ଏହାକୁ କୌଣସି ପ୍ରକାରର ବୋଝ କିମ୍ବା ଦୟା ବୋଲି ଭାବିବ ନାହିଁ ।'' ଏପ୍ରକାର କଥା କହି ଆପଣ, ତାକୁ ସହଜ କରିପାରିବେ ଏବଂ ତାକୁ ସବୁଦିନ ପାଇଁ କୃତଜ୍ଞ କରିପାରିବେ ।

ଏହିପରି ଭାବନା ରଖି, ଯେତେବେଳେ ଆପଣ କାହାକୁ ବି ସାହାଯ୍ୟ କରିବେ, ତେବେ ତା'ମନରେ ଆପଣଙ୍କ ପ୍ରତି ସ୍ନେହ ଓ ସମ୍ମାନ ବଢିଯିବ । ସମୟ ଆସିଲେ ଏପରି ବ୍ୟକ୍ତି, ଆପଣଙ୍କ ପାଇଁ ବିରାଟ ତ୍ୟାଗ ମଧ୍ୟ କରିପାରେ । ଏପରିକି ସେ, ଜୀବନର ସମସ୍ତ ବିକଟ ସମୟରେ ଆପଣଙ୍କ ସହିତ ପାଦରେ ପାଦ ମିଶାଇ ଚାଲିପାରେ ।

ନିଶ୍ଚିତ ଭାବରେ ଏପରି ବ୍ୟକ୍ତି, ଅନ୍ୟମାନଙ୍କ ସାମନାରେ ଆପଣଙ୍କ ବ୍ୟବହାର, ନମ୍ରତା ଓ ସହଯୋଗ ଭାବନାର ପ୍ରଶଂସା ଅବଶ୍ୟ କରିଥାଏ । ଏହା ମନେରଖନ୍ତୁ ଯେ, ପିଠି ପଛରେ କାହା ଦ୍ୱାରା କରାଯାଇଥିବା ପ୍ରଶଂସାରେ ଆପଣଙ୍କ ଛବି ବହୁତ ଉଜ୍ଜ୍ୱଳ ହୋଇଥାଏ ।

ମାତ୍ର ତତ୍‌ସହିତ, ଏହି କଥାକୁ ମଧ୍ୟ ବିଶେଷ ଭାବରେ ମନେରଖିବାର ଅଛି ଯେ, ଯଦି ଆପଣ କାହା ଉପରେ ଦୟା କରନ୍ତି କିମ୍ବା କାହାର ଉପକାର କରନ୍ତି, ତେବେ ନିଜ ମୁହଁରେ ଏହାକୁ ଅନ୍ୟମାନଙ୍କ ସାମନାରେ ବଖାଣନ୍ତୁ ନାହିଁ । କଥା-କତାରେ ଲୋକମାନଙ୍କୁ ଏହା ଦେଖାଇହୁଅନ୍ତୁ ନାହିଁ ଯେ, ମୁଁ ଅମୁକ ଲୋକ ପାଇଁ ଏହା କରିଛି, ମୁଁ ତାହା କରିଛି ବା ତା'ଉପରେ ମୋର ବହୁତ ଅନୁଗ୍ରହ ଅଛି ଆଦି । ନିଜ ଗୁଣ ନିଜେ ଗାଇଲେ, ନିଜର ଛବି ତ ଖରାପ ହେବ ହିଁ, ଆଉ ତା'ସହିତ ଲୋକଙ୍କ ନଜରରେ ମଧ୍ୟ ଆପଣ ସେମାନଙ୍କର ବିଶ୍ୱାସଯୋଗ୍ୟ ହୋଇ ରହିବେନାହିଁ ।

ଏହି ମୂଲ୍ୟବାନ୍ ସୂତ୍ରକୁ ସର୍ବଦା ମନେରଖନ୍ତୁ: ***ଯେପର୍ଯ୍ୟନ୍ତ ସମ୍ଭବ, ଅନ୍ୟର ଦୁର୍ବଳତା ଓ ଆବଶ୍ୟକତା ଉପରେ ପର୍ଦ୍ଦାପକାଇ ରଖନ୍ତୁ ।***

ଚେଷ୍ଟା କରନ୍ତୁ, ଯାହାକୁ ଆପଣ ସାହାଯ୍ୟ କରୁଛନ୍ତି, ତାକୁ ବାରମ୍ବାର, ଆପଣ ତାକୁ ସାହାଯ୍ୟ କରୁଛନ୍ତି ବୋଲି ଅନୁଭବ କରାନ୍ତୁ ନାହିଁ । ଆପଣ ସାମନା ଲୋକକୁ କେବଳ ଏତିକି ଅନୁଭବ କରାନ୍ତୁ ଯେ, ଆପଣ ମାନବତା, ମିତ୍ରତା କିମ୍ବା ସମ୍ପର୍କ କାରଣରୁ ତାକୁ ସାହାଯ୍ୟ କରୁଛନ୍ତି । ସମୟ ଆସିଲେ ଆପଣ ଦେଖିବେ ଯେ, ଆପଣଙ୍କର ସେହି ଉପକାର ବା ସାହାଯ୍ୟ ବଦଳରେ ସେହି ବ୍ୟକ୍ତି, ଆପଣଙ୍କ ପାଇଁ ତାହାସବୁ କରିବ, ଯାହା ଆପଣ ତା'ଠାରୁ ଚାହିଁବେ । ଏପରି କ୍ଷେତ୍ରରେ ଆପଣ ତା'ଠାରୁ ସେହି ଲାଭ ମଧ୍ୟ ଉଠାଇପାରିବେ, ଯାହାର ଆଶାରେ ଆପଣ ତାକୁ ସାହାଯ୍ୟ କରିଥିଲେ ।

ଏହି ନିୟମ ପ୍ରତ୍ୟେକ ବ୍ୟକ୍ତି ଉପରେ ଲାଗୁ ହୋଇଥାଏ, ହୁଏତ ସେ ସାମାଜିକ ସମ୍ପର୍କ କାରଣରୁ ଆପଣଙ୍କର ପରିଚିତ ହୋଇଥା'ନ୍ତୁ କିମ୍ବା ବ୍ୟାପାରିକ କାରଣରୁ । ବ୍ୟାପାର ଜଗତରେ ଏପରି ଅଗଣିତ ଉଦାହରଣ ଅଛି, ଯେଉଁଥିରେ କୌଣସି ବ୍ୟକ୍ତିର କୋଟି-କୋଟି ଟଙ୍କାର ବ୍ୟବସାୟ ଧୂଳିସାତ୍ ହୋଇଯାଇଛି ଏବଂ ଠିକ୍ ସମୟରେ କୌଣସି ଅନ୍ୟ ପରିଚିତ ବ୍ୟକ୍ତିର ସହାୟତା, ସେହି ବ୍ୟକ୍ତିକୁ ପୁନଶ୍ଚ ଦେବାଳିଆରୁ ପୁନରୁଦ୍ଧାର କରି ସଫଳତାର ଶିଖରରେ ପହଞ୍ଚାଇଦେଇଛି ।

ଆମେବି ଯଦି ନିଜର ବିଗତ ଅନୁଭୂତିଗୁଡ଼ିକର ଅଧ୍ୟୟନ କରିବା, ତେବେ ଏପରି ଅନେକ ଉଦାହରଣ ପାଇବା ଯେ, କୌଣସି ବ୍ୟକ୍ତି କାହାକୁ ସାହାଯ୍ୟ କଲା ଓ ଭୁଲିଗଲା । ପରେ, କୌଣସି ସଙ୍କଟ ସମୟରେ ସେ ଦେଖିଲା ଯେ, ସେହି ବ୍ୟକ୍ତି, କୌଣସି ଦେବଦୂତ ପରି ଆସି ତା' ସହାୟତା ପାଇଁ ଠିଆହୋଇଛି ।

ବନ୍ଧୁଗଣ ! ଯଦିଓ ଏହି କଥାଗୁଡ଼ିକ ବହୁତ ଛୋଟ ଲାଗେ, ତଥାପି ଜୀବନରେ ଏହିପ୍ରକାରର ବ୍ୟାବହାରିକ କଥାଗୁଡ଼ିକର ବହୁତ ବଡ଼ ମହତ୍ୱ ରହିଛି । ଏହିଭଳି

ବ୍ୟାବହାରିକ କଥାଗୁଡ଼ିକ, ଜଣେ ବ୍ୟକ୍ତିର ସଫଳତା-ଅସଫଳତାରେ ନିର୍ଣ୍ଣାୟକ ଓ ପ୍ରମୁଖ ଭୂମିକା ନିର୍ବାହ କରିଥାଏ ।

ବ୍ୟବସାୟ କ୍ଷେତ୍ରର ବିଶେଷଜ୍ଞମାନଙ୍କ କହିବା ଅନୁସାରେ, ଯେତେବେଳେ ଆପଣ ସଫଳତାର ଶିଢ଼ି ଚଢୁଥା'ନ୍ତି, ସେତେବଳେ ତଳକୁ ଓହ୍ଲାଉଥିବା ଲୋକମାନଙ୍କ ସହିତ ସମ୍ପର୍କ ଯୋଡ଼ିବା ଭୁଲନ୍ତୁ ନାହିଁ । ସମୟର ଚକ୍ର ଯେତେବେଳେ ଓଲଟିବ, ତେବେ ହୋଇପାରେ ସେମାନେ ଶିଢ଼ି ଚଢୁଥିବେ ଓ ଆପଣ ଓହ୍ଲାଉଥିବେ ।

ବାକ୍ କୁଶଳତା

ଲୋକମାନଙ୍କ ସହିତ କଥାବାର୍ତ୍ତା ହେବା, ଏକ ବହୁତ ବଡ଼ କଳା ଅଟେ । ଅଧିକାଂଶ ଲୋକ ଏହା ଜାଣିନଥା'ନ୍ତି । ସେ ନିଜକୁ ବହୁତ ବୁଦ୍ଧିମାନ୍ ବୋଲି ବିଚାର କଲେ ସୁଦ୍ଧା, ତାଙ୍କୁ ଏହି କଳା ଜଣାଥିବ, ଏହା ଜରୁରୀ ନୁହେଁ ।

ଆପଣ ଏହି କଥା ଲକ୍ଷ୍ୟ କରିଛନ୍ତିକି ଯେ, ଅଧିକାଂଶ ଲୋକ ଅନ୍ୟମାନଙ୍କ କଥା ଶୁଣିବାରେ କୌଣସି ଖାସ୍ ଆଗ୍ରହ ଦେଖାନ୍ତି ନାହିଁ । ଆପଣଙ୍କୁ ଏହାର କାରଣ ଜଣାଅଛି ?

ମାତ୍ର, ଏହା ପୂର୍ବରୁ ଗୋଟିଏ କ୍ଷଣ ରହି ଏହି କଥା ଭାବନ୍ତୁ, ଜଣେ କାହିଁକି ଆପଣଙ୍କ କଥା ଶୁଣିବ ?

ପ୍ରକୃତରେ ଲୋକମାନେ, କୌଣସିବି କଥାକୁ ଆଗ୍ରହ କାରଣରୁ ଶୁଣିଥା'ନ୍ତି । ହେଲେ, ଅନ୍ୟମାନଙ୍କ ସହିତ କଥା ହେଉଥିବା ସମୟରେ ସେମାନଙ୍କର ମନପସନ୍ଦ ବିଷୟକୁ ବାଛନ୍ତି ହିଁ ନାହିଁ । ସେମାନେ, 'ମୁଁ', 'ମୋର', 'ମୋତେ' ପରି ଶବ୍ଦଗୁଡ଼ିକ ସହିତ ନିଜ କଥା ଆରମ୍ଭ କରନ୍ତି ଓ ଅଧିକାଂଶ ସମୟରେ ଏହିପରି କହିଥା'ନ୍ତି –

- ମୁଁ ଏପରି ମାନେନାହିଁ
- ମୋତେ ଏହି କଥା ପସନ୍ଦ ନାହିଁ
- ମୋର କାମ କରିବାର ଶୈଳୀ ଭିନ୍ନ ଅଟେ
- ମୁଁ ଲୋକଙ୍କର ଭଲ କରୁଛି, ହେଲେ ଲୋକମାନେ ସବୁବେଳେ ମୋର ମନ୍ଦ କରୁଛନ୍ତି

- ଏବେ ମୁଁ କାହାକୁ ଖାତିର୍ କରୁନି ।

ଏହି ବ୍ୟବହାର ଓ ତତ୍ସଂଲଗ୍ନ ବିଷୟ ହିଁ ସବୁଠାରୁ ବଡ଼ କାରଣ ଅଟେ, ଯେଉଁଥିପାଇଁ ଶ୍ରୋତା, ବକ୍ତାର କଥାରେ ଅନାଗ୍ରହ ପ୍ରଗରଦର୍ଶିତ କରିଥାଏ ।

ବାସ୍ତବିକତା ହେଉଛି ଯେ, କୌଣସି ବ୍ୟକ୍ତି ଆପଣଙ୍କର ନୁହେଁ, ବରଂ ନିଜ ନିମନ୍ତେ କଥା ଶୁଣିବାକୁ ଆଗ୍ରହାନ୍ୱିତ ହୋଇଥାଏ ।

ମାତ୍ର, ଲୋକମାନେ ଏହି ରହସ୍ୟ ବୁଝିବାକୁ ପ୍ରସ୍ତୁତ ନୁହଁନ୍ତି । ଯଦି ତାଙ୍କ ଦ୍ୱାରା କୌଣସି ଭୁଲ୍ ବି ହୋଇଯାଏ, ତେବେ ମଧ୍ୟ ନିଜ ଭୁଲ୍‌କୁ ସ୍ୱୀକାର କରିବା ବଦଳରେ ନିଜ କଥାକୁ ହିଁ ଉଚ୍ଚରେ ରଖି, ଅନ୍ୟମାନଙ୍କୁ ଦୋଷ ଦେବାର ଭୁଲ୍‌କୁ ପୁନରାବୃତ୍ତି କରନ୍ତି ।

ଏପରି ସ୍ଥିତିରେ ସେମାନେ କିଛି ଏହିପରି କହିଥା'ନ୍ତି -

- ମୁଁ ଏବେ ନିଜକୁ ବଦଳାଇ ଦେଇଛି ।
- ମୁଁ ଏବେ କାହା ଉପରେ ବିଶ୍ୱାସ କରୁନାହିଁ ।
- ମୋ ସହିତ ସମସ୍ତେ ବିଶ୍ୱାସଘାତକତା କରିଛନ୍ତି ।
- ମୁଁ ଏବେ ତମକୁ ଦେଖାଇବି ଯେ, ମୁଁ କ'ଣ କରିପାରେ ।

ଏବେ, ଆପଣ ନିଜେ ଚିନ୍ତାକରି ଦେଖନ୍ତୁ ଯେ, ଯଦି ସାମନା ବ୍ୟକ୍ତି ନିଜକୁ ନେଇ ବା ନିଜର ପ୍ରଶଂସାରେ ହିଁ କେନ୍ଦ୍ରିତ ଥିବ, ତେବେ କ'ଣ ଆପଣ ତା'ସହିତ କଥା ହେବାକୁ ପସନ୍ଦ କରିବେ ? ବୋଧହୁଏ କେବେବି ନୁହେଁ ।

ଅଧିକାଂଶ ଲୋକଙ୍କର ଇଚ୍ଛା ଥାଏ ଯେ, ପାରସ୍ପରିକ କଥାବାର୍ତ୍ତାର ବିଷୟବସ୍ତୁ 'ସେ ନିଜେ' ହିଁ ହୋଇଥା'ନ୍ତୁ । ଯାହାବି ଆଲୋଚନା ହେଉ, ସେଥିରେ ସେ ନିଜକୁ ହିଁ ଦେଖିବା ପସନ୍ଦ କରିଥା'ନ୍ତି ।

ମନୋବୈଜ୍ଞାନିକମାନଙ୍କ ଗବେଷଣା ପ୍ରମାଣିତ କରିଛି ଯେ, **ଲୋକମାନେ ନିଜ ବିଷୟରେ ଆଲୋଚନା କରିବା ତଥା ଶୁଣିବା ସବୁଠାରୁ ଅଧିକ ପସନ୍ଦ**

କରନ୍ତି । ଯଦି ଆପଣ ତାଙ୍କ ସହିତ, ତାଙ୍କର ହିଁ ବିଷୟରେ କଥା ହେବେ, ତେବେ ସେମାନେ ଆପଣଙ୍କ ସହିତ କଥାବାର୍ତ୍ତା ହେବାରେ ନିଶ୍ଚିତ ଆଗ୍ରହ ଦେଖାଇବେ । ସେମାନେ ଆପଣଙ୍କୁ ପ୍ରଶଂସା ଦୃଷ୍ଟିରେ ଦେଖିବେ ଓ ଆପଣଙ୍କ ବିଷୟରେ ଭଲ ଚିନ୍ତା ସେମାନଙ୍କ ମନରେ ଆସିବ ।

ଏଥିରେ କୌଣସି ଆପତ୍ତି-ଅଭିଯୋଗ ନାହିଁ, କାରଣ ପ୍ରକୃତରେ ଏହା ହିଁ ହେଉଛି ମାନବ ସ୍ୱଭାବ ।

ଯେତେବେଳେ ଆମେ ଅନ୍ୟମାନଙ୍କ ସହିତ, ସେମାନଙ୍କର ହିଁ ବିଷୟରେ କଥାହେଉ, ତେବେ ସ୍ୱାଭାବିକ ଭାବରେ ସେମାନଙ୍କୁ ଭଲ ଲାଗିଥାଏ । ସେହି ପରିବେଶରେ କଥାବାର୍ତ୍ତାକୁ ଆଗକୁ ବଢ଼ାଇବା ଦୃଷ୍ଟିରେ ଏହା ସଠିକ୍ ଅଟେ ଏବଂ ଏହିସବୁ ମାନବ ପ୍ରକୃତିର ଅନୁକୂଳ ଅଟେ । ମାତ୍ର, ଯେତେବେଳେ ଆପଣ ତାଙ୍କ ସହିତ ନିଜ ବିଷୟରେ କଥା ହୁଅନ୍ତି, ତେବେ ପ୍ରକୃତିଗତ ଭାବରେ ସେଥିରେ ସେମାନଙ୍କର ଅଧିକ ରୁଚି ରହିବନାହିଁ ଓ ସେମାନେ ବେମନ ଭାବରେ 'ହଁ', 'ହୁଁ' କରି ଚାହିଁବେ ଯେ, କଥାବାର୍ତ୍ତାର ଧାରା ଶୀଘ୍ର ବନ୍ଦ ହେଉ ଓ ଆପଣ ତାଙ୍କ ସାମନାରୁ ଚାଲିଯାଆନ୍ତୁ, କାରଣ ଆପଣଙ୍କର ସମ୍ବାଦ, ମାନବ ପ୍ରକୃତି ନିୟମର ପ୍ରତିକୂଳ ଅଟେ ।

ତେଣୁ, ବାକ୍ କଳାରେ କୁଶଳ ହେବାପାଇଁ ଆପଣ, ନିଜ ମସ୍ତିଷ୍କରେ ଏହି ତିନି ଶବ୍ଦ - ମୁଁ, ମୋର, ମୋତେ - କାଢ଼ିଦିଅନ୍ତୁ ଓ ତାହା ବଦଳରେ ଦୁଇଟି ଶବ୍ଦକୁ ସ୍ଥାନ ଦିଅନ୍ତୁ, ପ୍ରଥମଟି ହେଉଛି **ଆପଣ** ଓ ଦ୍ୱିତୀୟଟି ହେଉଛି **ଆମେ** ।

ଏହାପରେ ଆପଣ, କଥାବାର୍ତ୍ତାର ପ୍ରବାହ କିଛି ଏହିପ୍ରକାରରେ ଆରମ୍ଭ କରିପାରିବେ-

- ଆମେ ଯଦି ଏପରି କରିବା, ତେବେ ଆମ ସମସ୍ତଙ୍କ ପାଇଁ ଭଲ ହେବ ।
- ଆମେ ମିଶିକରି ଯଦି କାମ କରିବା, ତେବେ ଆମକୁ ନିଶ୍ଚିତ ସଫଳତା ମିଳିବ ।

ଏଠାରେ ବିଶେଷ ଭାବେ ଏହା ଧ୍ୟାନରହୁ ଯେ, 'ମୁଁ'ର ସର୍ବଦା ହାର୍ ହୋଇଥାଏ ଓ 'ଆମେ' ସବୁବେଳେ ଜିତିଥାଏ, କାରଣ 'ମୁଁ'ରେ ସ୍ୱାର୍ଥ ଲୁଚି ରହିଥାଏ ଏବଂ 'ଆମେ'ରେ ସ୍ନେହ, ସଦ୍‌ଭାବନା ତଥା ଆତ୍ମୀୟତା ।

ମାତ୍ର, ଏପରି କିଛି ଲୋକ ମଧ୍ୟ ଅଛନ୍ତି, ଯେଉଁମାନେ କେବଳ ଓ କେବଳ ନିଜ ବିଷୟରେ ହିଁ ଶୁଣିବାକୁ ପସନ୍ଦ କରିଥା'ନ୍ତି । ଏପରି ଲୋକମାନଙ୍କ ସାମନାରେ ଯଦି ଆପଣ କେବଳ ତାଙ୍କ ବିଷୟରେ ହିଁ କଥା ହେବେ, ତେବେ ତାଙ୍କୁ ଭଲ ଲାଗିବ । ଏପରି ଲୋକମାନଙ୍କଠାରୁ ଆପଣ, ନିଜ ଇପ୍ସିତ କାର୍ଯ୍ୟ ମଧ୍ୟ କରାଇପାରିବେ । ଏପରି ଲୋକଙ୍କ ସାମନାରେ ଆପଣଙ୍କୁ ବାସ୍, ନିମ୍ନପ୍ରଦତ୍ତ ପରି ବାକ୍ୟଗୁଡ଼ିକର ପ୍ରୟୋଗ କରିବାକୁ ପଡ଼ିବ - ଯେପରି,

ଯେତେବେଳେ ଆପଣ କାହାକୁ ପଚାରନ୍ତି - 'ଆପଣ କିପରି ଅଛନ୍ତି ?'

ତେବେ ସେ, ସ୍ୱାଭାବିକ ଭାବରେ ହସିକରି କହେ ଯେ, - 'ଭଲ ଅଛି ।'

ଆପଣ ପଚାରନ୍ତି - 'ଆପଣଙ୍କ ପୁଅ, ଝିଅ ବା ପରିବାର... ।'

ସେ କୁହେ ଯେ, - 'ସବୁ କୁଶଳ-ମଙ୍ଗଳ ।' ଏହାପରର କଥାବାର୍ତ୍ତାକୁ ସର୍ବଦା ଏହି ଆଧାରରେ କରନ୍ତୁ:

- ଏହା ଆପଣଙ୍କ ପାଇଁ ।
- ଏପରି କରି ଆପଣଙ୍କୁ ଫାଇଦା ହେବ ।
- ଏପରି କଲେ ଆପଣଙ୍କ ସମ୍ମାନରେ ବୃଦ୍ଧି ହେବ ।
- ଆପଣଙ୍କ ପରିବାରରେ ଖୁସି ଆସିବ ।

ଯେବେ ଏପରି ବ୍ୟକ୍ତି ନିରନ୍ତର ନିଜ ସମ୍ବନ୍ଧିତ ଇଚ୍ଛା ତଥା ଭାବନାଗୁଡ଼ିକ ପୁରାହେବାର ସମ୍ଭାବନା ଦେଖିବ, ତେବେ ସେହି ବ୍ୟକ୍ତି ଲଗାତାର ଆପଣଙ୍କ ସହିତ ଜଡ଼ିତ ହୋଇଚାଲିବ ଓ ଚାହିଁବ ଯେ, ଉଭୟଙ୍କର କଥାବାର୍ତ୍ତାର ଧାରା ଆହୁରି ଆଗକୁ ବଢୁ । ଯେତେବେଳେ ଏହି ସ୍ଥିତି ବଢ଼ିଯିବ, ସେତେବେଳେ ଆପଣ ନିଜର ବ୍ୟବସାୟ

ଯୋଜନା, ମାର୍କେଟିଙ୍ଗ୍ ଯୋଜନା କିମ୍ବା ପ୍ରଡକ୍ଟ ବିଷୟରେ ସୂଚନା ଦେଇପାରିବେ । ବୀମା, ଡାଇରେକ୍ଟ ସେଲ୍ସ, ନେଟ୍ୱର୍କ ମାର୍କେଟିଙ୍ଗ୍ ଆଦି କ୍ଷେତ୍ରରେ ଏହିପରି ଚିନ୍ତାଧାରା ମାଧ୍ୟମରେ ଆପଣ ଭଲ ରୋଜଗାର କରିପାରିବେ ।

କିଛି ଲୋକଙ୍କର ସମସ୍ୟା ଭିନ୍ନ ଧରଣର ହୋଇଥାଏ । ସେମାନେ ଅହଂଗ୍ରସ୍ତ ହୋଇଥା'ନ୍ତି ଏବଂ **'ମୁଁ, ମୋର କିମ୍ବା ମୋତେ'** ପର୍ଯ୍ୟନ୍ତ ହିଁ ସୀମିତ ରୁହନ୍ତି, ଯେଉଁଥିରୁ ସାମନା ଲୋକ ବିରକ୍ତି ଅନୁଭବ କରିଥାଏ । କାହା ପାଖରେ ଏତେ ସମୟ ଓ ଫୁର୍ସତ ଅଛି ଯେ, ସେ ଆପଣଙ୍କ କଥା ଶୁଣିବ ବା ସମସ୍ୟା ଜାଣିବ ବା ଆପଣଙ୍କ ପରିବାର ବିଷୟରେ ଶୁଣିବ ? ସେଥିପାଇଁ, ଏପରି ଲୋକମାନଙ୍କୁ ଦେଖିଲେ ଅନ୍ୟମାନେ ମୁହଁ ବୁଲାଇ ପଳାନ୍ତି । ଏପରି ଲୋକମାନଙ୍କ ବିଷୟରେ ଅଧିକାଂଶ ସମୟରେ ଅନ୍ୟ ଲୋକମାନେ ଏହା କହୁଥିବାର ଶୁଣାଯାଇଥାଏ 'ଅପଦାର୍ଥ ଲୋକଟା, ଯେତେବେଳେ ଦେଖ ସେତେବେଳେ ନିଜର ଗୁଣ ଗାଉଥିବ' କିମ୍ବା 'ନିଜ ପରିବାର ସମସ୍ୟା କହୁଥିବ' କିମ୍ବା 'ଯେତେବେଳେ ଦେଖ ସେତେବେଳେ ନିଜ ବିଜ୍‌ନେସ୍ ବିଷୟରେ କଥା କହୁଥିବ । ଆରେ! ତୋ ପୁଅ ବେରୋଜଗାରିଆ, ତୋ ପୁଅ ଗୋଟେ ବଡ଼ ବିଦ୍ୱାନ, ତୁ କେତେ ଉନ୍ନତି କଲୁ, ସେଥିରୁ ଆମର ବା କ'ଣ ଯାଏ-ଆସେ ?'

ସେଥିପାଇଁ ବନ୍ଧୁଗଣ, ଆପଣ ନିଜ କଥାବାର୍ତ୍ତାର କେନ୍ଦ୍ରବିନ୍ଦୁ ସାମନା ଲୋକକୁ ହିଁ କରନ୍ତୁ ଓ 'ଆପଣ' ଶବ୍ଦର ନିରନ୍ତର ବ୍ୟବହାର କରି, ଆଲୋଚନାକୁ ସେହି ସ୍ତରକୁ ନେଇଯା'ନ୍ତୁ, ଯେଉଁଠାରେ ଆପଣଙ୍କ କଥା ଶୁଣି ତାକୁ ମଧ୍ୟ ପ୍ରସନ୍ନତା ହେବ । ଆପଣ **'ମୁଁ, ମୋର, ମୋତେ'** ପରି ଶବ୍ଦଗୁଡ଼ିକଠାରୁ ଯଦି ମୁକ୍ତି ପାଇଯିବେ, ତେବେ ଆପଣଙ୍କର ପ୍ରଭାବ ବୃଦ୍ଧି ପାଇବ, ଆପଣଙ୍କ ବ୍ୟକ୍ତିତ୍ୱରେ ଆଶ୍ଚର୍ଯ୍ୟଜନକ ଭାବରେ ଔଜ୍ଜ୍ୱଲ୍ୟତା ଆସିବ, ଆପଣ ଅନ୍ୟମାନଙ୍କ ପସନ୍ଦ ତଥା ସେମାନଙ୍କର ଆକର୍ଷଣର କେନ୍ଦ୍ର ହୋଇଯିବେ ତଥା ସେମାନେ ଚାହିଁବେ ଯେ ଆପଣ, ସେମାନଙ୍କ ସହିତ ଲଗାତାର କଥା ହୁଅନ୍ତୁ ଓ ସେମାନଙ୍କ ସମ୍ପର୍କରେ ରୁହନ୍ତୁ ।

ମାତ୍ର, ମିଥ୍ୟା ସନ୍ତୁଷ୍ଟି ଦେଉଥିବା ଶବ୍ଦ (**ମୁଁ, ମୋର, ମୋତେ**)ଗୁଡ଼ିକୁ ତ୍ୟାଗ କରିବା ଏତେ ସହଜ ନୁହେଁ । ସେଥିପାଇଁ ମଧ୍ୟ ଆପଣଙ୍କଲୁ ନିରନ୍ତର ଅଭ୍ୟାସର ଆବଶ୍ୟକତା ରହିଛି ଏବଂ ଯେତେବେଳେ ଆପଣ ସଫଳ ହୋଇଯିବେ, ତେବେ ତାହାର ପରିବର୍ତ୍ତନ ଆପଣ ନିଜେ ଦେଖିପାରିବେ ।

ମନେରଖନ୍ତୁ -

ଅଧିକାଂଶ ଲୋକ ଅନ୍ୟମାନଙ୍କ ଉପରେ ପ୍ରଭାବ ଛାଡ଼ିପାରନ୍ତି ନାହିଁ, କାରଣ ସେମାନେ ନିଜ ବିଷୟରେ ହିଁ ଅଧିକ ଚିନ୍ତା କରିଥା'ନ୍ତି ଓ ନିଜ ବିଷୟରେ ହିଁ କଥା କହିଥା'ନ୍ତି । ଯେତେବେଳେକି, ଆମକୁ ସଫଳ ବକ୍ତା ହେବାପାଇଁ ଏହା ଦେଖିବା ଉଚିତ୍ ଯେ, ଆମ ଶ୍ରୋତାମାନଙ୍କୁ କ'ଣ ପସନ୍ଦ ? ତେଣୁ, ଅନ୍ୟମାନଙ୍କ ସହିତ କଥା ହେଉଥିବା ସମୟରେ, ସେମାନଙ୍କ ବିଷୟରେ ହିଁ କଥା ହୁଅନ୍ତୁ ତଥା ସେମାନଙ୍କୁ ମଧ୍ୟ ନିଜ ବିଷୟରେ କଥା କହିବାର ସୁଯୋଗ ଦିଅନ୍ତୁ ।

ପ୍ରଭାବଶାଳୀ ବକ୍ତା ହୁଅନ୍ତୁ

କିଛି ଲୋକ ଭଲ ଚିନ୍ତା କରିପାରନ୍ତି, ହେଲେ ପ୍ରଭାବଶାଳୀ ଢଙ୍ଗରେ ନିଜ କଥାକୁ ଉପସ୍ଥାପିତ କରିପାରନ୍ତି ନାହିଁ । ପ୍ରକୃତକ୍ଷେତ୍ରରେ, ଜଣେ ଭଲ ବକ୍ତା ହେବା ମଧ୍ୟ ଗୋଟିଏ ପ୍ରତିଭା ଅଟେ । ଏଥିରେ ପାରଙ୍ଗମ ବ୍ୟକ୍ତି, ମହତ୍ୱହୀନ କଥାକୁ ମଧ୍ୟ କିଛି ଏପରି ଶୈଳୀରେ ବ୍ୟକ୍ତ କରିଥାଏ, ଯାହା ମହତ୍ୱପୂର୍ଣ୍ଣ ହୋଇଯାଇଥାଏ । ମାତ୍ର, ଯେଉଁ ବ୍ୟକ୍ତି ଏହି କଳାରେ କୁଶଳ ନୁହେଁ, ତାହାର ସ୍ଥିତି ଅତ୍ୟନ୍ତ ବିକଟ ଅଟେ । ସେହି ବ୍ୟକ୍ତି ନିଜର ମହତ୍ୱପୂର୍ଣ୍ଣ କଥାକୁ ମଧ୍ୟ ସଠିକ୍ ଓ ପ୍ରଭାବଶାଳୀ ଢଙ୍ଗରେ କହିପାରେ ନାହିଁ ଓ ଜୀବନରେ ଅଗଣିତ ଅସଫଳତାର ସମ୍ମୁଖୀନ ହୋଇଥାଏ ।

ଏହି ବିଷୟ ଉପରେ ମୁଁ, **'ଆସନ୍ତୁ, ହେବା ସଫଳ ବକ୍ତା'** ନାମକ ବିଚାରୋତ୍ତେଜକ ପୁସ୍ତକ ଲେଖି ଅନେକ ମହତ୍ୱପୂର୍ଣ୍ଣ ସୂତ୍ରଗୁଡ଼ିକୁ ପାଠକମାନଙ୍କ ନିକଟରେ ପହଞ୍ଚାଇବାର ପ୍ରୟାସ କରିଛି । ଏହି ପୁସ୍ତକ, ନାକେବଳ ଆପଣଙ୍କୁ ଜଣେ ସଫଳ ବକ୍ତାର ବିଶେଷ ଗୁଣଗୁଡ଼ିକ ସହିତ ପରିଚିତ କରାଏ, ବରଂ ତାହା, ଆପଣଙ୍କର ସମ୍ପୂର୍ଣ୍ଣ ବ୍ୟକ୍ତିତ୍ୱର ବିକାଶ କରି, ଜୀବନରେ ସଫଳ ହେବାର ମାର୍ଗ ମଧ୍ୟ ଆପଣଙ୍କୁ ସ୍ପଷ୍ଟ ଭାବରେ ଦେଖାଇଥାଏ ।

ଏଠାରେ ମୁଁ, ଆପଣଙ୍କ ପାଇଁ ସେହି ଖାସ୍ ନିୟମଗୁଡ଼ିକ ଉପରେ ଆଲୋକପାତ କରୁଛି, ଯାହା ଆପଣଙ୍କର ବ୍ୟାବହାରିକ ପକ୍ଷକୁ ସୁଦୃଢ଼ କରିବା ସହିତ ମାନବ ସମ୍ପର୍କକୁ ମଜଭୁତ କରିବାରେ ମଧ୍ୟ ସହାୟକ ସିଦ୍ଧ ହେବ ।

କିଛି ସ୍ଥିତି ଦେଖନ୍ତୁ:

କେତେକ ଲୋକ କଥା କହିବା ତ ଆରମ୍ଭ କରିଦିଅନ୍ତି, ହେଲେ କତାକୁ ସମ୍ପୂର୍ଣ୍ଣ କରିପାରନ୍ତି ନାହିଁ, କାରଣ ସେମାନେ ପ୍ରଥମରୁ ଏହା ନିଷ୍ପତ୍ତି କରିନଥା'ନ୍ତି ଯେ, ସେମାନଙ୍କୁ କେଉଁ ବିଷୟରେ କହିବାର ଅଛି । ସେଥିପାଇଁ, ପ୍ରଥମରୁ ଆପଣଙ୍କ ବିଷୟ ଉପରେ ସମ୍ପୂର୍ଣ୍ଣ ପ୍ରସ୍ତୁତି କରିସାରିବାପରେ ହିଁ କଥା କୁହନ୍ତୁ । ଏଥିରୁ, ଆପଣଙ୍କର ଧାରାପ୍ରବାହ ତଥା ପ୍ରଭାବଶାଳୀ ଭାବରେ କହିପାରିବେ । ସାମନା ଲୋକ ଉପରେ ମଧ୍ୟ ଏହାର ଗଭୀର ପ୍ରଭାବ ପଡ଼ିଥାଏ ଓ ସେ ଆପଣଙ୍କ ଦ୍ୱାରା ପ୍ରଭାବିତ ହୋଇଥାଏ ।

କହିବା ପୂର୍ବରୁ ମନ-ମସ୍ତିଷ୍କରେ ଭଲ ଭାବରେ ମାପିନିଅନ୍ତୁ ଯେ, ଆପଣ କେଉଁ ବିଷୟରେ କହିବାକୁ ଯାଉଛନ୍ତି । ଆପଣ ଯେଉଁ ବିଷୟରେ କହିବାକୁ ଚାହୁଁଛନ୍ତି, ତାହାର ସମ୍ପୂର୍ଣ୍ଣ ସୂଚନା ଆପଣଙ୍କ ପାଖରେ ଥିବା ଅତ୍ୟନ୍ତ ଜରୁରୀ ଅଟେ ।

ସଂକ୍ଷେପରେ ନିଜ କଥା କୁହନ୍ତୁ, ମାତ୍ର ସହଜରେ ବୁଝିପାରିବା ପରି ଭାଷାର ପ୍ରୟୋଗ କରନ୍ତୁ । କଠିନ ଶବ୍ଦର ପ୍ରୟୋଗ କରନ୍ତୁ ନାହିଁ ।

କେବଳ ପ୍ରସଙ୍ଗ ଉପରେ କଥା କୁହନ୍ତୁ ଓ ତାହାପରେ ଅନ୍ୟମାନଙ୍କୁ କଥା କହିବାର ସୁଯୋଗ ଦିଅନ୍ତୁ ।

କଥା କହୁଥିବା ସମୟରେ ସିଧା ଶ୍ରୋତାଙ୍କ ଆଡ଼କୁ ଦେଖନ୍ତୁ । ତାଙ୍କ ଆଖିରେ ଆଖି ମିଶାଇ କଥା କୁହନ୍ତୁ । ମନୋବୈଜ୍ଞାନିକମାନଙ୍କ ମତରେ, ଯେଉଁମାନେ ଭାଷଣ ପଢ଼ିକରି ଦିଅନ୍ତି, ଶ୍ରୋତାମାନଙ୍କ ଉପରେ ତାହାର ବିଶେଷ ପ୍ରଭାବ ପଡ଼େନାହିଁ ।

ସେହି ବିଷୟରେ କଥା କୁହନ୍ତୁ, ଯେଉଁଥିରେ ଶ୍ରୋତାଙ୍କର ଆଗ୍ରହ ଥିବ କିମ୍ବା ଯେଉଁ ସନ୍ଦର୍ଭ ବା ବିଷୟର ଶ୍ରୋତା ଆପଣଙ୍କ ସମ୍ମୁଖରେ ଥିବ । ଶ୍ରୋତାଙ୍କ ଆଗ୍ରହ ଓ ପସନ୍ଦକୁ ବିଶେଷ ମହତ୍ୱ ଦିଅନ୍ତୁ, ନା କି ନିଜ ପସନ୍ଦ ଓ ଆଗ୍ରହକୁ । ସେ ହିଁ ସଫଳ ବକ୍ତା ଅଟେ, ଯିଏ ଲୋକମାନଙ୍କର ପସନ୍ଦ ଓ ରୁଚିର କଥା କହି, ସେମାନଙ୍କ ମନ ଜିଣିନିଏ ।

ଯଦି ଆପଣ ଭାଷଣ ଦେଉଛନ୍ତି, ତେବେ ଭାଷଣ ହିଁ ଦିଅନ୍ତୁ । ଲୋକମାନଙ୍କୁ ଉପଦେଶ ଦେବା ଆରମ୍ଭ କରନ୍ତୁ ନାହିଁ । ଲୋକମାନେ, ସବୁ ସମୟରେ ଉପଦେଶକୁ ପସନ୍ଦ କରନ୍ତି ନାହିଁ । ଅତ୍ୟାବଶ୍ୟକ ସ୍ଥଳେ ଉଦାହରଣ ଉପସ୍ଥାପିତ କରନ୍ତୁ । ଉଦାହରଣରେ କୌଣସି କାଳ୍ପନିକ ଚରିତ୍ରକୁ ଆପଣ ଉପଦେଶ ଦେଇପାରିବେ । ଏଥିରୁ ଆପଣଙ୍କର ଉଦ୍ଦେଶ୍ୟ ପୂରଣ ହୋଇଯିବା ସହିତ ଏହା ଶ୍ରୋତାମାନଙ୍କୁ ବିରକ୍ତିକର ମଧ୍ୟ ହେବେନି ଏବଂ ତତ୍‌ସହିତ ସେମାନଙ୍କୁ ଆପଣଙ୍କର ମହତ୍ୱପୂର୍ଣ୍ଣ ବାର୍ତ୍ତା ମଧ୍ୟ ମିଳିଯିବ ।

ଏଠାରେ ଆମେ, **'ଆପଣ ଓ ଆପଣଙ୍କ ବ୍ୟବହାର'** ଉପରେ ବିସ୍ତାର ପୂର୍ବକ ଆଲୋଚନା କରୁଛେ, ସେଥିପାଇଁ 'ପ୍ରଭାବଶାଳୀ ବକ୍ତା ହୁଅନ୍ତୁ' ଉପରେ ସବିଶେଷ ଆଲୋଚନା କରାଯାଉନାହିଁ । ଯଦି ଆପଣଙ୍କୁ ଏହି ବିଷୟ ଉପରେ ସମ୍ପୂର୍ଣ୍ଣ ବିବରଣୀ ଦରକାର କିମ୍ବା ଯଦି ଆପଣ, ନିଜକୁ ଜଣେ ସଫଳ ବକ୍ତା ଭାବରେ ଦେଖିବାକୁ ଚାହୁଁଛନ୍ତି, ତେବେ ଆପଣ, ମୋ ଦ୍ୱାରା ଲିଖିତ ପୁସ୍ତକ **'ଆସନ୍ତୁ, ହେବା ସଫଳ ବକ୍ତା'** ନିଶ୍ଚିତ ପଢ଼ନ୍ତୁ । ମୋର ସମ୍ପୂର୍ଣ୍ଣ ବିଶ୍ୱାସ ଯେ, ଏହି ପୁସ୍ତକ ଆପଣଙ୍କ ଜୀବନରେ ଏକ ମହତ୍ୱପୂର୍ଣ୍ଣ ତଥା ନିର୍ଣ୍ଣାୟକ ଭୂମିକା ନିର୍ବାହ କରିବାରେ ନିଶ୍ଚିତ ସଫଳ ରହିବ ।

ମାର୍କେଟିଙ୍ଗ୍ ଓ ସେଲ୍ସର ଲୋକମାନଙ୍କୁ ଆବଶ୍ୟକ ଯେ, ସେମାନଙ୍କର କଥାବାର୍ତ୍ତା ସ୍ପଷ୍ଟ ଓ ସଂକ୍ଷିପ୍ତ ହେଉ, ଯେଉଁଥିରୁ ଯେଉଁ ବାର୍ତ୍ତା ସେମାନେ ନିଜ ଗ୍ରାହକ (କ୍ଲାଏଣ୍ଟ)ମାନଙ୍କୁ ଦେବାକୁ ଚାହୁଁଛନ୍ତି, ତାହା ସେମାନଙ୍କ ପର୍ଯ୍ୟନ୍ତ ପହଞ୍ଚିଯାଉ ।

କାହିଁକି କେଜାଣି, ଆଜିକାଲି ଲୋକମାନେ ସତ୍ୟତା, ସଚ୍ଚୋଟତା ଓ ମାନବିକତା ବଦଳରେ ଇଟା, ଚୁନ ଓ ସିମେଣ୍ଟର ମୂଲ୍ୟ ଲଗାଇବାରେ ଲାଗିଛନ୍ତି । ବୋଧହୁଏ ସେମାନେ ଭୁଲିଗଲେଣି ଯେ, ସତ୍ୟତା, ସଚ୍ଚୋଟତା ଓ ମାନବିକତାର ମନ୍ଦିର ଯଦି ଗୋଟିଏ ଥର ଭାଙ୍ଗିଗଲା, ତେବେ କୌଣସି ଲୋକର ଏତେ ସାମର୍ଥ୍ୟତା ନାହିଁ ଯେ, ଏହାକୁ ପୁଣିଥରେ ତିଆରି କରିପାରିବ ।

-ସୂର୍ଯ୍ୟ ସିହ୍ନା

ଲୋକମାନଙ୍କ ସମ୍ପର୍କରେ ରୁହନ୍ତୁ

ସମୟ ଥିଲା, ଯେତେବେଳେ ଲୋକମାନଙ୍କ ସହିତ ସମ୍ପର୍କ ସ୍ଥାପନ କରିବା ଏକ ଜଟିଳ କାମ ଥିଲା । ମାତ୍ର ବିକାଶର ଗତି, ଏହି କାର୍ଯ୍ୟକୁ ବହୁତ ସହଜ କରିଦେଲା । ମୋବାଇଲ୍ ଫୋନ୍ କାରଣରୁ ଦୂରତା ସମ୍ପୂର୍ଣ୍ଣ ଭାବରେ ଦୂର ହୋଇଯାଇଛି । ଏହାସତ୍ତ୍ୱେ ଦେଖାଯାଇଛି ଯେ, କିଛି ଲୋକ ଏବେବି ଅନ୍ୟମାନଙ୍କ ସହିତ ସମ୍ପର୍କ ସ୍ଥାପନ କରିବାରେ କୃପଣତା ଦେଖାଉଛନ୍ତି ।

ଆପଣଙ୍କୁ ଦରକାର ଯେ, କେବେ-କେବେ ନିଜ ମିତ୍ର, ହିତାକାଙ୍‌କ୍ଷୀ, ସମ୍ପର୍କୀୟ ଆଦିଙ୍କୁ ଫୋନ୍ କରି ସେମାନଙ୍କର କୁଶଳ-ମଙ୍ଗଳ ପଚାରୁଥା'ନ୍ତୁ । ଏଥିରେ, ଯେଉଁଠାରେ ମାନବ ସମ୍ବନ୍ଧକୁ ଦୃଢ଼ତା ମିଳେ, ସେହିଠାରେ ମିତ. ହିତାକାଙ୍କ୍ଷୀ ଓ ସମ୍ପର୍କୀୟମାନଙ୍କ ନଜରରେ ଆପଣଙ୍କର ଛବି, ସେମାନଙ୍କର ଶୁଭଚିନ୍ତକ ଭାବରେ ହୋଇଯାଏ ।

କଳ୍ପନା କରନ୍ତୁ, ଅନେକ ବର୍ଷ ପୂର୍ବରୁ ଆପଣଙ୍କ ଜଣେ ବନ୍ଧୁ ବିଦେଶରେ ଯାଇରହୁଛି । ସମୟାନୁକ୍ରମେ, ଆପଣଙ୍କ ମନରେ ତା'ର ସ୍ମୃତି ଫିକା ହୋଇଯାଇଛି । ମାତ୍ର, ଦିନେ ହଠାତ୍ ଆପଣଙ୍କ ଫୋନ୍‌ର ଘଣ୍ଟିବାଜେ, ଆପଣ କଲ୍ ରିସିଭ୍ କରନ୍ତି ଓ ଅନ୍ୟପଟେ ଆପଣଙ୍କୁ, ନିଜ ସାଙ୍ଗର ସ୍ୱର ଶୁଭେ – 'ହେଲୋ ସୁରେଶ ! ମୁଁ ପ୍ରକାଶ କହୁଛି କାନାଡ଼ାରୁ... ଆରେ ଭୁଲିଗଲୁଣି ନା କ'ଣ ?' ଆଉ ଆପଣ, ସୁଖଦ ଆଶ୍ଚର୍ଯ୍ୟରେ ଭରିଯା'ନ୍ତି । ଆପଣଙ୍କ ମନ ଏହା ଭାବି ପୁଲକିତ ହୋଇଉଠେ ଯେ, ବିଦେଶରେ ଥିବା ଆପଣଙ୍କ ସାଙ୍ଗ, ଆପଣଙ୍କୁ ଏପର୍ଯ୍ୟନ୍ତ ମନେରଖିଛି । କଥାବାର୍ତ୍ତାର ଧାରା ଚାଲେ ଓ ଏଥିସହିତ ଆପଣ, ତା'ସହ ଗଭୀର ଭାବରେ ଜଡ଼ିତ ହୋଇଯା'ନ୍ତି ।

ଏହି ପ୍ରକାରରେ ଆପଣ, ଯେତେବେଳେ କୌଣସି ମିତ୍ର କିମ୍ବା ସମ୍ପର୍କୀୟଙ୍କୁ ଫୋନ୍‌କରି କୁଶଳ ସମାଚାର ପଚାରନ୍ତି ଓ ଏପରି କୁହନ୍ତି ଯେ, 'ଆଜି ଆପଣଙ୍କ କଥା ବହୁତ ମନେପଡୁଥିଲା ତ, ଭାବିଲି ଟିକେ ଫୋନ୍ କରିଦିଏ ।' ଆପଣଙ୍କର ସେହି ମିତ୍ର କିମ୍ବା ସମ୍ପର୍କୀୟ, ଆପଣଙ୍କ ସହିତ ଗଭୀର ଭାବରେ ଜଡ଼ିତ ହୋଇଯାଏ । ଆପଣଙ୍କ ସମ୍ବନ୍ଧରେ ଆହୁରି ଅଧିକ ଦୃଢ଼ତା ଆସିଯାଏ । ତା'ମନରେ ମଧ୍ୟ ଏହି ଧାରଣା ସୃଷ୍ଟି ହୋଇଯାଏ ଯେ ଆପଣ, ତା'ର ପ୍ରକୃତ ହିତାକାଙ୍‌କ୍ଷୀ ଅଟନ୍ତି ।

ଏହିଭଳି ସମ୍ପର୍କକୁ ସୁଦୃଢ଼ କରିବାରେ ଫୋନ୍‌ର ମହତ୍ୱପୂର୍ଣ୍ଣ ସଂଶ୍ଳିଷ୍ଟତାକୁ ଅଣଦେଖା କରିହେବ ନାହିଁ । ଆପଣ, ନିଜର ପରିଚିତମାନଙ୍କର ଜନ୍ମଦିନ, ବିବାହ ବାର୍ଷିକୀ ଆଦିର ତାରିଖ ମନେରଖି, ସେମାନଙ୍କୁ ଫୋନ୍ ମାଧ୍ୟମରେ ଅଭିନନ୍ଦନ ଦେଇପାରିବେ । ଏସ୍‌ଏମ୍‌ଏସ୍ ଦ୍ୱାରା ଅଭିନନ୍ଦନ ବାର୍ତ୍ତା ଓ ପର୍ବଗୁଡ଼ିକର ଶୁଭକାମନା ପଠାଇପାରିବେ । ଏହିପ୍ରକାରେ ଆପଣ, ନିଜ ସମ୍ବନ୍ଧଗୁଡ଼ିକୁ ବହୁତ ମଜଭୁତ କରିପାରିବେ । ଲୋକମାନେ ଆପଣଙ୍କୁ ସ୍ନେହ କରନ୍ତି, ପସନ୍ଦ କରନ୍ତି । ସେମାନେ ଆପଣଙ୍କ କଥାକୁ ଧ୍ୟାନପୂର୍ବକ ଓ ଗମ୍ଭୀରତାପୂର୍ବକ ଶୁଣନ୍ତି ଏବଂ ଆବଶ୍ୟକ ସ୍ଥଳେ ଆପଣଙ୍କୁ ସହଯୋଗ ମଧ୍ୟ କରନ୍ତି । ତେଣୁ, କେବେବି ପରିଚିତ, ମିତ୍ର ଓ ସମ୍ପର୍କୀୟମାନଙ୍କ ମଧ୍ୟରେ ଦୂରତ୍ୱ ଆସିବାକୁ ଦିଅନ୍ତୁନାହିଁ । ଫୋନ୍ ଦ୍ୱାରା ସେମାନଙ୍କ ନିକଟରେ ରୁହନ୍ତୁ, ସେମାନଙ୍କ ସମ୍ପର୍କରେ ରୁହନ୍ତୁ । ବିଶେଷ ଭାବରେ ମାର୍କେଟିଙ୍ଗ୍, ସେଲ୍ସ ତଥା ନେଟ୍‌ୱର୍କିଙ୍ଗ୍ ଜଗତର ଲୋକମାନଙ୍କ ପାଇଁ ଫୋନ୍, ସେମାନଙ୍କର ଜୀବନ ସଦୃଶ । ଲକ୍ଷ-କୋଟି ଟଙ୍କାର ସମ୍ପର୍କ ତଥା ବ୍ୟାପାର ଗୋଟିଏ ଫୋନ୍ କଲ୍ ମାଧ୍ୟମରେ ହୋଇଯାଇଥାଏ । ଫୋନ୍‌ର ଭଲ ଡେଟାବେସ୍, ଯେକୌଣସି ସଂସ୍ଥା ପାଇଁ ଲାଇଫ୍-ଲାଇନ୍ ହୋଇଯାଇଥାଏ । ନିରନ୍ତର ସକ୍ରିୟ ଥିବା ଏକ୍‌ଜିକ୍ୟୁଟିଭ୍‌ମାନେ ଜାଣନ୍ତି ଯେ, ଫୋନ୍ ବିନା ସେମାନଙ୍କର ଜୀବନ କେତେ ଅସମ୍ପୂର୍ଣ୍ଣ । ଇ-ମେଲ୍, ଚାଟିଙ୍ଗ୍ ଓ ଏସ୍‌ଏମ୍‌ଏସ୍ ମଧ୍ୟ ସମ୍ପର୍କ ବଢ଼ାଇବାର ଅତ୍ୟନ୍ତ ପ୍ରଭାବଶାଳୀ ମାଧ୍ୟମ ଅଟେ ।

ଲୋକମାନେ
ମହତ୍ୱପୂର୍ଣ୍ଣ ଅଟନ୍ତି

ପ୍ରତ୍ୟେକ ଲୋକର ଏହା ପ୍ରାକୃତିକ ଇଚ୍ଛା ଥାଏ ଯେ ସେ, ବିଶେଷ ହେବାକୁ, ଦେଖାଯିବାକୁ ଚାହିଁଥାଏ । ତା'ର ଏକ ଭିନ୍ନ ପରିଚୟ ସୃଷ୍ଟି ହେଉ ବୋଲି ସେ ଆଶା କରିଥାଏ । ହେଲେ, ଏହି ଉଚ୍ଚ ଭାବନା ସହିତ ହିଁ ଗୋଟିଏ ଦୁର୍ଗୁଣ, ଅଧିକାଂଶ ଲୋକମାନଙ୍କଠାରେ ଦେଖିବାକୁ ମିଳିଥାଏ, ତାହାହେଉଛି ନିଜକୁ ଶ୍ରେଷ୍ଠ ଓ ଅନ୍ୟମାନଙ୍କୁ ତୁଚ୍ଛ ବିଚାର କରିବାର ଭାବନା । କେତେକ ଲୋକ, ଯେଉଁମାନେ ଅନ୍ୟମାନଙ୍କୁ କମ୍‌କରି ଆକଳନ କରିବାର ଭୁଲ୍ କରନ୍ତି ସେମାନେ, ମାନବ ସମ୍ବନ୍ଧରେ କେବେବି ନିପୁଣତା ପ୍ରାପ୍ତ କରିପାରିବେ ନାହିଁ ।

ଯଦି ଆପଣଙ୍କୁ ଲୋକ ବ୍ୟବହାର କଳାରେ ନିପୁଣ ହେବାର ଅଛି, ଯଦି ଆପଣଙ୍କୁ ନିଜର ବ୍ୟବହାର ନାମକ ଗୁଣକୁ ବିକଶିତ କରିବାର ଅଛି, ତେବେ ଆପଣଙ୍କୁ ଦରକାର ଯେ, ଲୋକମାନଙ୍କୁ ସେମାନଙ୍କର ମହତ୍ୱପୂର୍ଣ୍ଣ ହେବାର ଅନୁଭବ ଲଗାତାର କରାନ୍ତୁ ।

ନିକଟ ଅତୀତରେ, ମାନବ ସମ୍ବନ୍ଧ ପରିପ୍ରେକ୍ଷୀରେ ହୋଇଥିବା ଗବେଷଣାରୁ ଏହା ସିଦ୍ଧ ହୋଇସାରିଛି ଯେ ଆପଣ, ଅନ୍ୟମାନଙ୍କୁ ଯେତେ ଅଧିକ ମହତ୍ୱ ଦେବେ, ସେମାନଙ୍କୁ ଯେତେ ଅଧିକ ମହତ୍ୱପୂର୍ଣ୍ଣ ହେବାର ଅନୁଭବ କରାଇବେ, ସେତେ ଅଧିକ ମହତ୍ୱ ସେମାନେ ମଧ୍ୟ ଆପଣଙ୍କୁ ଦେବେ ।

ମନେରଖନ୍ତୁ -

- ପ୍ରତ୍ୟେକ ବ୍ୟକ୍ତି 'ବ୍ୟକ୍ତିବିଶେଷ' ପରି ବ୍ୟବହାର ଚାହିଁଥାଏ ।

● ପ୍ରତ୍ୟେକ ବ୍ୟକ୍ତି ଚାହିଁଥାଏ ଯେ, ତା'ର କୌଣସି ବିଶେଷତା କାରଣରୁ ତାକୁ ଲୋକମାନେ ଚିହ୍ନନ୍ତୁ ଓ ତା'ସହିତ ସେହିପରି ସମ୍ମାନପୂର୍ବକ ବ୍ୟବହାର କରାଯାଉ ।

● କେହିହେଲେ ଚାହାଁନ୍ତି ନାହିଁ ଯେ, ତା'ସହିତ 'ତୁଚ୍ଛ କିମ୍ବା ଛୋଟ ଲୋକ' ପରି ବ୍ୟବହାର ହେଉ ।

● ଯେତେବେଳେ ଆମେ କାହାକୁ ତୁଚ୍ଛ, ଛୋଟ, ବେକାର, କମ୍ ମହତ୍ତ୍ୱପୂର୍ଣ୍ଣ କିମ୍ବା ନିମ୍ନ ଶ୍ରେଣୀର ମାନିଥାଉ, ସେତେବେଳେ ତା'ର ଚିନ୍ତାଧାର ଓ ବ୍ୟବହାର ମଧ୍ୟ ଆମ ପ୍ରତି ସେହିପରି ହୋଇଯାଏ । ତା'ମନରେ ମଧ୍ୟ ଆମ ପ୍ରତି ଘୃଣାଭାବ ଜାତ ହୋଇଯାଏ ଓ ଏପରି ବ୍ୟକ୍ତି କେବେବି ଆପଣଙ୍କ ସହିତ ହୃଦୟର ସହ ଜଡ଼ିତ ହେବନାହିଁ ।

● ଯେଉଁପ୍ରକାରେ ଆପଣ ନିଜକୁ ଯେକୌଣସି କାରଣବଶତଃ **ବିଶେଷ** ବୋଲି ଭାବନ୍ତି ଓ ଚାହାଁନ୍ତି ଯେ, ଲୋକମାନେ ଆପଣଙ୍କ ସହିତ ସମ୍ମାନର ସହିତ ବ୍ୟବହାର କରନ୍ତୁ, ଠିକ୍ ସେହିପ୍ରକାରେ, ପ୍ରତ୍ୟେକ ବ୍ୟକ୍ତି ଚାହିଁଥାଏ ଯେ, ଅନ୍ୟ ଲୋକମାନେ ତା'ସହିତ ସମ୍ମାନପୂର୍ବକ ବ୍ୟବହାର କରନ୍ତୁ । ତେଣୁ, ଅନ୍ୟମାନଙ୍କୁ **ବିଶେଷ** ବୋଲି ଚିନ୍ତାକରି, ସେମାନଙ୍କର ଯଥାସମ୍ଭବ ସମ୍ମାନ କରିବା, ଲୋକପ୍ରିୟତାର ପ୍ରଥମ ସର୍ତ୍ତ ଅଟେ ।

ଲୋକମାନଙ୍କୁ ମହତ୍ତ୍ୱ ଦେବା ତଥା ବିଶେଷ ଅନୁଭବ କରାଇବାର କେତେକ ଗୁରୁତ୍ୱପୂର୍ଣ୍ଣ ସୂତ୍ର :-

୧. ଲୋକମାନଙ୍କୁ ଧୈର୍ଯ୍ୟପୂର୍ବକ, ଧ୍ୟାନ ଓ ଗମ୍ଭୀରତାର ସହିତ ଶୁଣନ୍ତୁ ।

୨. ସେମାନଙ୍କର ପ୍ରଶଂସା ଓ ଅଭିବାଦନ କରନ୍ତୁ ।

୩. ଲୋକମାନଙ୍କୁ ସେମାନଙ୍କର ନାମ ଧରି ସମ୍ମାନପୂର୍ବକ ଡାକନ୍ତୁ ।

୪. ସେମାନଙ୍କର ଯେକୌଣସି ପ୍ରଶ୍ନ କିମ୍ବା ସମସ୍ୟ ଶୁଣି ଉତ୍ତର ଦେବା ପୂର୍ବରୁ ସାମାନ୍ୟ ବିରାମ ନିଅନ୍ତୁ । ହଠାତ୍ ନିଜର ସକରାତ୍ମକ କିମ୍ବା ନକରାତ୍ମକ ବିଚାର ପ୍ରକଟ କରନ୍ତୁ ନାହିଁ ।

୫. ଯଦି କେହି ଆପଣଙ୍କ ଅପେକ୍ଷାରେ ବସିଛି ଓ ଆପଣ ବ୍ୟସ୍ତ ଅଛନ୍ତି, ତେବେ ତା'ପର୍ଯ୍ୟନ୍ତ ଏହି ସୂଚନା ଅବଶ୍ୟ ପଠାଉଥା'ନ୍ତୁ ଯେ, ସେ ଆପଣଙ୍କର ଅପେକ୍ଷା କରିଛି ବୋଲି ଆପଣ ଅବଗତ ଅଛନ୍ତି ।

୬. ଯଦି ଆପଣ ଏକାଧିକ ଲୋକଙ୍କ ମଧ୍ୟରେ ବସିଛନ୍ତି, ତେବେ ସମସ୍ତଙ୍କୁ ସମାନ୍ ଭାବରେ ମହତ୍ୱ ଦିଅନ୍ତୁ ।

ଏବେ ଆସନ୍ତୁ, ଏହିସବୁ ବିଷୟରୁ ପଡୁଥିବା ପ୍ରଭାବଗୁଡ଼ିକୁ ବୁଝିବା -

ସୂତ୍ର ୧ – ଯଦି କେହି ଆପଣଙ୍କ ସହିତ କଥାବାର୍ତ୍ତା ହେଉଛି, ତେବେ ଆପଣ ତା'କଥାକୁ ଧୈର୍ଯ୍ୟପୂର୍ବକ, ଧ୍ୟାନ ଓ ଗମ୍ଭୀରତାର ସହିତ ଶୁଣନ୍ତୁ । ଭୁଲ୍‌ରେ ବି ଦାୟିତ୍ୱହୀନ ବ୍ୟବହାର କରନ୍ତୁ ନାହିଁ, ଯେପରି ତା'କଥା ଶୁଣିବା ସମୟରେ ଏପଟ-ସେପଟ ଦେଖିବା, ବ୍ୟସ୍ତ ହେବାର ନାଟକ କରିବା, ହାଇ ମାରିବା, ଫାଇଲ୍ ଉଠାଇ ଏପଟେ-ସେପଟେ ରଖିବା କିମ୍ବା ନିଜକୁ ଅତ୍ୟଧିକ ବ୍ୟସ୍ତ ପ୍ରଦର୍ଶିତ କରୁଥିବା କାର୍ଯ୍ୟ କରିବା । ଏଥିରୁ ସାମ୍ନା ଲୋକକୁ ଲାଗେ ଯେ, ଆପଣ ତା'କଥାକୁ ଧ୍ୟାନପୂର୍ବକ ଶୁଣିଲେ ନାହିଁ । ସେ ଭାବିବ ଯେ, ଆପଣ ତାକୁ କୌଣସି ମହତ୍ୱ ଦେଲେନାହିଁ ଓ ତା'କଥା ଶୁଣି 'ମୁଣ୍ଡବିନ୍ଧା ଗଲା' ଭଳି ବ୍ୟବହାର କରିଛନ୍ତି ।

ସୂତ୍ର ୨ – ଯେଉଁ ଲୋକ ବା ଲୋକମାନେ ଆପଣଙ୍କ ସହିତ ଭେଟ କରିବାକୁ ଆସିଛନ୍ତି, ସେମାନଙ୍କର ହସିକରି ସ୍ୱାଗତ କରନ୍ତୁ । ସେମାନଙ୍କର ପ୍ରଶଂସା ଓ ଅଭିବାଦନ କରନ୍ତୁ । ଏଥିରୁ ସେମାନଙ୍କୁ ଆତ୍ମସନ୍ତୁଷ୍ଟି ମିଳିବ ଓ ଆପଣଙ୍କ ବ୍ୟବହାରକୁ ନେଇ ସେମାନେ ଭଲ ମତପୋଷଣ କରିବେ । ଅନେକ ବିଶେଷ ଅବସରରେ ମୁଁ ବହୁତ ଲୋକଙ୍କୁ ଦେଖିଛି, କାହାର ଆଗମନରେ ସେମାନଙ୍କ ମନ ପିତା ହୋଇଯାଏ ବା ମିଥ୍ୟା ଗମ୍ଭୀରତାର ମୁଖା ପିନ୍ଧିଦିଅନ୍ତି ଓ ସେମାନଙ୍କର ଶାରୀରିକ ଭାଷା (ବଡୀ ଲାଙ୍ଗୁଏଜ୍) ଏହା ପ୍ରଦର୍ଶିତ କରିଥାଏ, ''ହଁ କୁହନ୍ତୁ ? କ'ଣ କାମ ଥିଲା ?''

ଏପ୍ରକାର ସ୍ଥିତି ଓ ଏପରି ବ୍ୟବହାର ଦେଖି, ଆଗନ୍ତୁକ ବିଚଳିତ ହୋଇଯାଏ । ଆପଣଙ୍କ ସହିତ ଦେଖାକରିବାର ଯେଉଁ ଉତ୍ସାହ ତା'ମନରେ ଥାଏ, ତାହା ଫାଣି

ଫୋଟକା ପରି ମିଳାଇଯାଏ । ତାହାପରେ ସେ ମଧ୍ୟ ବେମନରେ କୁଶଳ-ମଙ୍ଗଳ ପଚାରି ଚାଲିଯାଏ । ଯିବା ସମୟରେ, ଆପଣଙ୍କ ବ୍ୟବହାର ବିଷୟରେ ସେ ଯେଉଁ ମତପୋଷଣ କରିବ, ଆଗାମୀ ଦିନମାନଙ୍କରେ ତାହା ଆପଣଙ୍କ ପାଇଁ ଘାତକ ସିଦ୍ଧ ହେବ, କାରଣ ସେହି ବ୍ୟକ୍ତି, ଯେକୌଣସି ସ୍ଥାନରେ ଆପଣଙ୍କ ବିଷୟରେ ଆଲୋଚନା ହେବ, ଆପଣଙ୍କର ଏହି ବ୍ୟବହାରର ଉଲ୍ଲେଖ କରିବ । ଏଥିରୁ ଶ୍ରୋତାମାନଙ୍କ ମନରେ ଆପଣଙ୍କ ଛବି ଖରାପ ନହେଲେ ମଧ୍ୟ ସନ୍ଦିଗ୍ଧ ନିଶ୍ଚୟ ହୋଇଯିବ ।

ସୂତ୍ର ୩ – ଲୋକମାନଙ୍କୁ, ସେମାନଙ୍କର ନାମ ନେଇ ସମ୍ମାନର ସହିତ ଡାକନ୍ତୁ, ଏଥିରୁ ଆତ୍ମୀୟତା ବୃଦ୍ଧି ପାଇଥାଏ ଏବଂ ସେମାନେ ନିଜକୁ ଆପଣଙ୍କର ଖାସ୍ ଓ ଆପଣଙ୍କର ଅଧିକ ନିକଟତର ଅନୁଭବ କରିଥା'ନ୍ତି । ଯଦି ସାମ୍ନା ଲୋକ ବୟସରେ ଆପଣଙ୍କଠାରୁ ଏତେ ବଡ଼ ଅଟେ ଯେ, ସିଧା ନାମ ନେବା ଶିଷ୍ଟାଚାର ପରିସରରେ ନଆସୁଥାଏ, ତେବେ ଆପଣ ତାଙ୍କୁ, ତାଙ୍କର 'ଉପନାମ (ସର୍‌ନେମ୍)' ଦ୍ୱାରା ସମ୍ବୋଧିତ କରନ୍ତୁ, ଅର୍ଥାତ୍ ଆପଣ ତାଙ୍କୁ ମିଶ୍ର ବାବୁ, ମହାନ୍ତି ବାବୁ, ମହାପାତ୍ର ବାବୁ ବା ମି. ମିଶ୍ର, ମି. ମହାନ୍ତି ଓ ମି. ମହାପାତ୍ର କହି ସମ୍ବୋଧିତ କରନ୍ତୁ ।

ସୂତ୍ର ୪ – କୌଣସି କଥା କିମ୍ବା ସମସ୍ୟା ଶୁଣି ତତ୍‌କ୍ଷଣାତ୍ କୌଣସି ଉତ୍ତର ଦିଅନ୍ତୁ ନାହିଁ । କିଛି କ୍ଷଣ ରୁହନ୍ତୁ । ପ୍ରଥମେ ତାଙ୍କ କଥା ବା ସମସ୍ୟା ଉପରେ ବିଚାର କରନ୍ତୁ, ତତ୍‌ପଶ୍ଚାତ୍ ବୁଦ୍ଧିମାନ ତଥା ସହଜତାରେ ନିଜର ଭଲ-ମନ୍ଦ ମତପୋଷଣ କରନ୍ତୁ । ଏଥିରୁ ସାମ୍ନା ଲୋକକୁ ଏହା ଅନୁଭବ ହୋଇଥାଏ ଯେ, ଆପଣ ନାକେବଳ ତା'କଥାକୁ ଗମ୍ଭୀରତାପୂର୍ବକ ଶୁଣିଛନ୍ତି, ବରଂ ଭାବି-ଚିନ୍ତି ହିଁ ନିଜର ମତପୋଷଣ କରିଛନ୍ତି । ଏହାଦ୍ୱାରା ତା'ମନରେ ଆପଣଙ୍କ ପାଇଁ ସମ୍ମାନ ସୃଷ୍ଟି ହୋଇଥାଏ ଏବଂ ଆପଣଙ୍କ ପ୍ରତି ତା'ର ବିଶ୍ୱାସ ମଧ୍ୟ ବୃଦ୍ଧି ପାଇଥାଏ । ଆପଣଙ୍କର ଏତାଦୃଶ ବ୍ୟବହାରରୁ, ଆପଣଙ୍କ ମତ ତା'ର ପ୍ରତିକୂଳ ହେଲେମଧ୍ୟ, ତା'ମନରେ କେବେବି କୌଣସି ଅଭିଯୋଗ ସୃଷ୍ଟି ହେବନାହିଁ । ତାକୁ ଲାଗିବ ଯେ, ଆପଣ ତାକୁ ଓ ତା'ର ସମସ୍ୟାକୁ କହତ୍ୱ ଦେଇଛନ୍ତି ।

ସୂତ୍ର ୫ – ଧରିନିଅନ୍ତୁ ଯେ ଆପଣ, ନିଜ କାର୍ଯ୍ୟାଳୟରେ ବସିଛନ୍ତି ଓ କୌଣସି କାର୍ଯ୍ୟ ବା ମିଟିଙ୍ଗ୍‌ରେ ବ୍ୟସ୍ତ ଅଛନ୍ତି । ଏହି ସମୟରେ ଯଦି କୌଣସି ବ୍ୟକ୍ତି ଆପଣଙ୍କ ସହିତ ଦେଖାକରିବାକୁ ଆସେ, ତେବେ ସୂଚନାପାଇ ଆପଣ ସେହି ବ୍ୟକ୍ତି ନିକଟକୁ ଏହି ବାର୍ତ୍ତା ଅବଶ୍ୟ ପଠାନ୍ତୁ ଯେ, ସେ ଆସିବାର ସୂଚନା ଆପଣ ପ୍ରାପ୍ତ କରିସାରିଛନ୍ତି ଓ ଫୁର୍‌ସତ ମିଳିବା କ୍ଷଣି ଆପଣ ତା'ସହିତ ଭେଟ କରିବେ । ଯଦି ଆପଣଙ୍କର ବିଳମ୍ବ ହେବାର ସମ୍ଭାବନା ଅଛି, ତେବେ ଆପଣ ବାରମ୍ବାର ଏହି ବାର୍ତ୍ତା ଯେକୌଣସି ମାଧ୍ୟମରେ ତା'ନିକଟକୁ ପଠାଉଥା'ନ୍ତୁ । ଯଦି ସମ୍ଭବ, ତେବେ ତା'ପାଇଁ ଚାହା-ଜଳଖିଆର ବନ୍ଦୋବସ୍ତ କରାଇଦିଅନ୍ତୁ, ଯେଉଁଥିରୁ ତାକୁ ଲାଗିବ ଯେ, ତା'ବିଷୟରେ ଆପଣ ଚିନ୍ତିତ ଅଛନ୍ତି ।

ସୂତ୍ର ୬ – କାର୍ଯ୍ୟାଳୟ କିମ୍ବା ଘରେ ଏକାଧିକ ଲୋକଙ୍କ ସହିତ ବସି ଆପଣ କୌଣସି ସମସ୍ୟା ବା କୌଣସି ପ୍ରସଙ୍ଗ ଉପରେ ଆଲୋଚନା କରୁଥିବାବେଳେ ସମସ୍ତଙ୍କୁ ସମାନ୍ ମହତ୍ତ୍ୱ ଦିଅନ୍ତୁ । ସମସ୍ତଙ୍କ ଆଡ଼କୁ ଦେଖି ନିଜ କଥା କୁହନ୍ତୁ । ଜଣଙ୍କୁ ସମ୍ବୋଧିତ କରିବା କିମ୍ବା କୌଣସି ଜଣେ ବ୍ୟକ୍ତିଙ୍କ ସପକ୍ଷରେ ଦେଖାଯିବା ବଦଳରେ ପ୍ରତ୍ୟେକଙ୍କୁ ସମ୍ବୋଧିତ କରନ୍ତୁ । ଏଥିରୁ ସମସ୍ତେ ସନ୍ତୁଷ୍ଟ ହେବେ ଓ ସମସ୍ତେ ନିଜକୁ ମହତ୍ତ୍ୱପୂର୍ଣ୍ଣ ବିଚାର କରିବେ ।

ଏତାଦୃଶ ବ୍ୟବହାର ଦ୍ୱାରା ଲୋକମାନଙ୍କ ମଧ୍ୟରେ ଆପଣଙ୍କର ଭଲ ଛବି ସୃଷ୍ଟି ହେବ ଓ ଲୋକମାନେ ଆପଣଙ୍କ ସହିତ ଗଭୀରତାର ସହ ଯୋଡ଼ିହେବେ । ବ୍ୟାପାର, ସେଲ୍ସ ବା ମାର୍କେଟିଙ୍ଗ୍ ତଥା ନେଟ୍‌ୱର୍କିଙ୍ଗ୍‌ରେ ଏହି ସୂତ୍ରର ପ୍ରୟୋଗ ଦ୍ୱାରା ଆପଣଙ୍କର ଉନ୍ନତିର ଗ୍ରାଫ୍ ନିଶ୍ଚିତ ଭାବରେ ଉପରକୁ ଯିବ । ବିଶେଷ ଭାବରେ ନେଟ୍‌ୱର୍କିଙ୍ଗ୍ ତଥା ମାର୍କେଟିଙ୍ଗ୍ କ୍ଷେତ୍ରରେ ଏହି ଛୋଟ, ମାତ୍ର ଗଭୀର ମନୋବୈଜ୍ଞାନିକ ତଥ୍ୟଗୁଡ଼ିକୁ ଆମେ ପ୍ରତ୍ୟକ୍ଷ ଭାବରେ ନିଜର ଟାର୍ଗେଟ୍ ଲେଭଲ୍ ବା ଲାଭାଂଶରେ ପରିବର୍ତ୍ତିତ କରିପାରିବା ।

ଯେତିକି ଆପଣ ନିଜର ଦୋଷ, ତ୍ରୁଟି, ବଦ୍‌ଗୁଣ ଆଦି ବିଷୟରେ ଜାଣିବେ, ସେତିକି ଆପଣଙ୍କର ବିଶେଷତା, ଉ ମତା, ସଦ୍‌ଗୁଣ ଓ ଆପଣଙ୍କର ବ୍ୟକ୍ତିତ୍ୱର ସକରାତ୍ମକ ଭାଗ ବିକଶିତ ହୋଇ ସମ୍ମୁଖକୁ ଆସିବ । ଏହା, କିଛି ବିଲୁପ୍ତ କରି କିଛି ହେବାର ଏକ ରଚନାତ୍ମକ ପ୍ରକ୍ରିୟା ଅଟେ ଏବଂ ଯଦି ବିଲୁପ୍ତ କରିବାର ଅଛି, ତେବେ ନକରାତ୍ମକତାକୁ ହିଁ କାହିଁକି ବିଲୁପ୍ତ କରିବାନି ?

-ସୂର୍ଯ୍ୟ ସିହ୍ନା

ଅନ୍ୟମାନଙ୍କୁ ସହମତ କରାଇବା ଶିଖନ୍ତୁ

ଆମେ ସମସ୍ତେ ଦୋଷ, ତ୍ରୁଟିର ଗନ୍ତାଘର । ହେଲେ, କିଛି ଲୋକଙ୍କ ମଧ୍ୟରେ ଗୋଟିଏ ଜବରଦସ୍ତ ଦୁର୍ଗୁଣ ଦେଖିବାକୁ ମିଳିଥାଏ ଯେ ସେମାନେ, କାହା ସହିତବି କୌଣସି କଥାରେ ସହମତ ହୁଅନ୍ତି ନାହିଁ । ସେମାନେ ତର୍କ-ବିତର୍କ କରି ଅନ୍ୟର କଥାକୁ ସର୍ବଦା କାଟିଥା'ନ୍ତି ଓ ଭୁଲ୍ ସିଦ୍ଧ କରିବାର ସମ୍ପୂର୍ଣ୍ଣ ଚେଷ୍ଟା କରନ୍ତି । ବୋଧହୁଏ ଏଥିରୁ ସେମାନଙ୍କୁ ଆତ୍ମସନ୍ତୁଷ୍ଟି ମିଳିଥାଏ, ହେଲେ ବ୍ୟବହାର ମାମଲାରେ ସେମାନେ, ଅନ୍ୟମାନଙ୍କ ନଜରରେ ଖସିଯାଇଥା'ନ୍ତି ।

ଏଠାରେ ଗୋଟିଏ କଥା ସ୍ପଷ୍ଟ କରିଦେବା ଆବଶ୍ୟକ ଯେ, ବ୍ୟବହାରକୁଶଳ ହେବାପାଇଁ ଅନ୍ୟମାନଙ୍କୁ ସହମତ କରାଇବା ଏକ ନୀତିଯୁକ୍ତ ଗୁଣ ଅଟେ । ଏହି ଗୁଣ ଯେଉଁ ବ୍ୟକ୍ତିଠାରେ ଥାଏ, ଲୋକମାନେ ସ୍ୱୟଂକୃତ ଭାବେ ତା'ସହିତ ଯୋଡ଼ିହୋଇଯା'ନ୍ତି ।

ଏହା ଏକ ବୁଦ୍ଧିମନ୍ତ ଦୃଷ୍ଟିକୋଣ ଅଟେ ଏବଂ ଆଗକୁ ବଢ଼ିବାରେ ତଥା ଆପଣଙ୍କ ଛବି ପ୍ରସ୍ଫୁଟିତ କରିବାରେ ଏହି କଳା ଆପଣଙ୍କୁ ଯେତିକି ସାହାଯ୍ୟ କରିଥାଏ, ସେତିକି ସାହାଯ୍ୟ ଆପଣଙ୍କୁ ବୋଧହୁଏ ଅନ୍ୟ କୌଣସି କଳାରୁ ମିଳିପାରେ ।

ଏହି କଥାକୁ କେବେବି ଭୁଲନ୍ତୁ ନାହିଁ ଯେ, ଅନ୍ୟମାନଙ୍କ ସହିତ ଅସହମତି ତ କେହିହେଲେ ବି ବ୍ୟକ୍ତ କରିପାରିବେ, ମାତ୍ର ସହମତି ବ୍ୟକ୍ତ କରିବା କୌଣସି ବୁଦ୍ଧିମାନ୍, ନୀତିଜ୍ଞ, ନିପୁଣ ଏବଂ ବିଶାଳ ହୃଦୟ ଓ ଖୋଲା ବିଚାର ବିଶିଷ୍ଟ ବ୍ୟକ୍ତିର ହିଁ ଗୁଣ ଅଟେ – ଖାସ୍‌କରି ସେତେବେଳେ, ଯେତେବେଳେ ଆପଣ ଜାଣିଥା'ନ୍ତି

ଯେ, ସାମ୍ନା ଲୋକ ସବୁକିଛି ଠିକ୍ କହୁନାହିଁ ! ନେଟ୍‌ୱର୍କିଙ୍ଗ୍, ନେଟ୍‌ୱର୍କ ମାର୍କେଟିଙ୍ଗ୍ ତଥା ସେଲ୍ସର ଲୋକମାନେ ଏଠାରେ ଧ୍ୟାନ ଦିଅନ୍ତୁ ।

ଅନେକ ଥର ଆପଣ ଜାଣିଥା'ନ୍ତି ଯେ, ସାମ୍ନା ଲୋକ ଭୁଲ୍ ଅଟେ, ହେଲେ ତଥାପି ନିଜକୁ ଠିକ୍ ସିଦ୍ଧ କରିବାକୁ ସେ ଆପଣଙ୍କର ସହମତି ଆବଶ୍ୟକ କରୁଛି, ଏପରି କ୍ଷେତ୍ରରେ ଆପଣ କ'ଣ କରିବେ ?

ଏପରି ସ୍ଥିତିରେ ସର୍ବପ୍ରଥମେ ଏହା ଆକଳନ କରନ୍ତୁ ଯେ, ତା' ଭୁଲ୍ କଥନ ଦ୍ୱାରା ଆପଣଙ୍କର, ଆପଣଙ୍କ କମ୍ପାନୀର, ପ୍ରଡକ୍ଟ ବା ସଂସ୍ଥାର କୌଣସି ପ୍ରକାରରେ କିଛି କ୍ଷତି ହେଉନାହିଁ ଏବଂ ସେ କେବଳ ନିଜର ଆତ୍ମସନ୍ତୁଷ୍ଟି ପାଇଁ ଆପଣଙ୍କର ସହମତି ଚାହୁଁଛି । ଏହି କ୍ଷେତ୍ରରେ ଆପଣ କେବଳ ହସିଦିଅନ୍ତୁ, ଏଥିରୁ ତାକୁ ଲାଗିବ ଯେ, ଆପଣ ତା'ସହିତ ସହମତ ଅଛନ୍ତି, ଆଉ ସେ ସନ୍ତୁଷ୍ଟ ହୋଇଯିବ ଏବଂ ଆପଣ ମଧ୍ୟ ତା'ସହ ଯୁକ୍ତିକୁ ଏଡ଼ାଇଦେଇପାରିବେ । ଅଧିକାଂଶ ସମୟରେ ବ୍ୟାପାରିକ ନେଣ-ଦେଣ ଓ କୌଣସି ପ୍ରଡକ୍ଟ ବିକ୍ରି କରିବାରେ ଏହି ଫର୍ମୁଲାର ସଠିକ୍ ଉପଯୋଗ ଲାଭଦାୟକ ସିଦ୍ଧ ହୋଇଥାଏ ।

ଅନେକ ଥର କୌଣସି ବ୍ୟକ୍ତି ବିଲ୍‌କୁଲ୍ ସଠିକ୍ ହୋଇଥାଏ ଓ ସେ ଚାହିଁଥାଏ ଯେ, ଆପଣ ତା'ସହିତ ସହମତ ହୁଅନ୍ତୁ, ତେବେ ଏପରି ସ୍ଥିତିରେ ଆପଣ ମୌନ ରୁହନ୍ତୁ ନାହିଁ, ବରଂ ଖୋଲା ଭାବରେ ଓ ସ୍ପଷ୍ଟ ଶବ୍ଦରେ କୁହନ୍ତୁ ''ହଁ, ମୁଁ ଆପଣଙ୍କ କଥାରେ ସହମତ । ଆପଣ ବିଲ୍‌କୁଲ୍ ଠିକ୍ କହିଛନ୍ତି ।'' ମାତ୍ର, ଏପରି ଆପଣ ତା' ଆଖିରେ ଆଖି ମିଶାଇ କୁହନ୍ତୁ । ଯଦି ଆପଣ ତା' ଆଖିରେ ଆଖିରେ ମିଶାଇ ନକହିବେ, ତେବେ ତାକୁ ଆପଣଙ୍କର ସହମତି ଉପରେ ସନ୍ଦେହ ହେବ ଏବଂ ତାକୁ ଲାଗିବ ଯେ, ଆପଣ କେବଳ ତା'ମନ ରଖିବା ପାଇଁ ଏପରି କହୁଛନ୍ତି ।

ସାମାଜିକ କ୍ଷେତ୍ର ବ୍ୟତୀତ ବ୍ୟାପର କ୍ଷେତ୍ରର ଲୋକମାନେ ମଧ୍ୟ ଜାଣିଛନ୍ତି, ଅନେକ ଥର ଏପରି ମଧ୍ୟ ହୁଏ, ଆମେ ଲୋକମାନଙ୍କ ସହିତ ସହମତ ହୁଏନାହିଁ । ଏହା ଆବଶ୍ୟକ ଓ ଜରୁରୀ ମଧ୍ୟ ନୁହେଁ ଯେ, ଆମେ ସମସ୍ତଙ୍କ ସହିତ ସବୁ ପରିସ୍ଥିତିରେ

ସହମତ ହେବା । ଏପରି କ୍ଷେତ୍ରରେ ଆପଣ କିଛି ସମୟ ଚୁପ୍ ରହିଯିବା ହିଁ ଉତ୍ତମ ହେବ । ଯେତେବେଳ ପର୍ଯ୍ୟନ୍ତ ବହୁତ ଜରୁରୀ ନହୋଇଥିବ, ସେପର୍ଯ୍ୟନ୍ତ ଅସହମତି ବ୍ୟକ୍ତ କରନ୍ତୁ ନାହିଁ, କାରଣ ଅସହମତିର ସିଧା ଅର୍ଥ ହେଉଛି - ନିଜର ଜଣେ ବିରୋଧୀ ସୃଷ୍ଟି କରିବା । ବ୍ୟବସାୟ ହେଉ ବା ଚାକିରି, ଜୀବନ-ଯାପନ ପାଇଁ କାର୍ଯ୍ୟ-ବ୍ୟବହାର କରିବା ସମୟରେ ଆପଣଙ୍କର ଉଦ୍ଦେଶ୍ୟ ହେଉଛି ଯେ, ଲୋକମାନଙ୍କୁ ନିଜ ସହିତ ଯୋଡ଼ିବା କିମ୍ବା ସେମାନଙ୍କ ସହିତ ଜଡ଼ିତ ହେବା, ବିରୋଧୀ ସୃଷ୍ଟି କରିବା ନୁହେଁ । ସେଥିପାଇଁ, ଯେପର୍ଯ୍ୟନ୍ତ ଅତ୍ୟନ୍ତ ଆବଶ୍ୟକ ନହୁଏ, ସେପର୍ଯ୍ୟନ୍ତ ବିରୋଧ କରନ୍ତୁ ନାହିଁ । ଯଦି ଆପଣ ବ୍ୟାବହାରିକ ଅଟନ୍ତି, ତେବେ ତାଙ୍କର ବିରୋଧ ନକରି ଖୋଲା ମନରେ ସ୍ୱୀକାର କରନ୍ତୁ "ହଁ, ମୁଁ ଭୁଲ୍ ଥିଲି ବା ମୋର ସୂଚନା ଭୁଲ୍ ଥିଲା ।" ଏହି ସ୍ଥିତିରେ କେବେବି ଯୁକ୍ତି କରନ୍ତୁ ନାହିଁ । ଆପଣଙ୍କର ଅହଂ ଯେତେବି ଜୋର୍ ମାରୁ, ଯେକୌଣସିମତେ ଆପଣଙ୍କ କଥାକୁ ସଠିକ୍ ସିଦ୍ଧ କରିବାକୁ କଦାପି ଚେଷ୍ଟା କରନ୍ତୁ ନାହିଁ । ଏହା ସେତେବେଳେ ଆହୁରି ଜରୁରୀ ହୋଇଯାଏ, ଯେତେବେଳେ ଆପଣ ନିଜେ ଭୁଲ୍ ବୋଲି ଆପଣ ଜାଣିଯା'ନ୍ତି । ବିଶ୍ୱାସ କରନ୍ତୁ, 'ମୁଁ ଭୁଲ୍ ଥିଲି' ବୋଲି କହିବା କୌଣସି ଉଦାରମନା, ବିଶାଳ ହୃଦୟ ବିଶିଷ୍ଟ ଓ ବିଚାରବନ୍ତ ବ୍ୟକ୍ତିଙ୍କ ଦ୍ୱାରା ହିଁ ସମ୍ଭବ । ଲୋକମାନେ, ଏପରି କହିପାରୁଥିବା ଲୋକର ମନରୁ ସମ୍ମାନ କରନ୍ତି । ଲୋକମାନେ ଏହା ଜାଣନ୍ତି ଯେ, କୁଣ୍ଠିତ ମନ ଓ ସଂକୀର୍ଣ୍ଣ ଚିନ୍ତାଧାରା ବିଶିଷ୍ଟ ଲୋକ ମିଛ କହିବ, ଯୁକ୍ତି କରିବା କିମ୍ବା ନିଜକୁ ସଠିକ୍ ସିଦ୍ଧ କରିବା ପାଇଁ ଅନ୍ୟମାନଙ୍କ ଉପରେ ଦୋଷାରୋପ କରିବ ।

ଜୀବନରେ ଆପଣ ଏପରି ଅନେକ ଲୋକଙ୍କ ସହିତ ମଧ ଭେଟିବେ, ଯେଉଁମାନେ ପ୍ରତ୍ୟେକ କଥାରେ ଯୁକ୍ତି କରିବା ଆରମ୍ଭ କରିଦିଅନ୍ତି । ଏପରି ଲୋକ, ଠିକ୍ ବା ଭୁଲ୍ ଦେଖନ୍ତି ନାହିଁ । ଯୁକ୍ତିର ଅର୍ଥ କ'ଣ ? ମାନବ ସମ୍ପର୍କକୁ କ୍ଷତି କରୁଥିବା ପରିସ୍ଥିତି ହିଁ ଯୁକ୍ତି ଅଟେ ।

ଗୋଟିଏ କଥା ସର୍ବଦା ମନେରଖନ୍ତୁ, ଯୁକ୍ତିରେ, କାହାର ପ୍ରତ୍ୟକ୍ଷ ଭାବେ ବିଜୟ-ପରାଜୟ ହୁଏନାହିଁ । ମାତ୍ର ଏହା ନିର୍ବାଦ ଯେ, ପରୋକ୍ଷ ଭାବେ ଆପଣ ବହୁତ କିଛି

ହାରିଯା'ନ୍ତି, ବହୁତ କିଛି ହଜାଇଦିଅନ୍ତି ।

ଯୁକ୍ତିକରି ଆପଣ ଜୀବନ ବିରୋଧୀ ଶତ୍ରୁ ତ ନିଶ୍ଚିତ ସୃଷ୍ଟି କରିପାରିବେ, ହେଲେ ଜୀବନ ମିତ୍ର, କେବେବି ନୁହେଁ ।

ମନେରଖନ୍ତୁ:-

୧. ଲୋକମାନେ, ସେହିମାନଙ୍କୁ ହିଁ ଅଧିକ ପସନ୍ଦ କରନ୍ତି, ଯେଉଁମାନେ ସେମାନଙ୍କ ସହିତ ସହମତ ହୁଅନ୍ତି ।

୨. ପ୍ରତ୍ୟେକ କଥା କଟାଳିଙ୍କଠାରୁ, ଲୋକମାନେ ନିଜେ କଟିଯା'ନ୍ତି ।

୩. ଯୁକ୍ତିଠାରୁ ଯଥାସମ୍ଭବ ନିଜକୁ ନିରାପଦ ଦୂରତ୍ୱରେ ରଖନ୍ତୁ ।

୪. ମତାନ୍ତର ସ୍ଥିତିରେ ଶାନ୍ତ ରୁହନ୍ତୁ କିମ୍ବା ବୈକଳ୍ପିକ ବିଚାର ଦେଇ ଅଲଗା ହୋଇଯାଆନ୍ତୁ ।

ଅନ୍ୟମାନଙ୍କର ପ୍ରଶଂସା କରନ୍ତୁ

ନିଜ ପ୍ରଶଂସା ସମସ୍ତେ ଶୁଣିବାକୁ ଚାହିଁଥା'ନ୍ତି, ମାତ୍ର ନିନ୍ଦା, ବୋଧହୁଏ କେହିବି ନୁହେଁ । ପ୍ରଶଂସାର କ୍ଷୁଧା ସମସ୍ତଙ୍କଠାରେ ରହିଥାଏ, ଆଉ ଏଥିରୁ କେବେବି କାହାର ପେଟ ଭରେନାହିଁ । ସଫଳ ବ୍ୟାବହାରିକ ବ୍ୟକ୍ତି ସେ ହିଁ ଅଟେ, ଯିଏ ଅନ୍ୟମାନଙ୍କର ଏହି ମାନବିକ ପ୍ରବୃତ୍ତିର ଭରପୁର ଲାଭ ଉଠାଇଥାଏ । ହେଲେ, ଅଧିକାଂଶ ଲୋକ ଏହି କଳାରେ ପାରଙ୍ଗମ ନଥା'ନ୍ତି, ସେଥିପାଇଁ ସେମାନେ ସବୁ ଦୃଷ୍ଟିରୁ କ୍ଷତିରେ ହିଁ ରହିଥା'ନ୍ତି ।

ଅଧିକାଂଶ ଲୋକ 'ମୁଁ'ର ଶିକାର ହୋଇଥା'ନ୍ତି ଏବଂ ସେମାନଙ୍କର ସବୁ ସମୟ ଏହି ବୁଢ଼ିଆଣୀ ଜାଲରେ ଅତିବାହିତ ହୋଇଯାଇଥାଏ ଯେ, ଅନ୍ୟ ବ୍ୟକ୍ତିକୁ କିପରି ତଳୁଆ ଦେଖାଇବେ । ସାମ୍ନା ଲୋକର ନୀଚପଣିଆ ବିଷୟରେ କହି, ତାକୁ ଅପମାନିତ କରି ନିଜର ବଡ଼ଲୋକିପଣିଆ ଓ ନିଜକୁ କିପରି ଭଲ ସିଦ୍ଧ କରାଯିବ ଅଥବା ଅନ୍ୟମାନଙ୍କର ସମାଲୋଚନା କରିବାର ଅବସର କିପରି ହାସଲ କରାଯାଇପାରିବ, ପ୍ରାୟ ଅଧିକତର ଲୋକଙ୍କ ଚିନ୍ତା ଏହା ଉପରେ କେନ୍ଦ୍ରିତ ରହିଥାଏ । ଏହା ହିଁ କାରଣ, ଯେଉଁଥିପାଇଁ ଆମ ଆଖପାଖରେ ସଫଳ ଲୋକଙ୍କ ତୁଳନାରେ ଅସଫଳ ଲୋକଙ୍କର ସଂଖ୍ୟା ଅଧିକ ଅଛି । ଏପରି ଲୋକଙ୍କର ସମ୍ମାନ ସମାଜରେ ହ୍ରାସ ପାଇଥିବାବେଳେ ସେମାନେ ସମସ୍ତଙ୍କର କ୍ରୋଧ ଓ ଘୃଣାର ପାତ୍ର ହୋଇଯା'ନ୍ତି ।

ମାନବିକ ସମ୍ପର୍କ ଏବଂ ବ୍ୟାବହାରିକତାରେ ଏପରି ନକରାତ୍ମକ ଲୋକ, ଖରାପ ଉଦାହରଣ ଭାବରେ ଦୃଷ୍ଟିଗୋଚର ହୋଇଥା'ନ୍ତି । ଅନ୍ୟମାନଙ୍କୁ ତଳୁଆ ଦେଖାଇ,

ଅନ୍ୟମାନଙ୍କୁ ଅପମାନିତ କରି କିମ୍ବା ଅନ୍ୟମାନଙ୍କର ସମାଲୋଚନା ପରେ ସେମାନେ ଆତ୍ମସନ୍ତୁଷ୍ଟିର ଭ୍ରମରେ ରହିଥିଲେ ମଧ ଏପରି ସ୍ଥିତି ଅଳ୍ପ କ୍ଷଣ ପାଇଁ ରହିଥାଏ । ମାତ୍ର ନିଜ ଅହଂର ତୁଷ୍ଟି ପାଇଁ ସେମାନଙ୍କ ଦ୍ୱାରା ଗ୍ରହଣ କରାଯାଇଥିବା ଏହି ପଦକ୍ଷେପ, ସେମାନଙ୍କ ପାଇଁ କେତେଯେ କ୍ଷତିକାରକ ସାବ୍ୟସ୍ତ ହୋଇଥାଏ, ଏହି ବିଷୟ ଉପରେ ସେମାନେ କ୍ଷଣକ ପାଇଁ ମଧ ବିଚାର କରନ୍ତି ନାହିଁ । ଧୀରେ ଧୀରେ ଏପରି ସମୟ ମଧ ଆସେ, ଯେତେବେଳେ ନିଜ-ପର ସମସ୍ତେ ତାଙ୍କ ସହିତ ସମ୍ପର୍କ ଛିନ୍ନ କରିଦିଅନ୍ତି, ସେତେବେଳେ ମୁଁ ଓ ଆପଣ, ସେମାନଙ୍କୁ, ଈଶ୍ୱର କିମ୍ବା ଭାଗ୍ୟକୁ ଦୋଷ ଦେଉଥିବାର ଦେଖିଛେ ।

ତେଣୁ, ଯିଏ ଅନ୍ୟମାନଙ୍କର ସମୁଚିତ ପ୍ରଶଂସା କରିବାର ବୁଦ୍ଧି ତଥା ସାହସ ରଖେ, ସେ ହିଁ ବ୍ୟାବହାରିକ ବ୍ୟକ୍ତି ଅଟେ ।

ହେଲେ, ମନେରଖନ୍ତୁ: ପ୍ରଶଂସା ସଠିକ୍ ଓ ସନ୍ତୁଳିତ ହୋଇଥିବା ଦରକାର । କାହାର ମିଥ୍ୟା ପ୍ରଶଂସା କରନ୍ତୁ ନାହିଁ ଏବଂ ସବୁ ପ୍ରକାର ପ୍ରଶଂସା ଏକ ପରିସୀମା ମଧରେ ରହୁ, ଖୋସାମତ ପରି ନଲାଗୁ ।

ଯଦି କେହି ପ୍ରଶଂସାଯୋଗ୍ୟ କାମ କରିଛି, ତେବେ ଆପଣ ତା'ର ପ୍ରଶଂସା ଅବଶ୍ୟ କରନ୍ତୁ । ସେହି କାର୍ଯ୍ୟ କରିବାରେ ଲୋକର ସ୍ତର ଦେଖି ପଛଘୁଞ୍ଚା ଦିଅନ୍ତୁ ନାହିଁ । ଯଦି କୌଣସି ଶ୍ରମିକ କିଛି ଉତ୍ତମ କାର୍ଯ୍ୟ କରିଛି, ତେବେ ତା'ର ମଧ ପ୍ରଶଂସା କରନ୍ତୁ । କୌଣସି ଧନାଢ୍ୟ, କୌଣସି ଅଧିକାରୀ, କୌଣସି ବଡ଼ ବାବୁ ଯଦି ଏପରି ପ୍ରଶଂସନୀୟ କାର୍ଯ୍ୟ କରିଛନ୍ତି, ତେବେ ସେମାନଙ୍କର ମଧ ପ୍ରଶଂସା କରନ୍ତୁ । ସେଲ୍ସ ଓ ମାର୍କେଟିଙ୍ଗ୍‌ରେ କୌଣସି ଭଲ ପ୍ରଡକ୍ଟ ପାଇଁ, କୌଣସି ଗ୍ରାହକର ଉତ୍ତମ ବ୍ୟବହାର ନିମନ୍ତେ ବା କୌଣସି ଲାଭକାରୀ ସ୍କିମ୍ ପାଇଁ ଆପଣ ଖୋଲା ମନରେ ପ୍ରଶଂସା କରିପାରିବେ । ଏଥିରୁ ଆପଣ ନିଶ୍ଚିତ ଭାବରେ ବହୁତ ସକରାତ୍ମକ ପରିଣାମ ଭବିଷ୍ୟତରେ ପ୍ରାପ୍ତ କରିପାରିବେ ।

ମନେରଖନ୍ତୁ:

● କାହାକୁ ଅଯଥାରେ ଖୁସି କରିବା ପାଇଁ ତାହାର ମିଥ୍ୟା ପ୍ରଶଂସା କରନ୍ତୁ ନାହିଁ ।

● ଯେପର୍ଯ୍ୟନ୍ତ ଆବଶ୍ୟକ ନହୋଇଛି, ତେବେ ବ୍ୟକ୍ତିର ପ୍ରଶଂସା ନକରି ତା'କାର୍ଯ୍ୟର ପ୍ରଶଂସା କରନ୍ତୁ । ବ୍ୟକ୍ତିର ପ୍ରଶଂସା ଆପଣଙ୍କର ଖୋସାମତକୁ ସିଦ୍ଧ କରିଥିବାବେଳେ କାର୍ଯ୍ୟର ପ୍ରଶଂସା ଆପଣଙ୍କର ବୁଦ୍ଧିମତା ଓ ଦୂରଦର୍ଶିତାର ପରିଚୟ ଦେଇଥାଏ ।

● ପ୍ରଶଂସାର ମଧ୍ୟ ସୀମା ଥାଏ, ତାହାର ଧ୍ୟାନ ରଖନ୍ତୁ । ପ୍ରଶଂସାର ମାତ୍ରା ଏତେ ଅଧିକ ନହୋଇଯାଉ ଯେ, ସାମ୍ନା ଲୋକକୁ ଲାଗୁ, ପ୍ରଶଂସାର ଆଢୁଆଳରେ ତା'ର ପରିହାସ କରାଯାଉଛି ବା ତା'ଉପରେ ବ୍ୟଙ୍ଗ କରାଯାଉଛି ।

● ପ୍ରଶଂସାକୁ ସର୍ବଦା ଭାଗ-ମାପ ଶବ୍ଦରେ କରନ୍ତୁ ଓ ଏହି ବିଷୟର ମଧ୍ୟ ଧ୍ୟାନ ରଖିନ୍ତୁ ଯେ, କାହାର ପ୍ରଶଂସା କରୁଥିବା ସମୟରେ ଅନ୍ୟ କାହା ଉପରେ କଟାକ୍ଷ ନହୋଇଯାଉ ।

ଉଦାହରଣସ୍ୱରୂପ – ''ଆପଣ ଏହି କାମକୁ ବହୁତ ଭଲ ଭାବରେ କଲେ । ଅମୁକ ଲୋକତ ଏହି କାମକୁ କରିହିଁ ପାରିନଥା'ନ୍ତା ।''

ଏବେ, ସେଠାରେ ଯଦି ସେହି ଅମୁକ ବସିଥିବ ବା ତାକୁ ପରେ ଏହି ବିଷୟରେ ଜଣାପଡ଼ିବ, ତାକୁ ନାକେବଳ ଆପଣଙ୍କ କଥା ଖରାପ ଲାଗିବ, ବରଂ ଆପଣ ମଧ୍ୟ ଅଯଥାରେ ତା' କ୍ରୋଧର ଶିକାର ହୋଇଯିବେ ।

● ସବୁଠାରୁ ଜରୁରୀ ହେଉଛି ଯେ, ଆପଣ ସର୍ବଦା ଆତ୍ମପ୍ରଶଂସାକୁ ପରିତ୍ୟାଗ କରନ୍ତୁ । ଏପରି କରିବା ଏତେ ସହଜ ନୁହେଁ । ଏହା ଏପରି ଅଟେ, ଯେପରି ଜଣେ ମହିଳାକୁ ମେକ୍‌ଅପ୍ ସାମାଗ୍ରୀ, ଗହଣା ଓ କପଡ଼ା ପିନ୍ଧିବାକୁ ଦିଆଯିବ ଏବଂ ସେହି କକ୍ଷରୁ ଦର୍ପଣ ହଟାଇଦିଆଯିବ । ଯେଉଁପ୍ରକାରେ, ଗହଣ-କପଡ଼ା ପିନ୍ଧିବା ପରେ

ସେହି ମହିଳା ମନରେ ଏହି କଥା ବିବ୍ରତ କରିଦେବ ଯେ, ସେ କିପରି ଦେଖାଯାଉଛି ? ଠିକ୍ ସେହିପରି ବ୍ୟାକୁଳତା ବ୍ୟକ୍ତି ମନରେ ସେହି ସମୟରେ ଉତ୍ପନ୍ନ ହୋଇଥାଏ, ଯେତେବେଳେ ସେ କୌଣସି ଭଲ କାମ କରେ ଓ କେହି ତା'ର ପ୍ରଶଂସା କରନ୍ତି ନାହିଁ । ଏପରି କ୍ଷେତ୍ରରେ ବ୍ୟକ୍ତି ନିଜେ, ଆତ୍ମପ୍ରଶଂସା କରିବା ଆରମ୍ଭ କରିଦିଏ ।

ଏପରି ଲୋକଙ୍କ ପାଇଁ ମୋର ପରାମର୍ଶ ହେଉଛି ଯେ, ସେମାନେ ଅପେକ୍ଷା କରନ୍ତୁ ଏବଂ ବିଶ୍ୱାସ କରନ୍ତୁ ଯେ, ସେମାନଙ୍କର ଭଲ କାର୍ଯ୍ୟ ଲୁକ୍କାୟିତ ଅବସ୍ଥାରେ ରହିବ ନାହିଁ । ଉପଯୁକ୍ତ ସମୟରେ ତାଙ୍କ ଭଲ କାମର ସୁଗନ୍ଧ, ସ୍ୱୟଂ ହିଁ ବାତାବରଣରେ ଖେଳିଯିବ । ଟାର୍ଗେଟ୍ ସ୍ପର୍ଶ କରୁଥିବା ଏକ୍‌ଜିକ୍ୟୁଟିଭ୍‌ମାନେ ଅନେକ ଥର ସୁପରିଣାମ ନମିଳିବାରୁ ନିରାଶ ତଥା ଅଧୀର ହୋଇଯା'ନ୍ତି, ଯାହା ସେମାନଙ୍କ ପାଇଁ ଠିକ୍ ନୁହେଁ । ଏପରି ସ୍ଥିତିରେ ସେମାନଙ୍କୁ, ଧୈର୍ଯ୍ୟର ସହିତ ନିଜର କାର୍ଯ୍ୟନୀତି ତଥା ପରିଶ୍ରମର ଫଳ ବିଷୟରେ ଚିନ୍ତା ଓ ବିଚାର କରିବା ଉଚିତ୍ ।

ଏବେ ଆପଣ ବୁଝିଥିବେ ଯେ - *ଅନ୍ୟମାନଙ୍କର ପ୍ରଶଂସା କରିବାର କଳା, ଯେଉଁଠାରେ ଆପଣଙ୍କର ମାନବିକ ସମ୍ପର୍କକୁ ଦୃଢ଼ତା ପ୍ରଦାନ କରେ, ସେହିଠାରେ ଆପଣଙ୍କ ଛବିରେ ମଧ୍ୟ ନିରନ୍ତର ପ୍ରସ୍ଫୁଟନ ଆଣେ ଏବଂ ଆପଣ ସର୍ବପ୍ରିୟ ପାତ୍ର ଭାବରେ ସ୍ଥାପିତ ହୁଅନ୍ତି । ଜଣେ ପ୍ରକୃତ ବିଜ୍‌ନେସ୍‌ମ୍ୟାନ୍ ଏହି ରହସ୍ୟକୁ ଜାଣିଥାଏ, ସେଥିପାଇଁ ସେ ଏକ ସଫଳ ବିଜ୍‌ନେସ୍‌ମ୍ୟାନ୍ ହୋଇଥାଏ ।*

ସମାଲୋଚନା କରିବା କ'ଣ ଜରୁରୀ ଅଟେ ?

ଆପଣ ଦେଖିଥିବେ ଯେ, କିଛି ଲୋକ ଯେତେବି ଭୁଲ୍ ହୋଇଥା'ନ୍ତୁ ନା କାହିଁକି, ସେମାନେ ନିଜ ସମାଲୋଚନାକୁ ଆଦୌ ପସନ୍ଦ କରନ୍ତି ନାହିଁ । କିଛି ଲୋକତ ସମାଲୋଚକମାନଙ୍କ ସହିତ ରୀତିମତ ଝଗଡ଼ା କରିବା ଆରମ୍ଭ କରିଦିଅନ୍ତି, ସେଥିପାଇଁ ସମାଲୋଚନା କରିବାରୁ ନିବୃତ ରୁହନ୍ତୁ । ଯଦି ଆପଣ ତା'ସହିତ ଏକମତ ନୁହଁନ୍ତି, ତେବେ ମୌନ ରୁହନ୍ତୁ ।

ଦୈନ୍ୟନ୍ଦିନ ଜୀବନରେ ସର୍ବଦା ଏପରି ହୁଏନାହିଁ ଯେ, ଜଣେ ବ୍ୟକ୍ତି ଅନ୍ୟଙ୍କର ପ୍ରଶଂସା ହିଁ କରୁଥିବ । ଅନେକ ଥର କିଛି ଲୋକ ଏପରି କାମ କରିଦିଅନ୍ତି, ସେମାନଙ୍କର ସମାଲୋଚନା କରିବା ଜରୁରୀ ହୋଇଯାଏ । ଏହି ସନ୍ଦର୍ଭରେ ଧ୍ୟାନଦେବାଯୋଗ୍ୟ ମହତ୍ତ୍ୱପୂର୍ଣ୍ଣ ବିଷୟ ହେଉଛି, ଆଲୋଚନା କରିବାର ମଧ୍ୟ କିଛି ନିୟମ ରହିଛି । ଯଦି ଆପଣ ଏହି ନିୟମଗୁଡ଼ିକୁ ଧ୍ୟାନରେ ରଖି କାହାର ସମାଲୋଚନା କରୁଛନ୍ତି, ତେବେ ମୋର ବିଶ୍ୱାସ ଯେ, ସାମ୍ନା ଲୋକକୁ ଆପଣଙ୍କର ସମାଲୋଚନା ଖରାପ ଲାଗିବ ନାହିଁ, ଅନ୍ୟଥା, ସମାଲୋଚନା ସର୍ବଦା ହିଁ ବଇରୀ ଭାବ, ବିରୋଧ ଓ ମନାନ୍ତରର କାରଣ ହୋଇଯାଇଥାଏ । ତଥାପି, କାହାର ଉପସ୍ଥିତିରେ ଯଦି ଆପଣଙ୍କୁ ଲାଗେ ଯେ, ସମାଲୋଚନା ନିତାନ୍ତ ଆବଶ୍ୟକ, ତେବେ ଏହାର ନିୟମଗୁଡ଼ିକୁ ଧ୍ୟାନରେ ରଖି ସେପରି କରନ୍ତୁ ।

ସମାଲୋଚନାର ଛଅଟି ସୁବର୍ଣ୍ଣ ନିୟମ :-

- **ସମାଲୋଚନା ସମ୍ପୂର୍ଣ୍ଣ ଏକାନ୍ତରେ କରନ୍ତୁ ।**

- **କାର୍ଯ୍ୟର ସମାଲୋଚନା କରନ୍ତୁ, ବ୍ୟକ୍ତିର ନୁହେଁ ।**
- **ଯଦି ସମ୍ଭବ, ତେବେ ସମାଲୋଚନାରେ କଠୋର-ତିକ୍ତାଦି ଶବ୍ଦର ପ୍ରୟୋଗ କରନ୍ତୁ ନାହିଁ ।**
- **ସମାଲୋଚନା ସେହି ସମୟରେ କରନ୍ତୁ, ଯେତେବେଳେ ଆପଣଙ୍କୁ ସଠିକ୍ ମାର୍ଗ ମଧ୍ୟ ଜଣାଥିବ । କୌଣସି କାର୍ଯ୍ୟର ସମାଲୋଚନା ପରେ ତାହାକୁ ସୁଧାରିବା ମାର୍ଗ ମଧ୍ୟ ନିଶ୍ଚିତ କୁହନ୍ତୁ ।**
- **କୌଣସି ଗୋଟିଏ ଭୁଲ୍ କର୍ମର ବାରମ୍ବାର ସମାଲୋଚନା କରନ୍ତୁ ନାହିଁ ।**
- **ସମାଲୋଚନାର ସମାପ୍ତି, ଚାପପୂର୍ଣ୍ଣ ବାତାବରଣ ଅପେକ୍ଷା ସୌହାର୍ଦ୍ଦ୍ୟପୂର୍ଣ୍ଣ ବାତାବରଣରେ କରନ୍ତୁ ।**

ଆସନ୍ତୁ ଜାଣିବା, ଏହି ନିୟମଗୁଡ଼ିକୁ କିପରି ପାଳନ କରାଯାଏ:

ସମାଲୋଚନା ସମ୍ପୂର୍ଣ୍ଣ ଏକାନ୍ତରେ କରନ୍ତୁ

କାହାର ସମାଲୋଚନା ସମ୍ପୂର୍ଣ୍ଣ ଏକାନ୍ତରେ କରନ୍ତୁ । ସାର୍ବଜନିକ ଭାବରେ କିମ୍ବା ଚାରିଜଣଙ୍କ ମଧ୍ୟରେ କାହାର କାମର ସମାଲୋଚନା ଆଦୌ କରନ୍ତୁନାହିଁ । ଯାହାର ତ୍ରୁଟି ସୂଚାଇବାର ଅଛି, ତାକୁ ଅଲଗା କକ୍ଷକୁ ଡାକିନିଅନ୍ତୁ କିମ୍ବା ଲୋକମାନଙ୍କଠାରୁ ଦୂରେଇ କୌଣସି ଖୋଲା ସ୍ଥାନକୁ । ଏଠାରେ ଏହାମଧ୍ୟ ଧ୍ୟାନ ରଖନ୍ତୁ ଯେ, ଉଚ୍ଚ ସ୍ୱରରେ ସମାଲୋଚନା କରିବାରୁ ନିବୃତ୍ତ ରୁହନ୍ତୁ, ଅନ୍ୟଥା, ଆପଣଙ୍କର ଏକାନ୍ତରେ କଥାହେବା ଏକ ପ୍ରହସନ ସଦୃଶ ହୋଇଯିବ ଏବଂ ଆପଣ ନିଜେ ସମାଲୋଚନାର ପାତ୍ର ହୋଇଯିବେ ।

ଯଦି ଆପଣ ମାଲିକ କିମ୍ବା ଅଧିକାରୀ ଅଟନ୍ତି ଏବଂ ଆପଣଙ୍କର କର୍ମଚାରୀ କିମ୍ବା ଅଧସ୍ତନ ଦ୍ୱାରା କୌଣସି ଅପ୍ରିୟ କିମ୍ବା ଭୁଲ୍ କାର୍ଯ୍ୟ ହୋଇଯାଇଛି, ତେବେ ପଦବି ନିଶାରେ ତାକୁ ସମସ୍ତ ଷ୍ଟାଫଙ୍କ ସାମ୍‌ନାରେ ଗାଳି କରନ୍ତୁ ନାହିଁ । ଏଥିରୁ, ତା'ର ଛବି ଖରାପ ହେଉ ନହେଉ, ଆପଣଙ୍କର ଛବି ନିଶ୍ଚିତ ଭାବରେ ଖରାପ ହୋଇଯିବ । ଆପଣ,

ସେହି ବ୍ୟକ୍ତିଙ୍କୁ ନିଜ କ୍ୟାବିନ୍‌କୁ ଡାକନ୍ତୁ ଓ ତାକୁ ତା'ର ଭୁଲ୍ ବିଷୟରେ କୁହନ୍ତୁ । ତ୍ରୁଟି ଦର୍ଶାଇବା ସମୟରେ ନିଜ ସ୍ୱର ଉପରେ ନିୟନ୍ତ୍ରଣ ରଖନ୍ତୁ । ଏପରି ନହେଉ ଯେ, ଆପଣଙ୍କ ସ୍ୱର ଏତେ ଉଚ୍ଚ ହୋଇଥିବ, ଯାହାକୁ ବାହାରେ ବସିଥିବା ସମସ୍ତ ଷ୍ଟାଫ୍ ଶୁଣୁଥିବେ । କ୍ୟାବିନ୍‌ର ଦୁଆର ବନ୍ଦ କରିବା ଭୁଲନ୍ତୁ ନାହିଁ । ଧ୍ୟାନରହୁ, ସମସ୍ତେ ଭୁଲ୍ କରିଥା'ନ୍ତି । ସେ ହିଁ ବୁଦ୍ଧିମାନ୍ ବ୍ୟକ୍ତି ଅଟେ, ଯିଏ ସମାଲୋଚ୍ୟ ବ୍ୟକ୍ତିର ସମସ୍ତ ଦିଗକୁ ଚିନ୍ତାକରି, ତା'ସହିତ କଥା ହୁଏ ।

ଯଦି ସମାଲୋଚନା କରିବାର ହିଁ ଅଛି, ତେବେ ସକରାତ୍ମକ କଥାରୁ ଆରମ୍ଭ କରନ୍ତୁ:

ଯଦି ସମାଲୋଚନା ହିଁ କରିବାର ଅଛି, ତେବେ ସକରାତ୍ମକ କଥାରୁ ଆରମ୍ଭ କରନ୍ତୁ, ଯେଉଁଥିରୁ ସେହି ଲୋକକୁ ଏହା ଅନୁଭବ ହେବ ଯେ, ଆପଣ ତା'ର ମଙ୍ଗଳ କଥା କହୁଛନ୍ତି । ଏପରିକରି ଆପଣ, ସାମ୍ନା ଲୋକକୁ ତା'ର ତ୍ରୁଟିଗୁଡ଼ିକ ବିଷୟରେ ତ ଅବଗତ କରାଇଦିଅନ୍ତି, ତତ୍‌ସହିତ ତାକୁ ସକରାତ୍ମକ ଭାବରେ ସୁଧୁରିବାର ସୁଯୋଗ ମଧ୍ୟ ଦିଅନ୍ତି, ଯେଉଁ କାରଣରୁ ଆପଣଙ୍କର ଓ ତା'ର ସମ୍ପର୍କ ଭବିଷ୍ୟତ ପାଇଁ ବହୁତ ସୁଖମୟ ଓ ମଧୁର ହୋଇଯାଏ ।

କାମର ସମାଲୋଚନା କରନ୍ତୁ, ବ୍ୟକ୍ତିର ନୁହେଁ:

କାହାରବି ବ୍ୟକ୍ତିଗତ ସମାଲୋଚନା କରନ୍ତୁ ନାହିଁ । ସମାଲୋଚନା ସର୍ବଦା କାର୍ଯ୍ୟର ହିଁ ହେବା ଉଚିତ୍ । କାମ ବାହାନାରେ ଯଦି କାହାର ବ୍ୟକ୍ତିଗତ ସମାଲୋଚନା କରିବେ, ତେବେ ଏଥିରୁ ସାମ୍ନା ଲୋକ ପର୍ଯ୍ୟନ୍ତ ଏହି ବାର୍ତ୍ତା ଯିବ ଯେ, ଆପଣଙ୍କ ମନରେ ସେହି ବ୍ୟକ୍ତି ପ୍ରତି ବିଦ୍ୱେଷ ଭାବ ରହିଛି ଏବଂ କାମର ଆଢୁଆଳରେ ଆପଣ ତାକୁ ପ୍ରତାଡ଼ିତ କରୁଛନ୍ତି ।

ସମାଲୋଚନା କରିବା ସମୟରେ ସଠିକ୍ ଶବ୍ଦର ପ୍ରୟୋଗ କରନ୍ତୁ

ସମାଲୋଚନା କରିବା ସମୟରେ ବିଶେଷ ଭାବରେ ନିଜ ଶବ୍ଦ ଉପରେ ଧ୍ୟାନ ଦିଅନ୍ତୁ । ଭୁଲ୍‌ରେ ବି କୌଣସି ଅପଶବ୍ଦ ତଥା ଭୁଲ୍ ଶବ୍ଦ ପ୍ରୟୋଗ କରନ୍ତୁ ନାହିଁ କିମ୍ବା କୌଣସି ପ୍ରକାରର ମୁର୍ଖତାପୂର୍ଣ୍ଣ କଥା କୁହନ୍ତୁ ନାହିଁ । ଏହି କଥାର ବିଶେଷ ଧ୍ୟାନ ରଖନ୍ତୁ ଯେ, ସମାଲୋଚନା କରିବା ସମୟରେ ଶାନ୍ତ ରୁହନ୍ତୁ ଏବଂ ଏପରି ତିକ୍ତତାପୂର୍ଣ୍ଣ ଓ କଠୋର ବଚନ କୁହନ୍ତୁ ନାହିଁ, ଯାହା ଅନ୍ୟ ବ୍ୟକ୍ତିର ମନ ଓ ଆତ୍ମାକୁ ଆହତ କରିଦେବ ଏବଂ ତତ୍‌ସହିତ ଶାଳିନତାର ମଧ୍ୟ ଧ୍ୟାନ ରଖନ୍ତୁ ।

ସମାଲୋଚନା ପରେ, ଦୋଷ ସଂଶୋଧନର ମାର୍ଗ ମଧ୍ୟ ନିଶ୍ଚିତ ଦେଖାନ୍ତୁ

ସମାଲୋଚନା ସେତେବେଳେ କରନ୍ତୁ, ଯେତେବେଳେ ଆପଣଙ୍କୁ ଭୁଲ୍ ସୁଧାରିବାର ସଠିକ୍ ମାର୍ଗ ଜଣାଥିବ । ଆପଣ ଯେଉଁ କାର୍ଯ୍ୟର ସମାଲୋଚନା କରୁଛନ୍ତି, ତାହାକୁ ସଠିକ୍ ଶୈଳୀରେ କରିବାର ମାର୍ଗ ମଧ୍ୟ ଆପଣ ଦେଖାଇବା ଦରକାର । ଯଦି ଆପଣ ନିଜେ କୌଣସି କାର୍ଯ୍ୟକୁ ଜାଣିନାହାଁନ୍ତି କିମ୍ବା ଆପଣଙ୍କୁ ସେହି କାର୍ଯ୍ୟ ବିଷୟରେ କୌଣସି ଅନୁଭବ ନାହିଁ, ତେବେ ଆପଣ ଅନ୍ୟ ଲୋକର ସମାଲୋଚନା କରିବାରେ ଶୀଘ୍ରତା କରନ୍ତୁନାହିଁ । ପ୍ରଥମେ ସଂଶୋଧନର ମାର୍ଗ ଖୋଲନ୍ତୁ, ତାହାପରେ ହିଁ ନିଜ କଥା କୁହନ୍ତୁ ।

କୌଣସି ଗୋଟିଏ ଭୁଲ୍ କାମର ବାରମ୍ବାର ସମାଲୋଚନା କରନ୍ତୁ ନାହିଁ

ଏହା ବହୁତ ମହତ୍ୱପୂର୍ଣ୍ଣ ନିୟମ ଅଟେ, ହେଲେ ଲୋକମାନେ ଏହି ଭୁଲ୍ ଅଧିକାଂଶ ସମୟରେ କରିଥା'ନ୍ତି । ବିଶେଷ ଭାବରେ ଉଚ୍ଚସ୍ତରର ଅଧିକାରୀ କିମ୍ବା ବ୍ୟବସାୟ ପ୍ରତିଷ୍ଠାନର ମାଲିକ ଧ୍ୟାନ ରଖନ୍ତୁ ଯେ ଆପଣ, କୌଣସି ଲୋକ କରିଥିବା କାର୍ଯ୍ୟର

ସମାଲୋଚନା ବାରମ୍ବାର କରନ୍ତୁ ନାହିଁ ଏବଂ ତାକୁ ଚାରି ଲୋକଙ୍କ ମଝିରେ ଉପହାସର ପାତ୍ର କରନ୍ତୁ ନାହିଁ । ଯଦି ଆପଣ ଏପରି କରିବେ, ତେବେ ସାମ୍ନା ଲୋକ ମନରେ ଆପଣଙ୍କ ପାଇଁ ଘୃଣା ଓ ଶତ୍ରୁତା ସୃଷ୍ଟି ହୋଇଯିବ ଏବଂ ଆହତ ବ୍ୟକ୍ତି ଆପଣଙ୍କ ପାଇଁ କେବେନା କେବେ ଘାତକ ସିଦ୍ଧ ହୋଇପାରେ । ଆପଣ ମିଡିଆରେ ଏପରି ଅନେକ ଦୁର୍ଘଟଣା ବିଷୟରେ ପଢ଼ିଥିବେ ତଥା ଦେଖିଥିବେ ଯେ, ଅମୁକ ବ୍ୟକ୍ତି ନିଜର ମାଲିକଠାରୁ ଅପମାନିତ ହେବା କାରଣରୁ ମାଲିକର ସମ୍ପୂର୍ଣ୍ଣ ପରିବାରର ହତ୍ୟା କରିଦେଲା ।

ସମାଲୋଚନାର ସମାପ୍ତି, ଚାପପୂର୍ଣ୍ଣ ବାତାବରଣ ଅପେକ୍ଷା ସୌହାର୍ଦ୍ଦ୍ୟପୂର୍ଣ୍ଣ ବାତାବରଣରେ କରନ୍ତୁ

ଏହା ମନେରଖିବା ଅତ୍ୟନ୍ତ ଜରୁରୀ ଅଟେ ଯେ, ଯେତେବେଳେ ଆପଣ ସମାଲୋଚନା ସମାପ୍ତ କରିବେ, ନିଜ ଶବ୍ଦର ମଲମ ଦ୍ୱାରା ବାତାବରଣକୁ ସୌହାର୍ଦ୍ଦ୍ୟପୂର୍ଣ୍ଣ କରିନିଅନ୍ତୁ । ଅନ୍ୟ ବ୍ୟକ୍ତିକୁ ଏହା ଅନୁଭବ କରାଇବାର କୌଣସି ସୁଯୋଗ ଛାଡ଼ନ୍ତୁ ନାହିଁ ଯେ ଆପଣ, ସେହି ତା'ର ଶୁଭଚିନ୍ତକ ଅଟନ୍ତି ଏବଂ ତା'ର ମଙ୍ଗଳ ଚାହାଁନ୍ତି, ସେଥିପାଇଁ ସମାଲୋଚନା କରନ୍ତି । ଏତାଦୃଶ କଥା ଦ୍ୱାରା ସାମ୍ନା ଲୋକ ଆପଣଙ୍କ ପ୍ରତି ନିଜ ମନରେ ଉତ୍ତମ ମତ ସ୍ଥାପିତ କରିବ ଏବଂ ଆପଣ ଦେଇଥିବା ପରାମର୍ଶରେ କାର୍ଯ୍ୟ ମଧ୍ୟ କରିବ ।

ବନ୍ଧୁଗଣ, ଏହି ପ୍ରକାରର ବ୍ୟବହାର ଯେତେବେଳେ ଆପଣ ଅନ୍ୟ ଲୋକ ପ୍ରତି କରିବେ, ତେବେ ମୋର ବିଶ୍ୱାସ, ଯେକୌଣସି ବ୍ୟକ୍ତି ହେଲେ ମଧ୍ୟ ଆପଣଙ୍କ ପ୍ରତି ଭଲ ନୁହେଁ, ବହୁତ ଭଲ ମତପୋଷଣ କରିବ । ବ୍ୟାବହାରିକ ଭାଗ-ମାପରେ ସେ ଆପଣଙ୍କୁ ୧୦/୧୦ ସଂଖ୍ୟା ଦେବ । ତତ୍‌ସହିତ, ସମାଲୋଚକ ହେବା ସତ୍ତ୍ୱେ ସେହି ଲୋକ ଓ ଆପଣଙ୍କ ସମ୍ପର୍କରେ ଉତ୍ସାହ, ବିଶ୍ୱାସ ଓ ସତେଜତା ସ୍ଥାପିତ ହୋଇଯିବ ।

ମନେରହୁ:

● କେବଳ ସମାଲୋଚନା କରିବାକୁ ମନସ୍ଥ କରି ହିଁ କାହାର ସମାଲୋଚନା କରନ୍ତୁ ନାହିଁ ।

● ସମାଲୋଚନା କରିବା ପୂର୍ବରୁ ସେହି ବ୍ୟକ୍ତିର ଭଲ କାମ କିମ୍ବା ଗୁଣର ପ୍ରଶଂସା ଅବଶ୍ୟ କରନ୍ତୁ, ଯେଉଁଥିରୁ ପରେ ଆପଣଙ୍କ ଦ୍ୱାରା ସମାଲୋଚନା କରାଗଲେ ସେ ଉତ୍ତେଜିତ ହେବନାହିଁ ।

● ସମାଲୋଚନା ସର୍ବଦା କାମର କରନ୍ତୁ, ବ୍ୟକ୍ତିର ନୁହେଁ । ଯଦି ବ୍ୟକ୍ତିଠାରେ କୌଣସି ତ୍ରୁଟି ରହିଛି, ତେବେ ମୈତ୍ରୀପୂର୍ଣ୍ଣ ଭାବରେ ତା'ର ଧ୍ୟାନ ସେହି ତ୍ରୁଟି ଆଡ଼କୁ ଆଣନ୍ତୁ । କଟାକ୍ଷ କରନ୍ତୁ ନାହିଁ ଏବଂ ଏପରି କୌଣସି କଥା କୁହନ୍ତୁ ନାହିଁ, ଯେଉଁଥିରୁ ସାମ୍ନା ଲୋକର ଅହଂକୁ ଆଘାତ ଲାଗିବ ।

● ଯାହାର ସମାଲୋଚନା କରିବା ବହୁତ ଜରୁରୀ ଅଟେ, ତାକୁ ଏକାନ୍ତକୁ କିମ୍ବା କୌଣସି ଖୋଲା ସ୍ଥାନକୁ କିମ୍ବା ନିଜ ବ୍ୟକ୍ତିଗତ କକ୍ଷକୁ ନେଇଯାଆନ୍ତୁ । ଆପଣଙ୍କ ସ୍ୱର ଏତେ ଉଚ୍ଚ ନହେଉ ଯେ, ଦୂରରେ ଠିଆ ହୋଇଥିବା ଲୋକମାନେ ମଧ୍ୟ ଶୁଣିପାରୁଥିବେ କିମ୍ବା ଦୁଆର ବନ୍ଦ ହୋଇଥିବା ସତ୍ତ୍ୱେ ସ୍ୱର ବାହାର ପର୍ଯ୍ୟନ୍ତ ଶୁଭୁଥିବ ।

● ସବୁଠାରୁ ମହତ୍ୱପୂର୍ଣ୍ଣ ଦିଗ ଏହିକି ଯେ, ସମାଲୋଚନାର ଅଧିକାର କେବଳ ସେହି ବ୍ୟକ୍ତିକୁ ହିଁ ଅଛି, ଯାହାକୁ ସଠିକ୍ ରାସ୍ତା ପରାମର୍ଶ କରିବା ଜଣାଅଛି । ଯଦି ଆପଣ, କାହା ଦ୍ୱାରା କରାଯାଇଥିବା ଭୁଲ୍ କାର୍ଯ୍ୟର ସମାଲୋଚନା କରୁଛନ୍ତି, ତେବେ ଆପଣଙ୍କୁ ଏହାମଧ୍ୟ କହିବା ଜଣାଥିବା ଦରକାର ଯେ, ସେହି କାର୍ଯ୍ୟକୁ ଠିକ୍ ଭାବରେ କିପରି କରାଯିବ ।

● ଯାହାର ସମାଲୋଚନା କରୁଛନ୍ତି, ସଠିକ୍ ରାସ୍ତା କହି ତା'ର ଉତ୍ସାହ ବଢ଼ାଇବା ଭୁଲନ୍ତୁ ନାହିଁ । ତାକୁ ମନରେ ଏହା ବିଶ୍ୱାସ ଜନ୍ମାନ୍ତୁ ଯେ, ସେ ଯୋଗ୍ୟ ଅଟେ ଏବଂ ଏହି କାର୍ଯ୍ୟକୁ ଆହୁରି ଭଲ ଭାବରେ କରିପାରିବ ।

● କାହା ଦ୍ୱାରା କରାଯାଇଥିବା ଗୋଟିଏ ଭୁଲ୍‌ର ବାରମ୍ବାର ସମାଲୋଚନା କରନ୍ତୁ ନାହିଁ, ନା ହିଁ ସମୟ-ଅସମୟରେ ବ୍ୟଙ୍ଗବାଣ ଛାଡ଼ନ୍ତୁ । ଏଥିରୁ ସକରାତ୍ମକ ପରିଣାମ ଆସେନାହିଁ, କଟୁତା ଉତ୍ପନ୍ନ ହୋଇଥାଏ ।

● କାହାର ସମାଲୋଚନା କରିବା ପରେ କଥାବାର୍ତ୍ତାର କ୍ରମ ମୈତ୍ରୀପୂର୍ଣ୍ଣ ଢଙ୍ଗରେ ଶେଷ କରନ୍ତୁ । ଏପରି କୁହନ୍ତୁ ''ମୁଁ ତୁମର ଶୁଭଚିନ୍ତକ ଅଟେ । ତମର କୌଣସି ତ୍ରୁଟି ବା ଭୁଲ୍ ଆଡ଼କୁ ଯଦି ମୁଁ ତୁମର ଧ୍ୟାନ ଆକର୍ଷଣ କରିବିନି ତ କିଏ କରିବ ? ନିଜର ମିତ୍ର ବା ପ୍ରିୟଜନଙ୍କର ଭୁଲ୍ କଥାକୁ ଆଖି ବନ୍ଦକରି ସମର୍ଥନ କରୁଥିବା ଲୋକ ଶୁଭଚିନ୍ତକ ନୁହଁନ୍ତି । ମୁଁ ଆଶା କରୁଛି ଯେ ତୁମକୁ, ମୋର କଥା ଖରାପ ଲାଗିନଥିବ ।''

ଏହିପ୍ରକାରେ, ଯେତେବେଳେ ଆପଣ ସମାଲୋଚନାତ୍ମକ କଥାବାର୍ତ୍ତାର କ୍ରମ ଶେଷ କରିବେ, ସେତେବେଳେ ଆପଣ ଦେଖିବେ ଯେ, ସାମ୍ନା ଲୋକ ଆପଣଙ୍କ ଉପରେ ସମ୍ପୂର୍ଣ୍ଣ ସନ୍ତୁଷ୍ଟ ଦେଖାଯାଉଥିବ । ଆପଣ ଦେଖିବେ, ତାକୁ ଆପଣଙ୍କର ବ୍ୟବହାର ଭଲ ଲାଗିଛି ଏବଂ ସେ ଅନୁଭବ କରିବ ଯେ, ତାକୁ ଜଣେ ପ୍ରକୃତ ବନ୍ଧୁ ମିଳିଯାଇଛି ।

ମାନବ ସ୍ୱଭାବର, ଓଦା ଓ ଚକଟାଯାଇଥିବା ମାଟି ସହିତ ବହୁତ ସାମଞ୍ଜସ୍ୟ ରହିଛି, ଯାହାର କୌଣସି ଚେହେରା ନଥାଏ । ତାକୁ ସଠିକ୍ ଚେହେରା ଦେବାର ଆବଶ୍ୟକତା ରହିଥାଏ । ନିଜ ସ୍ୱଭାବକୁ ଆକର୍ଷଣୀୟ କରିବା କାମ ଅନ୍ୟମାନଙ୍କର ନୁହେଁ, ତାହା ଆପଣ ନିଜକୁ କରିବାକୁ ହେବ ।

-ସୂର୍ଯ୍ୟ ସିହ୍ନା

ଲୋକମାନଙ୍କ ଉପରେ ପ୍ରଭାବ ଛାଡ଼ନ୍ତୁ

ଦୁର୍ଭାଗ୍ୟବଶତଃ, ଆମ ସଂସ୍କୃତିରେ ଏହି ବିଷୟ ଉପରେ ଅଧିକ ଧ୍ୟାନ କେନ୍ଦ୍ରିତ କରାଯାଏନାହିଁ । ଲୋକମାନେ ମଧ୍ୟ ଏପରି କୌଣସି ଚେଷ୍ଟା କରନ୍ତି ନାହିଁ । ସେମାନେ, ଅନ୍ୟମାନଙ୍କ ସମ୍ମୁଖରେ ଦୀନ-ହୀନ, ଦୁର୍ବଳ ଓ ମହତ୍ତ୍ୱହୀନ ବ୍ୟକ୍ତି ଭାବରେ, ନତୁବା ଅହଂକାରୀ ବ୍ୟକ୍ତି ଭାବରେ ନିଜକୁ ଉପସ୍ଥାପିତ କରିଥା'ନ୍ତି । ଉଭୟ ପରିସ୍ଥିତିରେ ଆମେ ଅନ୍ୟମାନଙ୍କ ଉପରେ ନିଜର ପ୍ରଭାବ ଛାଡ଼ିପାରେ ନାହିଁ । ଏହି କାରଣରୁ ଉଭୟ ପରିସ୍ଥିତିରେ ଲୋକମାନେ ଆମଠାରୁ ଦୂରେଇଯାଆନ୍ତି ।

ନିଜେହିଁ ଭାବନ୍ତୁ, ଯଦି ଆପଣ ନିଜକୁ ଦୀନ-ହୀନ, ଦୁର୍ବଳ ଓ ଗୁରୁତ୍ୱହୀନ ବ୍ୟକ୍ତି ଭାବରେ ଉପସ୍ଥାପିତ କରିବେ, ତେବେ ଆପଣଙ୍କ ସହିତ କିଏ କାହିଁକି ସମ୍ପର୍କ ଗଢ଼ିବାକୁ ଚାହିଁବ ? ଏହା ବିପରୀତେ, ଯଦି ଅହଂକାରରେ ଭରି ଆପଣ ଦର୍ଶାନ୍ତି ଯେ, ଆପଣ ଅମୁକ, ଆପଣ ସମୁକ, ଆପଣଙ୍କ ପାଖରେ ଏତିକି ସମ୍ପତ୍ତି ଅଛି, ଆପଣଙ୍କ ପାଖରେ ସେତିକି ଶକ୍ତି ଅଛି, ତେବେ ମଧ୍ୟ କୌଣସି ବୁଦ୍ଧିମାନ୍ ଲୋକ ଆପଣଙ୍କ ସହିତ ସମ୍ପର୍କ ସ୍ଥାପନା କରିବାକୁ ଆଗ୍ରହ ପ୍ରକାଶ କରିବନାହିଁ । ହଁ, ଆପଣଙ୍କର ଅହଂକାରପୂର୍ଣ୍ଣ କଥାରେ ପ୍ରଭାବିତ ହୋଇ କୌଣସି ଲୋଭୀ କିମ୍ବା ଖୋସାମତିଆ ପ୍ରବୃତ୍ତିର ଲୋକ ନିଶ୍ଚିତ ଆପଣଙ୍କ ସହିତ ଯୋଡ଼ି ହେବାକୁ ଚାହିଁବ । ଏବଂ ମୋ ଅନୁଭବ କୁହେ ଯେ, ଏପରି ବ୍ୟକ୍ତି ନିଜ ଜୀବନରେ ସମ୍ପୂର୍ଣ୍ଣ ଅସଫଳ ଓ ଅଯୋଗ୍ୟ ହୋଇଥିବ, ଯାହାର ଏକମାତ୍ର ଉଦ୍ଦେଶ୍ୟ, କୌଣସି ଭାଣ୍ଡ ପରି ଆପଣଙ୍କର ସ୍ତୁତିଗାନ କରି କିମ୍ବା ଖୋସାମତ କରି, ଆପଣଙ୍କଠାରୁ କିଛିନା କିଛି ହାସଲ କରିବା ହୋଇଥିବ ।

ସେଥିପାଇଁ, ଏହି ବିଷୟ ଉପରେ ଆପଣ ବିଶେଷ ଧ୍ୟାନ ଦିଅନ୍ତୁ ଯେ ଆପଣଙ୍କୁ,

ଲୋକମାନଙ୍କ ଉପରେ ପ୍ରଭାବ ଛାଡ଼ିବାର କଳା ଶିଖିବାର ଅଛି ।

ପ୍ରତ୍ୟେକ ବ୍ୟକ୍ତି ଚାହିଁଥାଏ ଯେ, ଲୋକମାନେ ତା'ବିଷୟରେ ଭଲ ଚିନ୍ତା କରନ୍ତୁ । ଲୋକମାନେ ତା'କଥାକୁ ଧ୍ୟାନପୂର୍ବକ ଶୁଣନ୍ତୁ, ତାକୁ ସମ୍ମାନ ଦିଅନ୍ତୁ । ବ୍ୟବସାୟ, କର୍ମକ୍ଷେତ୍ର କିମ୍ବା ଚାକିରି ସ୍ଥାନରେ ତା'ର ପଦ ମର୍ଯ୍ୟାଦା ରହୁ ।

ବନ୍ଧୁଗଣ! **ଏହା ସର୍ବଦା ଆମ ଉପରେ ନିର୍ଭର କରିଥାଏ ଯେ, ଅନ୍ୟ ଲୋକମାନେ ଆମ ବିଷୟରେ କିପରି ଚିନ୍ତା କରୁଛନ୍ତି ।**

ପ୍ରଥମେ-ପ୍ରଥମେ ଯେତେବେଳେ ଆମେ କୌଣସି ଆଗନ୍ତୁକଙ୍କ ସହିତ ଭେଟ ହୁଏ ଏବଂ ତା'ସହିତ ବାର୍ତ୍ତାଳାପ ଆରମ୍ଭ କରେ, ସେତେବେଳେ ଆମର କଥା କହିବା ଶୈଳୀ, ନିଜକୁ ଉପସ୍ଥାପିତ କରିବାର ପ୍ରକ୍ରିୟା ଏବଂ ଆମର ବ୍ୟବହାର ସ୍ଥାପିତ କରେ ଯେ, ସାମ୍ନା ଲୋକ ଆମ ବିଷୟରେ କ'ଣ ଭାବିବ !

ତେଣୁ, ଏହି ଅବସରରେ ଆପଣ ନିଜକୁ ଏହିଭଳି ଭାବରେ ପ୍ରସ୍ତୁତ କରନ୍ତୁ ଯେ, ଅନ୍ୟ ବ୍ୟକ୍ତି ଆପଣଙ୍କୁ ତା'ଦୁନିଆର ଜଣେ ମହତ୍ୱପୂର୍ଣ୍ଣ ବ୍ୟକ୍ତି ବୋଲି ଭାବିବ । ଆପଣଙ୍କର କଥାକହିବା ଶୈଳୀ ପ୍ରଭାବିତ କରୁଥିବା ପରି ହୋଇଥିବ ଏବଂ ଆପଣଙ୍କ ମଧ୍ୟରେ ନିଜକୁ ପ୍ରମୁଖ ଦେଖାଇବାର କଳା ଥିବ ।

ମନେରଖନ୍ତୁ, ସମାଜ ଆପଣଙ୍କର ସେହିପରି ମୂଲ୍ୟାୟନ କରିଥାଏ, ଯେଉଁପରି ଆପଣ କହିଥା'ନ୍ତି । ଆପଣଙ୍କୁ ନିଜ ମୂଲ୍ୟାୟନ ନିଜେ କରିବାକୁ ହୋଇଥାଏ । ଯଦି ଆପଣ ନିଜକୁ ଦୀନ-ହୀନ ଓ ଦୁରବସ୍ଥାପନ୍ନ ଭାବେ ଚଳୁଥିବାର ସାବ୍ୟସ୍ତ କରିବେ, ତେବେ ସାମ୍ନା ଲୋକ ଆପଣଙ୍କୁ କାହିଁକି ମହତ୍ୱ ଦେବ ? କାହିଁକି ସେ ଆପଣଙ୍କୁ ସମ୍ମାନ ଦେବ ଏବଂ କାହିଁକି ଏହି ସମାଜର ଜଣେ ବିଶିଷ୍ଟ ବ୍ୟକ୍ତି ବୋଲି ଭାବିବ ?

ତେଣୁ, ଆପଣ ଯେକୌଣସି ବ୍ୟବସାୟ କିମ୍ବା ଚାକିରିରେ ଥାଆନ୍ତୁ ନା କାହିଁକି, ନିଜକୁ ସେହି ସଂସ୍ଥାର ମହତ୍ୱପୂର୍ଣ୍ଣ ଅଂଗ ଭାବନ୍ତୁ ଏବଂ ଏହାକୁନେଇ ଗର୍ବ କରନ୍ତୁ । କେବଳ ଏତିକି ଧ୍ୟାନରହୁ, ଆପଣଙ୍କୁ ଗୌରବାନ୍ୱିତ ହେବାର ଅଛି, ଅହଂକାର ପ୍ରଦର୍ଶନ ନୁହେଁ ।

କ୍ଷ କୌଣସି କଥାକୁ ନେଇ ଗୌରବ କରିବା ଏକ ସକରାତ୍ମକ ତଥା ଭିନ୍ନ ବିଷୟ ଅଟେ ଏବଂ ଅହଂକାର ଏକ ଅନ୍ୟ ବିଷୟ ।

କ୍ଷ ଆପଣ ଯେକୌଣସି ପରିସ୍ଥିତିରେ ଅଛନ୍ତି, ସେଥିପାଇଁ ଆପଣଙ୍କୁ ପଶ୍ଚାତାପ କରିବାର ନାହିଁ, ଲଜ୍ଜିତ ହେବାର ନାହିଁ । ପ୍ରକୃତି ଓ ପରମେଶ୍ୱର ଆମକୁ କ'ଣ କରିଛନ୍ତି, ଆମେ ଜାଣିନାହେଁ ।

କ୍ଷ ଆପଣଙ୍କୁ ଦରକାର ଯେ, ନିଜକୁ ଗର୍ବ ଓ ସମ୍ମାନର ସହିତ ଅନ୍ୟ ସାମ୍ନାରେ ଉପସ୍ଥାପିତ କରିବେ ।

ସାଧାରଣତଃ, ଔପଚାରିକ ପରିଚୟ ପରେ ପ୍ରତ୍ୟେକ ବ୍ୟକ୍ତି ଏହା ଜାଣିବାକୁ ଚାହିଁଥାଏ ଯେ, ଆପଣ କ'ଣ କରନ୍ତି କିମ୍ବା କେଉଁ ବ୍ୟବସାୟ କରନ୍ତି । ଏପରି କ୍ଷେତ୍ରରେ, ଭାରତୀୟ ହିସାବରେ ବ୍ୟକ୍ତି ଦୁଇ ଶବ୍ଦରେ କଥା ସମାପ୍ତ କରିଦେଇଥାଏ ।

ଯଦି ଚାକିରି କରିଥାଏ, ତେବେ ଧୀର ସ୍ୱରରେ କହିବ – ''ମୁଁ ଚାକିରି କରୁଛି ।'' କେଉଁଠାରେ ଚାକିରି କରୁଛି, କେଉଁ କ୍ଷେତ୍ରରେ ଚାକିରି କରୁଛି ପରି ଗୁରୁତ୍ୱପୂର୍ଣ୍ଣ କଥାଗୁଡ଼ିକ ଉପରେ ଆଲୋକପାତ ନକରି ସେହି ବ୍ୟକ୍ତି ନିଜକୁ ମହତ୍ୱହୀନ ସାବ୍ୟସ୍ତ କରିଦିଏ ।

ମନୋବୈଜ୍ଞାନିକମାନେ ନିରନ୍ତର ଏହି ତଥ୍ୟକୁ ବ୍ୟକ୍ତ କହିଆସୁଛନ୍ତି ଯେ, ଯେତେବେଳେ ଆପଣ ନିଜ କାର୍ଯ୍ୟ ପ୍ରତି ଗର୍ବ ପ୍ରଦର୍ଶନ ନକରନ୍ତି, ସେତେବେଳେ ବହୁତ ଭୁଲ୍ କରନ୍ତି । ଧରିନିଅନ୍ତୁ, ଆପଣ କୌଣସି ଘରୋଇ ସ୍କୁଲ୍‌ରେ ଶିକ୍ଷକ ଅଛନ୍ତି, ତେବେ ଆପଣଙ୍କୁ ଗର୍ବ କରିବା ଦରକାର –

''ମୁଁ ଗର୍ବିତ ଯେ, ମୁଁ ଶିକ୍ଷାର ପ୍ରଚାର-ପ୍ରସାରରେ ଗୁରୁତ୍ୱପୂର୍ଣ୍ଣ ଭୂମିକା ନିର୍ବାହ କରୁଛି । ମୁଁ ଅମୁକ ସ୍କୁଲ୍‌ରେ ଶିକ୍ଷକ ଭାବେ କାର୍ଯ୍ୟ କରେ । ମୋର ଆନ୍ତରିକ ଇଚ୍ଛା ଯେ, ଦେଶର ସବୁ ପିଲା ଶିକ୍ଷିତ ହୋଇ ଆଗକୁ ବଢ଼ନ୍ତୁ ।''

କିମ୍ବା

''ମୁଁ ଇଲେକ୍ଟ୍ରିକାଲ୍ ଇଞ୍ଜିନିୟର୍ ଅଟେ । ମୋତେ ମୋ କାମ ବହୁତ ପସନ୍ଦ ।

ଦେଶର ଯାନ୍ତ୍ରିକ କ୍ଷମତା ବୃଦ୍ଧି କରିବାରେ ମୁଁ ମଧ୍ୟ ଏକ ପ୍ରମୁଖ ଭୂମିକା ନିର୍ବାହ କରୁଛି ।''

କିମ୍ବା

''ମୁଁ ନେଟ୍‌ୱର୍କିଙ୍ଗ୍ ଓ ସେଲ୍ସ କାମରେ ନିଜର ଲକ୍ଷ୍ୟ ପ୍ରାପ୍ତ କରିବା ପାଇଁ ଦିନ-ରାତି ପରିଶ୍ରମ କରୁଛି । ମୋର ସମ୍ପୂର୍ଣ୍ଣ ବିଶ୍ୱାସ ଯେ, ମୋର ଉନ୍ନତି ମୋ ସହିତ, ମୋ ସାଙ୍ଗମାନଙ୍କର ଓ ଦେଶର ଭାଗ୍ୟ ବଦଳାଇଦେବ ।''

କିମ୍ବା

''ମୁଁ ଜଣେ ବ୍ୟବସାୟୀ ଅଟେ ଏବଂ ମୁଁ ସବୁବେଳେ ଏହା ଚେଷ୍ଟା କରିଥାଏ ଯେ ମୁଁ, ଲୋକମାନଙ୍କୁ ସଠିକ୍ ମାଲ୍ ସୁଲଭ ମୂଲ୍ୟରେ ଉପଲବ୍ଧ କରାଇପାରିବି ।''

ଏହିପ୍ରକାରେ, ଯେତେବେଳେ ଆପଣ ନିଜକୁ, ନିଜର ପୂର୍ଣ୍ଣ ଭୂମିକା ସହିତ ଉପସ୍ଥାପିତ କରନ୍ତି, ତେବେ ନିଃସନ୍ଦେହରେ ସାମ୍ନା ଲୋକ ଉପରେ ଆପଣଙ୍କର ବହୁତ ଭଲ ପ୍ରଭାବ ପଡ଼ିବ ।

ମୋତେ, ବ୍ୟକ୍ତିଗତ ବ୍ୟବସାୟ କରୁଥିବା ଲୋକମାନଙ୍କୁ ମଧ୍ୟ କିଛି କହିବାର ଅଛି । ଯେତେବେଳେ ସାମ୍ନା ଲୋକ କାହାର ବ୍ୟବସାୟ ସମ୍ପର୍କରେ ପଚାରେ, ସେତେବେଳେ ଅଧିକାଂଶ ସମୟରେ ଆମେ ସେହି ବ୍ୟକ୍ତିକୁ କହିଥାଉ – ''ନିଜର ବ୍ୟବସାୟ ଅଛି ।''

କେଉଁ ବ୍ୟବସାୟ, କେଉଁ କ୍ଷେତ୍ର ସମ୍ବନ୍ଧିତ ଆଦି କଥା ଅଧିକାଂଶ ସମୟରେ ଏପରି ବ୍ୟକ୍ତି କହେନାହିଁ ଏବଂ ଏତାଦୃଶ ଭାବେ ଦିଆଯାଇଥିବା ତା'ର ଉତ୍ତରରେ ଅହଂକାରର ଝଲକ ଦେଖିବାକୁ ମିଳିଥାଏ । ଏପରି ଉତ୍ତରରେ ସାମ୍ନା ଲୋକ ସନ୍ତୁଷ୍ଟ ହୁଏନାହିଁ ଏବଂ ସାଧାରଣତଃ, କଥାବାର୍ତ୍ତାର କ୍ରମ ସେହିଠାରୁ ଭାଙ୍ଗିଯାଇଥାଏ ।

ମୋ ବିଚାରରେ, ଆପଣଙ୍କର ଉତ୍ତର ଏହିପ୍ରକାର ହେବା ଉଚିତ୍ –

ଯଦି ଆପଣ ଓଡ଼ିଆ ସାହିତ୍ୟ ପ୍ରକାଶକ ଅଟନ୍ତି, ତେବେ –

''ମୁଁ ଗର୍ବିତ ଯେ ମୁଁ, ଆମ ମାତୃଭାଷା ଓଡ଼ିଆର ସେବାରେ ସମର୍ପିତ । ଆମେ

ଓଡ଼ିଆ ସାହିତ୍ୟର ପ୍ରଚାର-ପ୍ରସାର ପାଇଁ ଉଚ୍ଚକୋଟିର ତଥା ଶିକ୍ଷାପ୍ରଦ ସାହିତ୍ୟ ପ୍ରକାଶିତ କରୁଛୁ, ଯେଉଁଥିରୁ ଆଗାମୀ ପିଢ଼ିକୁ ନିଜ ଭାଷାର ଶକ୍ତି ବିଷୟରେ ଅନୁଭବ କରାଇପାରିବୁ ।''

ଯଦି ଆପଣ ଗୃହୋପକରଣ ଉତ୍ପାଦକ, ତେବେ -

''ମୁଁ ଓ ମୋ ପରିବାର, ସମାଜ ସେବାରେ ଲାଗିଛୁ । ଆମେ ଗୃହ ଉପକରଣ ଉତ୍ପାଦନ କରୁ ଏବଂ ଆମେ ସର୍ବଦା ଏହା ଚେଷ୍ଟା କରିଥାଉ ଯେ, ଲୋକମାନଙ୍କୁ ଅଧିକରୁ ଅଧିକ ସୁବିଧା ମିଳୁ । ମୁଁ ପ୍ରକୃତରେ ମୋ କାମକୁ ବହୁତ ଭଲପାଏ, କାରଣ ମୁଁ, ଲୋକମାନଙ୍କର ଦୈନନ୍ଦିନର କଷ୍ଟକୁ ଦୂର କରିବାରେ ବ୍ୟାବହାରିକ ଭାବେ କାମରେ ଆସୁଛି ।''

ଏହିପ୍ରକାରେ, ନିଜ କଥା କହିବା ଦ୍ୱାରା ଆପଣ ଦେଖିବେ, ସାମ୍ନା ଲୋକ ଉପରେ ଆପଣଙ୍କର ଭଲ ପ୍ରଭାବ ପଡ଼ିବ ଏବଂ ସେ ଆପଣଙ୍କୁ ସମାଜର ଜଣେ ମହତ୍ୱପୂର୍ଣ୍ଣ ବ୍ୟକ୍ତ ବୋଲି ଭାବିବ, କାରଣ ଆପଣ ନିଜକୁ ସମାଜ ପାଇଁ ଉପଯୋଗୀ ସାବ୍ୟସ୍ତ କରୁଛନ୍ତି ।

ମନେରଖନ୍ତୁ -

- ଅତି ଉତ୍ସାହିତ ହୁଅନ୍ତୁ ନାହିଁ
- ଅନ୍ୟ ପ୍ରତି ସହଯୋଗର ଭାବନା ରଖନ୍ତୁ
- ଅନ୍ୟକୁ ତଳୁଆ ଦେଖାଇବାର ଭାବନାଠାରୁ ଦୂରରେ ରୁହନ୍ତୁ
- ନିନ୍ଦା କରିବାରୁ ନିବୃତ୍ତ ରୁହନ୍ତୁ
- ନିଜ ସାମର୍ଥ୍ୟରେ ଠିଆ ହେବାକୁ ଚେଷ୍ଟା କରନ୍ତୁ
- ନିଜ କାର୍ଯ୍ୟ ପ୍ରତି ସଚ୍ଚୋଟତା ଦେଖାନ୍ତୁ
- ମିଥ୍ୟା ପ୍ରତିଶ୍ରୁତି କରନ୍ତୁ ନାହିଁ
- ଖୋସାମତରୁ ନିବୃତ୍ତ ରୁହନ୍ତୁ

● ଯାହା କରିପାରିବେ, ତାହା ହିଁ କୁହନ୍ତୁ, ଅଯଥା କଥା କୁହନ୍ତୁ ନାହିଁ ।

● ନିଜକୁ, ନିଜର କ୍ଷମତାରୁ ଅଧିକ ପଦର୍ଶିତ କରି ଉପସ୍ଥାପିତ କରନ୍ତୁ ନାହିଁ

● ସର୍ବଦା ଉତ୍ସାହରେ ପରିପୂର୍ଣ୍ଣ ଭଳି ଦେଖାଯାଆନ୍ତୁ । ନିଜେ ମଧ୍ୟ ଉତ୍ସାହିତ ରୁହନ୍ତୁ ଏବଂ ଅନ୍ୟମାନଙ୍କର ମଧ୍ୟ ଉତ୍ସାହ ବଢ଼ାନ୍ତୁ । (ଏହା ଏପରି ଏକ କାର୍ଯ୍ୟ ଅଟେ, ଯାହା ଆପଣଙ୍କୁ ସମସ୍ତଙ୍କର ପ୍ରିୟପାତ୍ର ତଥା ସମସ୍ତଙ୍କ ପାଇଁ ମର୍ଯ୍ୟାଦାପୂର୍ଣ୍ଣ କରିଥାଏ ।)

● ଯେକୌଣସି ପରିସ୍ଥିତିରେ, ଯେକୌଣସି ସଂକଟ ସମୟରେ, ନିଜର ସଂଯମ ହରାନ୍ତୁ ନାହିଁ । ମନ-ମସ୍ତିଷ୍କକୁ ସର୍ବଦା ଶାନ୍ତ ରଖି ନିଷ୍ପତ୍ତି ନିଅନ୍ତୁ ।

● ଲୋକମାନଙ୍କ ସହିତ କଥାବାର୍ତ୍ତାରେ ମଧ୍ୟ ସଂଯମ ରଖନ୍ତୁ ଏବଂ କେବେବି ଉତ୍ତେଜିତ ହୁଅନ୍ତୁ ନାହିଁ ।

● ଅତି ଉତ୍ସାହ ପ୍ରଦର୍ଶନରୁ ନିବୃତ୍ତ ରୁହନ୍ତୁ । ଅତି ଉତ୍ସାହ ଦେଖାଇବା ଦ୍ୱାରା ଅନେକଥର, ଆପଣଙ୍କର ଉଦ୍ଦେଶ୍ୟ ପ୍ରତି ଲୋକମାନଙ୍କର ଶଙ୍କା ମଧ୍ୟ ଉତ୍ପନ୍ନ ହୋଇଥାଏ ।

● ଅନ୍ୟର ନିନ୍ଦା କରି ନିଜର ଆତ୍ମବଡ଼ିମା ପ୍ରଦର୍ଶନ ପ୍ରବୃତ୍ତିରୁ ନିଜକୁ ରକ୍ଷା କରନ୍ତୁ । ଅନ୍ୟକୁ ଖରାପ କହି ଆପଣ କେବେବି ଭଲ ହୋଇପାରିବେ ନାହିଁ, ଏହିକଥା ସର୍ବଦା ମନେରଖନ୍ତୁ ।

● ଆପଣ, ନିଜର ଯୋଗ୍ୟତାଗୁଡ଼ିକୁ ସାମ୍ନାକୁ ଆଣିବାରେ କୁଣ୍ଠାବୋଧ କରନ୍ତୁ ନାହିଁ, ମାତ୍ର ଅହଂକାରପୂର୍ଣ୍ଣ ଭାବରେ ନୁହେଁ, ବରଂ ଗର୍ବପୂର୍ଣ୍ଣ ଭାବରେ ।

ଏହି ପ୍ରକାରର ନୀତି ଅବଲମ୍ବନ କରି ଯଦି ଆପଣ ଚାଲନ୍ତି, ତେବେ ବିଶ୍ୱାସ ରଖନ୍ତୁ ଯେ ଆପଣ, ନିଜକୁ ଗୌରବପୂର୍ଣ୍ଣ ସିଦ୍ଧ କରିବାରେ ସଫଳ ହୋଇଯିବେ । ତାହାପରେ ଲୋକମାନଙ୍କ ଉପରେ ନିଜର ପ୍ରଭାବ ଛାଡ଼ିବାରୁ ଆପଣଙ୍କୁ କେହି ରୋକିପାରିବ ନାହିଁ । ଥରେ ଯଦି ଲୋକମାନେ ଆପଣଙ୍କଠାରୁ ପ୍ରଭାବିତ ହୋଇଯା'ନ୍ତି, ତା'ପରେ କେହିହେଲେ ଆପଣଙ୍କୁ, ନିଜ ଲକ୍ଷ୍ୟ ପ୍ରାପ୍ତ କରିବାରୁ ରୋକିପାରିବ ନାହିଁ ।

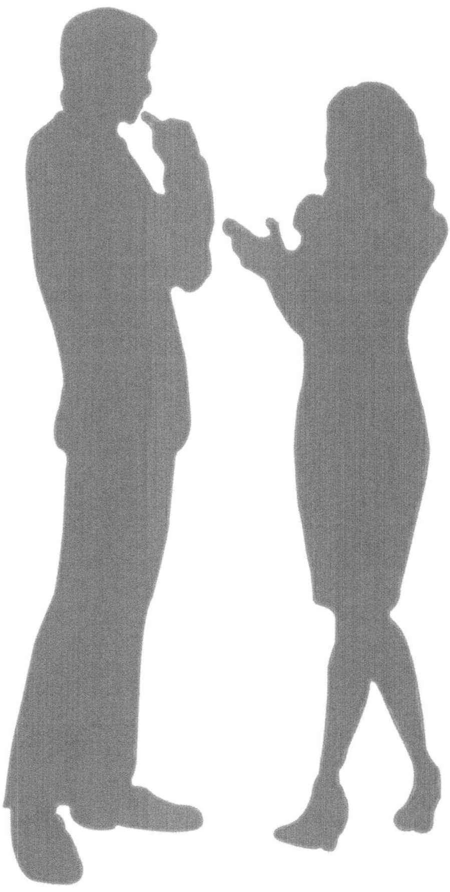

ଆପଣ ଓ ଆପଣଙ୍କ ବ୍ୟବହାର

ଭାଗ-୨

ବ୍ୟବହାରକୁଶଳତାର ୨୦ଟି ଗୁଣ

ଯେହେତୁ ଏଥିରେ କୌଣସି ସନ୍ଦେହ ରହିଯାଇନାହିଁ ଯେ, ବ୍ୟକ୍ତିର ସଫଳତା-ଅସଫଳତା, ସୁଖ-ଦୁଃଖ, ହସ-ଖୁସି, କୀର୍ତ୍ତି-ଅପକୀର୍ତ୍ତି ପଛରେ ମୂଳ ରୂପରେ ତା'ର ବ୍ୟବହାର କାର୍ଯ୍ୟ କରିଥାଏ । ସେଥିପାଇଁ, ପୂର୍ବ ପୃଷ୍ଠାମାନଙ୍କରେ ମୁଁ ଯେଉଁ ବିଷୟଗୁଡ଼ିକ ଉପରେ ଆଲୋକପାତ କରିଛି, ଆପଣଙ୍କ ବ୍ୟବହାର ତଦାନୁରୂପ ହେବାର ମୋତେ ପୂର୍ଣ୍ଣ ଆଶା ନଜର ଆସୁଛି ।

ବର୍ତ୍ତମାନ, ମୁଁ ଏହି ବିଷୟ ଉପରେ ସାମାନ୍ୟ ଆଲୋକପାତ କରିବି ଯେ, ଆପଣ ନିଜେ କିପରି ହେବା ଦରକାର ।

ଯେହେତୁ ମୋର ଏହି ପୁସ୍ତକର ଶୀର୍ଷକ ହିଁ **'ଆପଣ ଓ ଆପଣଙ୍କ ବ୍ୟବହାର'** ଅଟେ, ତେଣୁ, ଯେଉଁ ଉତ୍କୃଷ୍ଟ ବ୍ୟବହାରର ଆମେ ଆଲୋଚନା କରୁଛେ ସେଥିରେ, ବ୍ୟକ୍ତିକୁ ମଧ୍ୟ ସେତିକି ପରିମାଣରେ ଉତ୍କୃଷ୍ଟ ହେବା ଆବଶ୍ୟକ, କାରଣ ଜଣେ ଉତ୍କୃଷ୍ଟ ବ୍ୟକ୍ତିତ୍ୱର ବ୍ୟକ୍ତି ହିଁ ଲୋକମାନଙ୍କ ସହିତ ଉତ୍କୃଷ୍ଟ ବ୍ୟବହାର କରିପାରେ ।

ଜଣେ ଉତ୍କୃଷ୍ଟ ଓ ବ୍ୟାବହାରିକ ଭାବେ ପରିପକ୍ୱ ବ୍ୟକ୍ତି ହେବାପାଇଁ ଆପଣଙ୍କଠାରେ ଅତିକମ୍‌ରେ କିଛି ପରିମାଣର ମାନବିକ ଗୁଣ ରହିଥିବା ଜରୁରୀ । ଆସନ୍ତୁ ଦେଖିବା, ଏଗୁଡ଼ିକ କେଉଁ-କେଉଁ ଗୁଣ ଅଟେ, ଯାହା ଜଣେ ବ୍ୟକ୍ତିକୁ ମାନବରୁ ଶ୍ରେଷ୍ଠ ମାନବ କରିବାର କ୍ଷମତା ରଖିଥାଏ -

୧. ଶାନ୍ତ ରୁହନ୍ତୁ (ଶାନ୍ତ)

୨. ମେଳାପୀ ହେବା (ମେଳାପୀପଣ)

୩. ଶିଷ୍ଟ ହେବା (ଶିଷ୍ଟତା)

୪. ଉଦାର ହେବା (ଉଦାରତା)

୫.ଧୈର୍ଯ୍ୟବାନ୍ ହେବା (ଧୈର୍ଯ୍ୟଶୀଳତା)

୬. ଗମ୍ଭୀର ହେବା (ଗମ୍ଭୀରତା)

୭. ସଂବେଦନଶୀଳ ହେବା (ସଂବେଦନଶୀଳତା)

୮. ପ୍ରସନ୍ନଚିତ୍ତ ରହିବା (ପ୍ରସନ୍ନଚିତ୍ତତା)

୯. ଭଦ୍ରତା

୧୦. ସଭ୍ୟତା

୧୧. ଦୃଢ଼ତା

୧୨. ନମ୍ରତା

୧୩. ମୌଳିକତା

୧୪. ବ୍ୟବସ୍ଥିତତା

୧୫. ପରୋପକାରିତା

୧୬. ସମୟାନୁବର୍ତ୍ତିତା

୧୭. ଆତ୍ମସମ୍ମାନ

୧୮. ସତ୍ୟତା

୧୯. ସଚ୍ଚୋଟତା

୨୦. ଚରିତ୍ରବାନ୍

ବନ୍ଧୁଗଣ ! ଆପଣଙ୍କଠାରେ, ମୋଠାରେ କିମ୍ବା ଯେକୌଣସି ସଫଳତାର ଇଚ୍ଛୁକ ଓ ମହତ୍ୱକାଙ୍କ୍ଷୀ ବ୍ୟକ୍ତିଠାରେ ଉପରୋକ୍ତ ୨୦ଟି ଗୁଣ ରହିବା ନିହାତି ଆବଶ୍ୟକ ।

ଆସନ୍ତୁ, ଏବେ ଏହି ଗୁଣଗୁଡ଼ିକ ସହିତ ସଂଶ୍ଲିଷ୍ଟ ଥିବା ପରିଣାମଗୁଡ଼ିକର ବିଶ୍ଳେଷଣ କରିବା ।

ଶାନ୍ତ ରୁହନ୍ତୁ

ଅଧିକାଂଶ ଲୋକ ଅଶାନ୍ତ ଅଟନ୍ତି । ସେମାନଙ୍କର ଉତ୍ତେଜନା କାରଣ ସେମାନେ ନିଜେ ମଧ୍ୟ ବୁଝିପାରନ୍ତିନାହିଁ । ହେଲେ, ସେହି ଅଶାନ୍ତିର କାରଣ ସେମାନେ ନିଜେ ହୋଇଥା'ନ୍ତି । ସେମାନଙ୍କର ସ୍ୱାର୍ଥପୂର୍ଣ୍ଣ ବିଚାର, ଅଧିକାଧିକ ପାଇବାର ଲାଳସା, ଦ୍ୱେଷ, ଇର୍ଷା ପରି ନକରାତ୍ମକ ଭାବନା ସେମାନଙ୍କୁ ଅଶାନ୍ତ କରି ରଖିଥାଏ ।

ଆପଣ ଉନ୍ନତି କରିବାକୁ ଚାହାଁନ୍ତି, ସୁଖ ଚାହାଁନ୍ତି, ତେବେ ଏହା ଜରୁରୀ ଅଟେ ଯେ, ଆପଣ ସର୍ବପ୍ରଥମେ ଭିତରୁ ଶାନ୍ତ ରୁହନ୍ତୁ । ଭିତରୁ ଶାନ୍ତ ବ୍ୟକ୍ତି ହିଁ ଭଲ ଚିନ୍ତା କରିପାରେ, ଭଲ ବୁଝିପାରେ ଏବଂ ଭଲ ବ୍ୟବହାର କରିପାରେ । ଅଶାନ୍ତ ଓ ଦୁଃଖୀ ବ୍ୟକ୍ତିଠାରୁ ଆପଣ ଭଲ ବ୍ୟବହାରର ଆଶା କରିପାରିବେ ନାହିଁ । ତେଣୁ, ସର୍ବପ୍ରଥମେ ଶାନ୍ତ ରହିବା ଶିଖନ୍ତୁ ।

ସେଥିପାଇଁ ଜରୁରୀ ହେଉଛି -

ମନରେ ସ୍ୱାର୍ଥପୂର୍ଣ୍ଣ ବିଚାରଗୁଡ଼ିକ ସ୍ଥାନରେ ସମସ୍ତଙ୍କ ମଙ୍ଗଳର ବିଚାରକୁ ସ୍ଥାନ ଦିଅନ୍ତୁ ।

ସନ୍ତୁଷ୍ଟ ହେବା ଶିଖନ୍ତୁ । ସନ୍ତୁଷ୍ଟ ହେବାର ଅର୍ଥ ଏହା ନୁହେଁ ଯେ, ଆପଣ ଆଗକୁ ବଢ଼ିବାର ବିଚାର ନିଜ ମନରୁ କାଢ଼ିଦେବେ ଏବଂ ଏହି ଧାରଣା କରିନେବେ ଯେ, ଠିକ୍ ଅଛି, ଯାହା ମିଳିଲା ସେତିକି ଯଥେଷ୍ଟ ।

ସନ୍ତୁଷ୍ଟ ଶବ୍ଦ କହିବାର ତାତ୍ପର୍ଯ୍ୟ ହେଉଛି, ତରବରିଆ କାମ କରନ୍ତୁ ନାହିଁ ।

ସବୁକିଛି ଆପଣଙ୍କୁ ମିଳିଯାଉ, ଏପରି ଧାରଣା ନିଜ ମନରେ ରଖନ୍ତୁ ନାହିଁ । ନିଜ ଚିନ୍ତାଧାରାରେ ଏହି ସଂଶୋଧନ କରିନିଅନ୍ତୁ ।

ମନରେ ସର୍ବଦା ଏହି ଭାବନା ରହିବା ଉଚିତ୍ ଯେ, ଆମକୁ ବହୁତ କିଛି ମିଳିଛି ଏବଂ ଲୋକମାନଙ୍କର ମଙ୍ଗଳ ପାଇଁ ବହୁତ କିଛି ଏବେ ପ୍ରାପ୍ତ କରିବାର ଅଛି ।

''ନିଜ ଉପରେ ଓ ଈଶ୍ୱରଙ୍କ ଉପରେ ଦୃଢ଼ ବିଶ୍ୱାସ ରଖନ୍ତୁ, ଏଥିରୁ ମନକୁ ଶାନ୍ତି ଏବଂ ସମସ୍ତ କାର୍ଯ୍ୟରେ ସଫଳତା ମିଳିଥାଏ ।''

ମେଳାପୀପଣ

ଜୀବନରେ ସୁଖ-ଶାନ୍ତି ଓ ସଫଳତା ପାଇଁ ଜରୁରୀ ହେଉଛି, ଆମେ ନିଜର ସମ୍ପର୍କକୁ ପ୍ରସାରିତ ତଥା ସୁଦୃଢ଼ କରିବା । ସେଥିପାଇଁ ଜଣେ ବ୍ୟକ୍ତିର ଗୋଟିଏ ଗୁଣ ବହୁତ ଦ୍ରୁତ ଗତିରେ କାମ କରିଥାଏ, ଆଉ ତାହାହେଉଛି ମେଳାପୀପଣ । ଯେଉଁ ବ୍ୟକ୍ତି ଯେତେ ଅଧିକ ମେଳାପୀ ହୋଇଥାଏ, ତା'ର ସମ୍ପର୍କ ସେତେ ଅଧିକ ବ୍ୟାପକ ହୋଇଥାଏ । ଏପରି ବ୍ୟକ୍ତି ଯେକୌଣସି କ୍ଷେତ୍ରରେ ପାଦ ରଖୁନା କାହିଁକି, ତା'ନିକଟରେ ଶୁଭଚିନ୍ତକ ଓ ଉତ୍ତମ ପରାମର୍ଶ ଦେଉଥିବା ଲୋକଙ୍କର ଅଭାବ ହୁଏନାହିଁ ଏବଂ ତା'ର କୌଣସି କାମ କେବେବି ଅଟକେନାହିଁ ।

ଆପଣ ସମସ୍ତଙ୍କ ସହିତ ମିଶନ୍ତୁ । କୁଶଳ-ମଙ୍ଗଳ ପଚାରନ୍ତୁ । ଦୁଃଖ-ସୁଖ ହୁଅନ୍ତୁ । ଏଥିରୁ, ଯେଉଁଠାରେ ଆପଣଙ୍କ ଲୋକପ୍ରିୟତାର ଗ୍ରାଫ୍ ଉପରକୁ ଉଠିବ, ସେହିଠାରେ ଆପଣ, ସମସ୍ତଙ୍କର ପ୍ରିୟଭାଜନ ମଧ୍ୟ ହୋଇଯିବେ । ଏହି ଗୁଣ କାରଣରୁ ଲୋକମାନେ, ପିଠି ପଛରେ ମଧ୍ୟ ଆପଣଙ୍କର ପ୍ରଶଂସା କରିବେ ।

ମେଳାପୀ ବ୍ୟକ୍ତି କେବେବି ନିଜକୁ ଏକାକୀ ଅନୁଭବ କରେନାହିଁ । ସୁଖ-ଦୁଃଖ ବାଣ୍ଟିବା ପାଇଁ ସବୁବେଳେ ତା'ସହିତ ଗୋଟିଏ ପୁରା ଟିମ୍ ରହିଥାଏ ।

ମେଳାପୀ ହେବାର ଆଉ ଗୋଟିଏ ଅର୍ଥ ହେଉଛି – ସଂଗଠନ ନିର୍ମାଣ କରିବା ।

ସଂଗଠନରେ ଶକ୍ତି ଅଛି ଏବଂ ଯେଉଁଠାରେ ଶକ୍ତି ଅଛି, ସେହିଠାରେ ସବୁକିଛି କରାଯାଇପାରିବ, ସବୁକିଛି ପ୍ରାପ୍ତ କରାଯାଇପାରିବ । ଜୀବିକୋପାର୍ଜନର ଯେକୌଣସି କ୍ଷେତ୍ର ହେଉନା କାହିଁକି, ଆପଣଙ୍କ ସଫଳତା ମେଳାପୀପଣ ଉପରେ ନିର୍ଭର କରିଥାଏ । ଆପଣ ବ୍ୟବସାୟୀ ହୁଅନ୍ତୁ, ଡାକ୍ତର ହୁଅନ୍ତୁ, ବୀମା ଏଜେଣ୍ଟ୍ ହୁଅନ୍ତୁ, ଦୋକାନୀ ହୁଅନ୍ତୁ, ନେତା ହୁଅନ୍ତୁ, ମେଳାପୀ ଗୁଣ ଆପଣଙ୍କୁ ପ୍ରତ୍ୟେକ କ୍ଷେତ୍ରରେ ପ୍ରତିଷ୍ଠିତ କରିଦେଇଥାଏ । ତେଣୁ, ମେଳାପୀ ହୁଅନ୍ତୁ ।

ମୁଁ ଏପରି ଲୋକମାନଙ୍କୁ ମଧ୍ୟ ଦେଖିଛି, ଯେଉଁମାନଙ୍କ ମଧ୍ୟରେ ଅସୀମ ପ୍ରତିଭା ରହିଛି, ହେଲେ ଉପରୋକ୍ତ ଗୁଣର ଅଭାବରେ ସେମାନଙ୍କ ପ୍ରତିଭାର କୌଣସି ମୂଲ୍ୟ ରହେନାହିଁ । ସଂକୋଚ କାରଣରୁ କିମ୍ବା ଅନ୍ତର୍ମୁଖୀ ହୋଇଥିବା କାରଣରୁ ସେମାନେ ନିଜକୁ ସଠିକ୍ ଶୈଳୀରେ ଉପସ୍ଥାପିତ କରିପାରନ୍ତି ନାହିଁ । ସେହିଠାରେ, ଏପରି କେତେକ ଲୋକ ମଧ୍ୟ ଅଛନ୍ତି, ଯେଉଁମାନେ ଅଧିକ ପ୍ରତିଭାଶାଳୀ ନହେଲେ ମଧ୍ୟ ନିଜର ମେଳାପୀ ସ୍ୱଭାବ କାରଣରୁ ଶୀର୍ଷ ସ୍ଥାନ ପ୍ରାପ୍ତ କରିନିଅନ୍ତି । ନେଟ୍ୱର୍କ ମାର୍କେଟିଙ୍ଗ୍ ତଥା ସେଲ୍ସର ମହାରଥୀମାନେ, କେବଳ ଏହି ଗୁଣର ସଠିକ୍ ପ୍ରୟୋଗରୁ ହିଁ ସଫଳତା ପ୍ରାପ୍ତ କରିବାରେ ସଫଳ ହୋଇଛନ୍ତି ।

ଶିଷ୍ଟାଚାର

ବ୍ୟବହାରରେ ଶିଷ୍ଟତାର ଗୁଣ ମାନବ ସମ୍ପର୍କକୁ ମଜଭୁତ କରିବା ଏବଂ ବିଶେଷ ଭାବରେ ଘର ପିଲାମାନଙ୍କୁ ସଂସ୍କାରୀ କରିବାରେ ରାମବାଣ ପରି କାମ କରିଥାଏ । ଆପଣ ଯେପରି ଆଚରଣ କରିବେ, ଆପଣଙ୍କର ପିଲାମାନେ ସେହିପରି ଶିଖିବେ, କାରଣ ଘର ହିଁ ପ୍ରତ୍ୟେକ ପିଲାର ପ୍ରଥମ ବିଦ୍ୟାଳୟ ଅଟେ । ତେଣୁ, ଆପଣଙ୍କ ଚାଲି-ଚଳନ, ବସିବା-ଉଠିବା, ଖାଇବା-ପିଇବା ଓ ଆଦର-ସତ୍କାରରେ ଶିଷ୍ଟତା ରହିବା ଦରକାର । ମନେରଖନ୍ତୁ, ଆପଣଙ୍କ ପରିବାର ଆପଣଙ୍କର ପ୍ରତ୍ୟେକ ଗତିବିଧି ଉପରେ ନଜର ରଖିଥାଏ ଏବଂ ତଦାନୁରୂପ ନିଜର ଚରିତ୍ର ନିର୍ମାଣ ତଥା ଆପଣଙ୍କର ମୂଲ୍ୟାୟନ କରିଥାଏ ।

ଶିଷ୍ଟାଚାର ସମ୍ପର୍କିତ ନିମ୍ନଲିଖିତ ବିଷୟଗୁଡ଼ିକ ଉପରେ ଧ୍ୟାନ ଦିଅନ୍ତୁ -

- ବଡ଼ମାନଙ୍କୁ ଯଥୋଚିତ ସମ୍ମାନ ଦିଅନ୍ତୁ ।
- ସାନମାନଙ୍କ ସହିତ ମଧ୍ୟ କେବେବି ତୁ-ତା କିମ୍ବା ଆବେ-ଯାବେ କରି କଥା କୁହନ୍ତୁ ନାହିଁ ।
- କୌଣସି ସୂଚନା ବିନା କାହା ଘରେ କିମ୍ବା ଅଫିସ୍‌ରେ ପହଞ୍ଚିଯାଆନ୍ତୁ ନାହିଁ । ଯଦି ଦେଖାକରିବା ନିହାତି ଆବଶ୍ୟକ, ତେବେ ପ୍ରଥମେ ଫୋନ୍ କରି ସମୟ ନିଅନ୍ତୁ ଏବଂ ତାହାପରେ ହିଁ ଯାଇ ପହଞ୍ଚନ୍ତୁ । ଅନିମନ୍ତ୍ରିତ ଅତିଥି ହେବାରୁ ଯଥାସମ୍ଭବ ନିଜକୁ ନିବୃତ୍ତ ରଖନ୍ତୁ ।
- ହେଲେ, ଆପଣଙ୍କ ଘରକୁ ଯଦି କେହି ଅନିମନ୍ତ୍ରିତ ଅତିଥି ଆସନ୍ତି, ତେବେ ତାଙ୍କୁ ଦେଖି ମୁହଁ ଆମ୍ବିଲା କରନ୍ତୁ ନାହିଁ । ଶିଷ୍ଟତା ଦୃଷ୍ଟିରୁ ହସିକରି ତାଙ୍କର ସ୍ୱାଗତ କରନ୍ତୁ, ବସିବାକୁ କୁହନ୍ତୁ, ଚାହା-ସର୍ବତ ପଚାରନ୍ତୁ । ତାହାପରେ, ସେ କେଉଁ ଉଦ୍ଦେଶ୍ୟରେ ଆସିଛନ୍ତି ପଚାରନ୍ତୁ । ଯଦି ସେହି ସମୟରେ ଆପଣଙ୍କ ପାଖରେ ସମୟର ଅଭାବ ଥାଏ, ତେବେ ନମ୍ରତାପୂର୍ବକ ତାଙ୍କଠାରୁ କ୍ଷମାଯାଚନା କରନ୍ତୁ ଏବଂ ପରେ କେବେ ଖାଲି ସମୟରେ ଆସିବାକୁ ଅନୁରୋଧ କରନ୍ତୁ ।
- କାର୍ଯ୍ୟାଳୟରେ ମଧ୍ୟ ଶିଷ୍ଟାଚାର ପ୍ରଦର୍ଶନ କରନ୍ତୁ । ଉପରିସ୍ଥ କର୍ମଚାରୀମାନଙ୍କ ସହିତ ଚୌକିରେ ବସିଥିବା ଅବସ୍ଥାରେ କଥା ହୁଅନ୍ତୁ ନାହିଁ । ଶିଷ୍ଟତା ଦୃଷ୍ଟିରୁ ଚୌକିରୁ ଉଠି ଠିଆହୁଅନ୍ତୁ ତଥା ସର୍ବଦା ଉପରିସ୍ଥମାନଙ୍କର ସମ୍ମାନ କରନ୍ତୁ । ଅକାରଣରେ ନିଜ ନିମ୍ନସ୍ଥ କର୍ମଚାରୀମାନଙ୍କ କାମରେ ତ୍ରୁଟି ବାହାର କରି, ସେମାନଙ୍କୁ ଉତ୍ପୀଡ଼ିତ କରନ୍ତୁ ନାହିଁ ।
- କାହା ସହିତ ଯୁକ୍ତି-ତର୍କ କରନ୍ତୁ ନାହିଁ । ନିଜ କଥାକୁ ବିନମ୍ରତା ପୂର୍ବକ ରଖନ୍ତୁ ଏବଂ ସେଠାରୁ ଚାଲିଯାଆନ୍ତୁ ।
- ରାସ୍ତାରେ ଯିବା-ଆସିବା କରିବା ସମୟରେ ଯଦି କୌଣସି ବୟୋଜ୍ୟେଷ୍ଠ

ବ୍ୟକ୍ତି ଦେଖାହୁଅନ୍ତି, ତେବେ ତାଙ୍କର ସମ୍ମାନ କରନ୍ତୁ ଓ ତାଙ୍କର ଆଶିର୍ବାଦ ନିଅନ୍ତୁ ।

- ବିନା କବାଟ ବାଡ଼େଇ କାହା କକ୍ଷରେ ପ୍ରବେଶ କରନ୍ତୁ ନାହିଁ ।
- କୌଣସି ଦୁଇଜଣ ବ୍ୟକ୍ତିଙ୍କ କଥାବାର୍ତ୍ତା ମଝିରେ ସେପର୍ଯ୍ୟନ୍ତ କଥା କୁହନ୍ତୁ ନାହିଁ, ଯେପର୍ଯ୍ୟନ୍ତ ଆପଣଙ୍କର ମତାମତ ନପଚରାଯାଇଛି କିମ୍ବା ଆପଣଙ୍କୁ କହିବାକୁ ନକୁହାଯାଇଛି ।
- ଫୋନ୍‌ରେ ଅକାରଣରେ ଦୀର୍ଘ କଥାବାର୍ତ୍ତା କରନ୍ତୁ ନାହିଁ । ଏହି ବିଷୟର ମଧ୍ୟ ଧ୍ୟାନରଖନ୍ତୁ ଯେ, ଯଦି ଆପଣଙ୍କ ପାଖରେ ଖାଲି ସମୟ ଅଛି, ତେବେ ଏହା ଜରୁରୀ ନୁହେଁ ଯେ, ଯାହାକୁ ଆପଣ ଫୋନ୍ କରିଛନ୍ତି, ତା'ପାଖରେ ମଧ୍ୟ ଦୀର୍ଘ କଥା ହେବାକୁ ସେତିକି ସମୟ ଥିବ ।
- କୌଣସି ବିବାହ କିମ୍ବା ଉତ୍ସବରେ ବୁଭୁକ୍ଷୁମାନଙ୍କ ପରି ଖାଦ୍ୟ ଉପରେ ଆକ୍ରମଣ କରନ୍ତୁ ନାହିଁ । ଶୈଳୀରେ ଖାଆନ୍ତୁ ଏବଂ କମ୍ ଖାଆନ୍ତୁ । ଗୋଟିଏ ଥରରେ ନିଜ ପ୍ଲେଟ୍‌ରେ ଏତେ ଅଧିକ ଖାଦ୍ୟ ଭରିଦିଅନ୍ତୁ ନାହିଁ, ଯାହାକୁ ଦେଖି ଅନ୍ୟ ଲୋକମାନେ ଆପଣଙ୍କୁ ଖାଦ୍ୟଲୋଭୀ ଭାବି ବ୍ୟଙ୍ଗାତ୍ମକ ନଜରରେ ଦେଖିବେ । ନିମନ୍ତ୍ରକଙ୍କ ପାଖରେ ବ୍ୟଞ୍ଜନଗୁଡ଼ିକର ପ୍ରଶଂସା କରନ୍ତୁ, ଦୋଷ-ତ୍ରୁଟି ବାହାର କରି ତାଙ୍କ ମନକଷ୍ଟ କରନ୍ତୁନାହିଁ ।
- କାହାଠାରୁ ବିଦାୟ ନେବା ସମୟରେ ତାକୁ କୃତଜ୍ଞତାପୂର୍ବକ 'ଧନ୍ୟବାଦ' ନିଶ୍ଚିତ କୁହନ୍ତୁ ।

ଏହିପ୍ରକାର ଶିଷ୍ଟାଚରଣ ଦ୍ୱାରା ଆପଣ ଦେଖିବେ ଯେ, ଆପଣଙ୍କ ସମ୍ପର୍କ, ଲୋକମାନଙ୍କ ସହିତ ଦୃଢ଼ରୁ ଦୃଢ଼ତର ହୋଇଯାଉଛି । ଲୋକମାନେ ଆପଣଙ୍କୁ ପସନ୍ଦ କରିବାକୁ ଲାଗିବେ ଏବଂ ଆପଣଙ୍କର ଲୋକପ୍ରିୟତା ବଢ଼ିବାକୁ ଲାଗିବ ।

ଉଦାରମନା ହୁଅନ୍ତୁ

ପ୍ରତ୍ୟେକ ବ୍ୟକ୍ତି ଉଦାରମନା ନୁହେଁ । ସେହି ବ୍ୟକ୍ତି ଉଦାର ଅଟେ, ଯିଏ

ସମସ୍ତଙ୍କ ପାଇଁ ଭଲ ଚିନ୍ତା କରୁଥିବ, ଯାହା ହୃଦୟରେ ସମସ୍ତଙ୍କ ପାଇଁ ମଙ୍ଗଳ ଭାବନା ଥିବ, ଯିଏ ଆବଶ୍ୟକସ୍ଥଳେ ଉଦାରତାର ସହ ସମସ୍ତ ପ୍ରକାରେ ଅନ୍ୟମାନଙ୍କର ସହାୟତା କରୁଥିବ ।

ଉଦାର ବ୍ୟକ୍ତି 'ତୋର-ମୋର' ଚିନ୍ତାରୁ ଊର୍ଦ୍ଧ୍ୱରେ ଥାଏ । ତା'ପାଇଁ ସମଗ୍ର ସଂସାର ନିଜ ଘର ସଦୃଶ ଏବଂ ସମସ୍ତେ ନିଜର । ତା'ଠାରେ ସର୍ବଦା ସେବା ଓ ସହଯୋଗର ଭାବନା ରହିଥାଏ । ସେ, ସ୍ୱାର୍ଥ ଭାବନାରୁ ଉପରୁ ଉଠି 'ସର୍ବଜନ ହିତାୟ, ସର୍ବଜନ ସୁଖାୟ' ଚିନ୍ତାଧାରା ବିଶିଷ୍ଟ ବ୍ୟକ୍ତି ଅଟେ ।

ଏପରି ବିଚାରଧାରର ବ୍ୟକ୍ତିଙ୍କୁ କିଏବା ପସନ୍ଦ କରିବନାହିଁ ? ଏହିପରି ସମର୍ପିତ ବ୍ୟକ୍ତି ଜଣଙ୍କର ମିତ୍ର ହେଉ, ଏକଥା କିଏବା ଚାହିଁବ ନାହିଁ ?

ଭାଇ ହେଉ ବା ସମ୍ପର୍କୀୟ, ଏପରି ବ୍ୟକ୍ତି ସହିତ ସମସ୍ତେ ସମ୍ପର୍କ ଯୋଡ଼ିବାରେ ଗର୍ବ ଅନୁଭବ କରନ୍ତି ।

ସେଥିପାଇଁ ଉଦାରମନା ହୁଅନ୍ତୁ । ଏହା ମାନବିକ ବ୍ୟବହାର ମୂଳଦୁଆର ଏକ ସୁଦୃଢ଼ ଶିଳା ଅଟେ, ଯାହା ଆପଣଙ୍କର ସମ୍ପୂର୍ଣ୍ଣ ବ୍ୟକ୍ତିତ୍ୱକୁ ପ୍ରସ୍ଫୁଟିତ ତଥା ଉଜ୍ଜ୍ୱଳମୟ କରିଥାଏ ।

ଧୈର୍ଯ୍ୟବାନ୍ ହୁଅନ୍ତୁ

ଧୈର୍ଯ୍ୟଶୀଳତା ବହୁତ ବଡ଼ ଐଶ୍ୱରୀୟ ବରଦାନ ଅଟେ ।

ଧୈର୍ଯ୍ୟ, ବ୍ୟକ୍ତିକୁ ବିଜେତା କରିଦିଏ ଏବଂ ଅଧିରତା, ବ୍ୟକ୍ତିକୁ ସର୍ବଦା ପରାଜୟର ମୁଖଦର୍ଶନ କରାଇଥାଏ ।

ସାଧାରଣତଃ ଏହା ଦେଖାଯାଇଛି ଯେ, ଜଣେ ବ୍ୟକ୍ତି ତୁରନ୍ତ ପରିଣାମ ଚାହିଁଥାଏ, ଖାସ୍‌କରି ଆଜିକାଲିର ଯୁବପିଢ଼ି । ସେମାନେ ଯାହାବି କାମ କରନ୍ତି, ଚାହାଁନ୍ତି ଯେ, ସେହି କାମର ପରିଣାମ ସେମାନଙ୍କୁ ସଙ୍ଗେ-ସଙ୍ଗେ ମିଳୁ, ଯେତେବେଳେକି ଏପରି ହୁଏନାହିଁ । ପ୍ରତ୍ୟେକ କାର୍ଯ୍ୟ ନିଜ ସମୟରେ ହୋଇଥାଏ । ଆପଣ,

ପ୍ରକୃତି ମା'ଙ୍କୁ ଦେଖନ୍ତୁ । ସେ ଅତ୍ୟନ୍ତ ଧୈର୍ଯ୍ୟବତୀ । ସେ, ନିୟମରେ ଚାଲେ ଏବଂ ତା'ର ମିଠା ଓ ସ୍ୱାଦିଷ୍ଟ ଫଳ ଆମକୁ ସମୟ ଆସିଲେ ହିଁ ମିଳିଥାଏ ।

ପ୍ରଥମେ ଧରାପୃଷ୍ଠରୁ ଅଙ୍କୁରୋଦ୍‌ଗମ ହୋଇଥାଏ, ତା'ପରେ ଚାରା ହୁଏ, ଧୀରେ ଧୀରେ ସେହି ଚାରା ବଡ଼ ହୋଇ ବୃକ୍ଷରେ ପରିବର୍ତ୍ତିତ ହୁଏ । ସେତେବେଳେ ହିଁ ଯାଇ ଆମେ ତା'ର ମିଠା ଫଳ ଖାଇପାରୁ । ସେଥିପାଇଁ କଥାରେ ଅଛି **'ଧୀର ପାଣି ପଥର କାଟେ ।'**

ଯଦି ପ୍ରକୃତି ମା' ଚାହିଁବ, ତେବେ ସକାଳେ ମଞ୍ଜି ପକାଇଲେ ସନ୍ଧ୍ୟାରେ ଗଛରେ ଫଳ ଫଳିପାରିବ, ମାତ୍ର ଯେପର୍ଯ୍ୟନ୍ତ ଫଳଗୁଡ଼ିକରେ ଚନ୍ଦ୍ରର ଅମୃତମୟୀ କିରଣ ନପଡ଼ିବ, ସେଥିରେ ମଧୁରତା ଆସିବନାହିଁ । ତେଣୁ, ଯେଉଁ ଫଳ ଗୋଟିଏ ଦିନରେ ଫଳିବ, ତାହା ସ୍ୱାଦହୀନ ନିଶ୍ଚିତ ହେବ ଏବଂ ତାହାକୁ କେହି ପସନ୍ଦ କରିବେନାହିଁ । ସେହିପ୍ରକାରେ, ଧୈର୍ଯ୍ୟର ଫଳ ବଡ଼ ମଧୁର । **ସେଥିପାଇଁ ସର୍ବଦା ମନେରଖନ୍ତୁ, ଭଲ ଓ ମିଠା ଫଳ (ପରିଣାମ)କୁ ଆପଣ ଧୈର୍ଯ୍ୟ ରଖିବା ଦ୍ୱାରା ହିଁ ପ୍ରାପ୍ତ କରିପାରିବେ ।**

ଗମ୍ଭୀରତା

ଗମ୍ଭୀରତା, ବିଶେଷ ମାନବୀୟ ସ୍ୱଭାବ ଅଟେ । କିଛି ଲୋକ ଆଦୌ ଗମ୍ଭୀର ନୁହଁନ୍ତି । ସେମାନେ ସର୍ବଦା ଥଟ୍ଟା-ତାମ୍‌ସା କରୁଥା'ନ୍ତି । କୌଣସି କଥାକୁ ଗମ୍ଭୀରତାର ସହ ନିଅନ୍ତି ନାହିଁ । ଏପରି ଲୋକମାନଙ୍କର ଅନ୍ୟମାନଙ୍କ ଅପେକ୍ଷା କିଛି ସ୍ୱତନ୍ତ୍ର ଗୁଣ ଥିଲେ ମଧ୍ୟ ଲୋକମାନେ ଏମାନଙ୍କ ଉପରେ ବିଶ୍ୱାସ କରିପାରନ୍ତି ନାହିଁ । ଏପରି ଲୋକମାନେ, କୌଣସି ସଭା-ସମିତିରେ ପୂର୍ଣ୍ଣ ସମ୍ମାନ ପ୍ରାପ୍ତ କରିପାରନ୍ତି ନାହିଁ । ଏମାନଙ୍କୁ ଲୋକମାନେ ସର୍ବଦା ହାଲୁକାରେ ନିଅନ୍ତି ।

ଏପରି ଲୋକ, କୌଣସି କାର୍ଯ୍ୟ କରିବା କଥା କହିଲେ ମଧ୍ୟ ଲୋକମାନେ ବାରମ୍ବାର ପଚାରନ୍ତି 'ଏଇ କାମଟା ହେଇଯିବନା ? ସିରିୟସ୍‌ଲୀ କହ, ହବନା ନାହିଁ । ଏଇ କାମଟା ବହୁତ ଜରୁରୀ ।'

ଏହି ପ୍ରକାରରେ ଆମେ ଦେଖୁ ଯେ, ଲୋକମାନେ ଏପରି ଲୋକଙ୍କ ଉପରେ ବହୁ କଷ୍ଟରେ ବିଶ୍ୱାସ କରିପାରନ୍ତି । ହେଲେ, ଯଦି କୌଣସି ବ୍ୟକ୍ତି, ନିଜର ଗୁରୁତ୍ୱପୂର୍ଣ୍ଣ କାର୍ଯ୍ୟଗୁଡ଼ିକୁ ଗମ୍ଭୀରତାର ସହ ଗ୍ରହଣକରେ, ତେବେ ଲୋକମାନେ ତା'ଉପରେ ସମ୍ପୂର୍ଣ୍ଣ ବିଶ୍ୱାସ କରନ୍ତି ଏବଂ ତା'କଥାକୁ ପୂର୍ଣ୍ଣ ଗମ୍ଭୀରତାର ସହ ଓ ଧ୍ୟାନପୂର୍ବକ ଶୁଣନ୍ତି ।

ତେଣୁ, ଜଣେ ବ୍ୟକ୍ତିକୁ ଗମ୍ଭୀର ହେବା ଆବଶ୍ୟକ । ସମୟାନୁସାରେ ବ୍ୟକ୍ତିକୁ ହସିବା କିମ୍ବା ଥଟ୍ଟା-ମଜା କରିବା ଦରକାର, ମାତ୍ର ସବୁ ସମୟରେ ଥଟ୍ଟା କରିବା, ସବୁ କଥାକୁ ମଜାରେ ନେବା ଠିକ୍ ନୁହେଁ । ଏଥିରୁ ସେହି ବ୍ୟକ୍ତିର ଛବି ଜଣେ ଦାୟିତ୍ୱହୀନ ଲୋକ ଭାବରେ ହୋଇଯାଏ । ତେଣୁ, ଏଥିରୁ ନିଜକୁ ରକ୍ଷା କରନ୍ତୁ । ଏହା ଅତିରିକ୍ତେ, ଜରୁରୀ ବିଷୟ ଉପରେ ସର୍ବଦା ଗମ୍ଭୀରତାପୂର୍ବକ ଧ୍ୟାନ ଦିଅନ୍ତୁ, ଏହା ଅତ୍ୟାବଶ୍ୟକ ଅଟେ ।

ସମ୍ବେଦନଶୀଳ ହୁଅନ୍ତୁ

ପ୍ରଥମେ ଏହା ଜାଣନ୍ତୁ ଯେ, ସମ୍ବେଦନଶୀଳତା କ'ଣ ?

ସମ୍ବେଦନାର ଅର୍ଥ ହେଉଛି, ଅନ୍ୟମାନଙ୍କର ସୁଖ-ଦୁଃଖର ଅନୁଭବ ହେବା । ଜଣେ ବ୍ୟକ୍ତିକୁ ଦରକାର ସେ, ଅନ୍ୟମାନଙ୍କର ଦୁଃଖ-ସୁଖକୁ ବୁଝିବ ଓ ସେଥିରେ ନିଜକୁ ଅନ୍ତର୍ଭୁକ୍ତ କରିବ । ଏହାହିଁ ହେଉଛି ସମ୍ବେଦନଶୀଳତା । ମାନବ ସମ୍ବନ୍ଧକୁ ଗଢ଼ିବା-ଭାଙ୍ଗିବା କିମ୍ବା ଦୃଢ଼ ଅଥବା ଦୁର୍ବଳ କରିବାରେ ସମ୍ବେଦନାର ଗୁରୁତ୍ୱପୂର୍ଣ୍ଣ ଭୂମିକା ରହିଛି ।

ସମୟାଭାବ କାରଣରୁ ଆପଣ କାହାର ସୁଖରେ ଯୋଗନଦେଇପାରିଲେ ଚଳିବ, ମାତ୍ର, ସମୟର ଯେତେବି ଅଭାବ ଥାଉନା କାହିଁକି, ଅନ୍ୟର ଦୁଃଖରେ ନିଶ୍ଚିତ ଯୋଗଦିଅନ୍ତୁ । ସଂକଟ ସମୟରେ ଯେତେବେଳେ ଆପଣ କାହା ନିକଟରେ ଠିଆ ହୋଇଯାଆନ୍ତି, ସେଥିରୁ ତା'ର ସଂକଟ ସମାପ୍ତ ନହେଲେ ମଧ୍ୟ ତାକୁ ଆତ୍ମବଳ ମିଳିଥାଏ ଏବଂ ତା'ମନରେ ଆପଣଙ୍କ ପାଇଁ ଗୋଟିଏ ଖାସ୍ ସ୍ଥାନ ସୃଷ୍ଟି ହୋଇଯାଏ ।

ତା'ଦୃଷ୍ଟିରେ ଆପଣଙ୍କ ସମ୍ମାନ ବଢ଼ିଯାଏ । ଏଥିରେ ସମାଜରେ ମାନବିକ ସମ୍ବନ୍ଧ ସୁଦୃଢ଼ ହେବା ସହିତ ଆପଣଙ୍କ ସମ୍ମାନ ଓ ଲୋକପ୍ରିୟତା ମଧ୍ୟ ବୃଦ୍ଧି ପାଇଥାଏ । ଯେଉଁକାରଣରୁ ଲୋକମାନେ ଆପଣଙ୍କୁ ନିଜର ବୋଲି ଭାବିଥା'ନ୍ତି ଓ ମାନିଥା'ନ୍ତି ।

ଏପରି କେତେକ ଲୋକ ଅଛନ୍ତି, ଯେଉଁମାନେ ନା କାହାର ଦୁଃଖରେ ଅନ୍ତର୍ଭୁକ୍ତ ହୁଅନ୍ତି, ନା କାହାର ସୁଖରେ । ଏପରି ଲୋକ ସମାଜରେ ଅଲଗାହୋଇ ରୁହନ୍ତି । ସେମାନଙ୍କୁ ବାହାର ଲୋକମାନଙ୍କ ସହିତ ନିଜ ସମ୍ପର୍କୀୟମାନେ ମଧ୍ୟ ପସନ୍ଦ କରନ୍ତି ନାହିଁ ।

ଏପରି ମଧ୍ୟ କେତେକ ଲୋକ ଅଛନ୍ତି, ଯେଉଁମାନେ ଅନ୍ୟର ସୁଖରେ ତ ସପାରିବାର ପହଞ୍ଚିଯାଆନ୍ତି, ହେଲେ ଦୁଃଖ ସମୟରେ ଦେଖାଦିଅନ୍ତି ନାହିଁ । ସମାଜ, ଏପରି ଲୋକମାନଙ୍କୁ ଏକ ନମ୍ବର୍‌ର ପାଖାଣ୍ଡି, ସ୍ୱାର୍ଥପର ଓ ସୁଯୋଗବାଦୀ ଭାବିଥାଏ ଏବଂ ଏପରି ଲୋକମାନଙ୍କୁ ସମାଜ ଘୃଣା ନଜରରେ ମଧ୍ୟ ଦେଖିଥାଏ ।

ଏହିପ୍ରକାର ମୋହର ଆପଣଙ୍କ ଉପରେ ନଲାଗୁ, ଏକଥା ଆପଣଙ୍କୁ ସର୍ବଦା ଧ୍ୟାନ ରଖିବାକୁ ପଡ଼ିବ । ଆପଣଙ୍କ ସମ୍ପର୍କରେ ଯେଉଁ ଲୋକମାନେ ବି ଅଛନ୍ତି ସାନ-ବଡ଼, ଧନୀ-ଦରିଦ୍ର, ସମସ୍ତଙ୍କ ସୁଖ-ଦୁଃଖରେ ସମାନ ଭାବରେ ଯୋଗଦିଅନ୍ତୁ । ଏପରି ଆଦୌ କରନ୍ତୁ ନାହିଁ ଯେ, ଧନୀ ମିତ୍ର କିମ୍ବା ସମ୍ପର୍କୀୟମାନଙ୍କର ଦୁଃଖରେ ଆଗଭର ହୋଇ ଯୋଗଦିଅନ୍ତୁ, କୁମ୍ଭୀର କାନ୍ଦଣା କାନ୍ଦନ୍ତୁ, ହେଲେ କୌଣସି ଗରିବ ମିତ୍ର କିମ୍ବା ସମ୍ପର୍କୀୟଙ୍କ ଦୁଃଖ ସମୟରେ କ୍ଷଣେ ମଧ୍ୟ ଠିଆନହୁଅନ୍ତୁ । ଆପଣଙ୍କର ଏହି ଦ୍ୱୈତ ଚରିତ୍ର ନିଶ୍ଚିତ ଭାବେ ପ୍ରକଟ ହେବ, ଆଉ ଏହା କେବଳ ଆପଣଙ୍କର ଲୋକପ୍ରିୟତା ପାଇଁ ହିଁ ନୁହେଁ, ବରଂ ମାନବିକ ସମ୍ବନ୍ଧ ପାଇଁ ମଧ୍ୟ ଘାତକ ସାବ୍ୟସ୍ତ ହେବ ।

ପ୍ରସନ୍ନଚିତ୍ତତା

ଆଜିର ସମୟରେ, ଯଦିଓ ଏହା ଟିକିଏ କଷ୍ଟକର କାମ ଅଟେ, ତଥାପି,

ଜଣେ ବ୍ୟକ୍ତିକୁ ଯଥାସମ୍ଭବ ଖୁସି ରହିବା ଉଚିତ୍ । ଏପରି କୌଣସି ସମୟ ନାହିଁ, ଯେତେବେଳେ ଆମ ସହିତ କିଛିନା କିଛି ସମସ୍ୟା ଲାଗି ରହିଥିବ । ମାତ୍ର ତଥାପି, ଖୋଲାମନର ଲୋକମାନଙ୍କ ମୁହଁରେ ସର୍ବଦା ହସ ଖେଳୁଥାଏ । ଏଥିରୁ ସେହି ଲୋକର ଚିନ୍ତାଧାରାର ସ୍ତର ଜଣାପଡ଼ିଥାଏ ।

ସଂଘର୍ଷ ସମୟରେ ମଧ୍ୟ ଆପଣଙ୍କର ହସ କିମ୍ବା ଆପଣଙ୍କର ପ୍ରସନ୍ନତା ଏହା ସିଦ୍ଧ କରିଥାଏ ଯେ, ଆପଣ ସେହି ପରିସ୍ଥିତିରୁ ପରାଜୟ ସ୍ୱୀକାର କରିବେ ନାହିଁ । ଆପଣଙ୍କଠାରେ ଲଢ଼ିବାର ଓ ସଂଘର୍ଷ କରିବାର ମନୋବୃତ୍ତି ଅଛି । ଏଥିରୁ ଆପଣଙ୍କର ଆତ୍ମବିଶ୍ୱାସର ଦୃଢ଼ ଝଲକ ସଂସାର ସମ୍ମୁଖକୁ ଆସିଥାଏ ।

ଆପଣ ଏକଥା ନିଶ୍ଚିତ ମାନିବେ ଯେ, ଗୋଟିଏ ସ୍ମିତହାସ୍ୟରେ ସେହି ଶକ୍ତି ଅଛି, ଯାହା ବଡ଼-ବଡ଼ ତୀକ୍ଷ୍ଣ ଅସ୍ତ୍ରର ଧାରକୁ ମଧ୍ୟ ପ୍ରଭାବହୀନ କରିଦେଇଥାଏ । ଶତ୍ରୁତାର ତିକ୍ତତାକୁ ଆପଣ ନିଜ ହସ ଓ ପ୍ରସନ୍ନଚିତ୍ତତା ଦ୍ୱାରା ଦୂର କରିପାରିବେ । ହାସ୍ୟମୁଖା ଓ ପ୍ରସନ୍ନଚିତ୍ତ ବ୍ୟକ୍ତକୁ ସମସ୍ତେ ପସନ୍ଦ କରନ୍ତି । ଏପରି ଅନେକ ବ୍ୟକ୍ତି ମଧ୍ୟ ଥାଆନ୍ତି, ଯେଉଁମାନେ ନିଜ ହସ ବଳରେ ଯେତେବଡ଼ କାମ ହେଉ, କରାଇନିଅନ୍ତି । ଆପଣ ମଧ୍ୟ ଏପରି ବ୍ୟକ୍ତିରେ ପରିବର୍ତ୍ତିତ ହୋଇପାରିବେ ।

ଧ୍ୟାନରହୁ – ଯେଉଁ ବ୍ୟକ୍ତି ସର୍ବଦା ଦୁଃଖୀ ଓ ଉଦାସୀନ ରୁହେ, ଯେଉଁ ଲୋକ ସର୍ବଦା ନିଜର ଦୁର୍ଭାଗ୍ୟ ଓ ବିଫଳତାଗୁଡ଼ିକ ଉପରେ ସର୍ବଦା କାନ୍ଦୁଥିବ, ତା'ଠାରୁ ଲୋକମାନେ, ନିଜକୁ ଦୂରରେ ରଖିବାକୁ ଚାହିଁଥା'ନ୍ତି । ପରିସ୍ଥିତିକୁ ଭୟକରି ପରାଜୟ ସ୍ୱୀକାର କରିନେଇଥିବା ଲୋକର ପୀଡ଼ା କେହିହେଲେ ଶୁଣିବାକୁ ଚାହାଁନ୍ତି ନାହିଁ, କାରଣ ଆଜି, ଜଣେ ବ୍ୟକ୍ତି ନିଜେ ହିଁ ଏତେ ସମସ୍ୟା ଘେରରେ ରହିଛି ଯେ, ତାକୁ କୌଣସି ହାସ୍ୟମୁଖ, ଖୋଲାମନ ଲୋକର ସନ୍ଧାନ ଅଛି, ଯିଏ ତା'ର ବ୍ୟଥାକୁ କମ୍ କରିବାରେ ସହାୟତା କରିବ, ଯିଏ ହସିକରି ତା'ମନୋବଳ ବଢ଼ାଇବ । ସେଥିପାଇଁ ସର୍ବଦା ପ୍ରସନ୍ନ ରୁହନ୍ତୁ, ହସ-ହସ ମୁଖ ସହିତ ରୁହନ୍ତୁ । ଯେଉଁ ପରିସ୍ଥିତିକୁ ଆପଣ ବଦଳାଇ ପାରିବେନାହିଁ, ତାକୁ ନେଇ ଶୋକ କରନ୍ତୁନାହିଁ,

ବରଂ ତାକୁ ସ୍ୱୀକାର କରନ୍ତୁ । କାନ୍ଦୁରା, ଚୁପ୍‌ଚାପ୍ ଓ ଉଦାସୀନ ବ୍ୟକ୍ତି ଅପେକ୍ଷା ଏପରି ଖୋଲାମନର ଲୋକମାନଙ୍କୁ ସମାଜ ସ୍ୱୀକାର କରିଥାଏ । ଭୁଲନ୍ତୁ ନାହିଁ, ଜଟିଳ ପରିସ୍ଥିତିକୁ ଗୋଟିଏ ଛୋଟ ହସ ସହଜ କରିଦେଇଥାଏ ।

ଭଦ୍ରତା

ଅଧିକାଂଶ ସମୟରେ ଶୁଣିବାକୁ ମିଳିଥାଏ ଯେ, ଅମୁକ ବ୍ୟକ୍ତି ବହୁତ ଭଦ୍ର ।

ଏହି ଭଦ୍ର ପୁରୁଷ କିପରି ହୋଇଥାଏ ? କୌଣସି ଭଦ୍ର ପୁରୁଷଠାରେ ଏପରି କେଉଁ ଗୁଣ ରହିଥାଏ, ଯାହା ସମାଜ ଅଥବା ସଭା-ସମିତିରେ ତାକୁ ସମ୍ମାନ ପ୍ରଦାନ କରିଥାଏ । ଆସନ୍ତୁ ଦେଖିବା -

ଭଦ୍ର ବ୍ୟକ୍ତି ଧୀର-ଗମ୍ଭୀର ହୋଇଥାଏ । ତାକୁ ସରଳତା ପସନ୍ଦ ହୋଇଥାଏ ଏବଂ ନିମ୍ନ ଚଳଣି, ଉଚ୍ଚ ବିଚାରର ଜୀବନ୍ତ ପ୍ରତୀକ ହୋଇଥାଏ । ଆତ୍ମପ୍ରଶଂସା, ଅର୍ଥାତ୍ ନିଜ ମୁହଁରେ କେବେବି ନିଜ ପ୍ରଶଂସା କରେନାହିଁ ଏବଂ ସର୍ବଦା ନିଜ ଚେଷ୍ଟାରେ ଏହା ମଧ୍ୟ ସୁନିଶ୍ଚିତ କରେ ଯେ, ଭୁଲ୍‌ରେ ମଧ୍ୟ ତା'ଦ୍ୱାରା କୌଣସି ଭୁଲ୍ ନହୋଇଯାଉ । ସେ, ନିଜର କୌଣସି ଉପଲବ୍ଧିରେ ଡିଣ୍ଡିମ ପିଟି ଲୋକମାନଙ୍କ ମଧ୍ୟରେ ପ୍ରଚାର କରେନାହିଁ ଏବଂ ହାନି ହେବା କ୍ଷେତ୍ରରେ ମଧ୍ୟ ବିଳାପ କରେନାହିଁ । ସେ, ଅନ୍ୟମାନଙ୍କର ଦୁର୍ଗୁଣ ଖୋଜିବାରେ କିମ୍ବା ସେଗୁଡ଼ିକର ପ୍ରଚାର କରିବାରେ ନିଜର ମୂଲ୍ୟବାନ୍ ସମୟର ଅପଚୟ କରେନାହିଁ । ସୁଯୋଗ-ପରିସ୍ଥିତି ଦେଖି ସେ, କାହାର ଗୁଣର ପ୍ରଶଂସା ଅବଶ୍ୟ କରିଥାଏ, ମାତ୍ର ସେହି ଲୋକର ଦୁର୍ଗୁଣ ଉପରେ ଟିକା-ଟିପ୍ପଣୀ କରେନାହିଁ । ଅନ୍ୟର ନିନ୍ଦା କରିବା କିମ୍ବା କାହା ଉପରେ ଦୋଷାରୋପ କରିବା, ତା'ସ୍ୱଭାବ ନୁହେଁ ।

ଏତାଦୃଶ ଗୁଣରେ ପରିପୂର୍ଣ୍ଣ ବ୍ୟକ୍ତିକୁ ହିଁ ଲୋକମାନେ ଭଦ୍ର ପୁରୁଷ କହିଥା'ନ୍ତି ଏବଂ ବ୍ୟାବହାରିକ ଦୃଷ୍ଟିରେ ଏପରି ବ୍ୟକ୍ତି ସମସ୍ତ ସ୍ଥାନରେ ସମ୍ମାନର ପାତ୍ର ହୋଇଯାଇଥାଏ ।

ସଭ୍ୟତା

କାହାକୁ ଆପଣ ସଭ୍ୟ ବ୍ୟକ୍ତି କହିବେ ? ସେପରି ଦେଖିବାକୁ ଗଲେ, ଯେକୌଣସି ସୁଟ୍-ବୁଟ୍ ଧାରକକୁ ଦେଖି ଏହା ଭ୍ରମ ହୋଇଥାଏ ଯେ, ସେହି ବ୍ୟକ୍ତ ସଭ୍ୟ ବୋଲି । ହେଲେ, କ'ଣ ମାତ୍ର ସୁଟ୍-ବୁଟ୍-ଟାଇ ପିନ୍ଧିଦେଲେ ଜଣେ ବ୍ୟକ୍ତିକୁ ସଭ୍ୟ କୁହାଯାଇପାରିବ ? ବୋଧହୁଏ କୁହାଯାଇପାରିବ ନାହିଁ । ବାହ୍ୟ ପରିଧାନ ତ ଯିଏ ହେଲେବି ପିନ୍ଧିଦେଇପାରିବ । ପ୍ରକୃତ ଅର୍ଥରେ ସଭ୍ୟ ତାକୁ ହିଁ କହିବେ, ଯିଏ ଶିଷ୍ଟାଚାର ଜାଣିଥିବ, ଭଦ୍ର ହୋଇଥିବ ଏବଂ ମର୍ଯ୍ୟାଦାରେ ରହୁଥିବ ।

କଦାଚିତ ଆପଣ, କିଛି ଲୋକଙ୍କୁ କୌଣସି ବ୍ୟକ୍ତି ବିଷୟରେ ଅସଭ୍ୟ ଶବ୍ଦ ପ୍ରୟୋଗ କରୁଥିବାର ନିଶ୍ଚିତ ଶୁଣିଥିବେ । ଏହାର ସିଧା ଅର୍ଥ ହେଉଛି ଯେ, ସେହି ବ୍ୟକ୍ତି ସାମ୍ନା ଲୋକ ସହିତ ସଭ୍ୟ ବ୍ୟବହାର କରୁନାହିଁ । ଉଦାହରଣସ୍ୱରୂପ, କେତେକ ଲୋକ ଦେଖିବାରେ ଠିକ୍-ଠାକ୍ ଲାଗନ୍ତି, ମାତ୍ର ମହିଳାଙ୍କ ପ୍ରତି ସେମାନଙ୍କ ମନରେ ଆଦୌ ସମ୍ମାନ ନଥାଏ । ସେମାନେ, ନିଜ ବାହୁବଳରେ ମଦମତ୍ତ ରହିଥା'ନ୍ତି ଏବଂ ମହିଳାମାନଙ୍କୁ ପ୍ରଭାବିତ କରିବା ପାଇଁ ନୀଚତାପୂର୍ଣ୍ଣ କାର୍ଯ୍ୟ କରିଥା'ନ୍ତି । ଅନେକ ଲୋକ, ଛୋଟ ପିଲା ଓ ବୟୋଜ୍ୟେଷ୍ଠମାନଙ୍କର ଅପମାନ କରିବାରୁ ପଛାନ୍ତି ନାହିଁ । ସେମାନେ ନିଜକୁ ସଭ୍ୟ ଭାବିଲେ ମଧ୍ୟ ପ୍ରକୃତ ଅର୍ଥରେ ସେମାନେ ସମ୍ପୂର୍ଣ୍ଣ ଅସଭ୍ୟ ଅଟନ୍ତି ।

ତେଣୁ, ସୁଟ୍-ବୁଟ୍ କିମ୍ବା ଆଧୁନିକ ବସ୍ତ୍ର ପରିଧାନ କରି ସଭ୍ୟ ହେବାର ଅଭିନୟ ନକରି, ଜଣେ ବ୍ୟକ୍ତିକୁ ନିଜ ଭିତରୁ ସଭ୍ୟ ହେବା ଦରକାର । ଆସନ୍ତୁ ଦେଖିବା ସଭ୍ୟ ବ୍ୟକ୍ତି କିପରି ହୋଇଥାଏ -

- ଯିଏ ନିଜର ସଂଯମ ହରାଏନାହିଁ ।
- ଯିଏ ବୃଦ୍ଧ, ମହିଳା ଓ ପିଲାମାନଙ୍କୁ ଉଚିତ୍ ସମ୍ମାନ ଦିଏ ।
- ଯିଏ ଭାବି-ଚିନ୍ତି କଥା କୁହେ ।

- ଯିଏ ଶିଷ୍ଟାଚାର ଓ ମର୍ଯ୍ୟାଦା ପାଳନ କରୁଥାଏ ।
- ଯିଏ, କାହା ମାମଲାରେ ପଚରାନଯିବା ପର୍ଯ୍ୟନ୍ତ ନିଜ ବିଚାର ଉପସ୍ଥାପିତ ନକରେ ।
- ଯିଏ ଅନ୍ୟାୟ ବିରୁଦ୍ଧରେ ସ୍ୱର ଉତ୍ତୋଳନ କରୁଥିବ ।
- ଯିଏ ବ୍ୟବସ୍ଥିତ ଜୀବନ ଯାପନ କରେ ।
- ଯିଏ, ଅଧିକ ଗମ୍ଭୀର ଏବଂ ଅଧିକ ଉନ୍ମତ୍ତ ହୋଇନଥାଏ ।

ବନ୍ଧୁଗଣ, ଏପରି ଲୋକକୁ ଆମେ ସଭ୍ୟ କହିପାରିବା ଏବଂ ଏପରି ବ୍ୟକ୍ତି ନିଜ ବ୍ୟବହାର ଦ୍ୱାରା ପ୍ରତ୍ୟେକ ସ୍ଥାନରେ ସମ୍ମାନର ପାତ୍ର ହୋଇଥାଏ । ଲୋକମାନେ ଏହିପରି ବ୍ୟକ୍ତିକୁ ପସନ୍ଦ କରନ୍ତି । ନିଜ କଥା ତାକୁ କୁହନ୍ତି ଏବଂ ତା'କଥା ମଧ୍ୟ ଧ୍ୟାନପୂର୍ବକ ଶୁଣନ୍ତି । ତେଣୁ, ସୁଟ୍-ବୁଟ୍ ପିନ୍ଧି ସଭ୍ୟ ହେବା ଅପେକ୍ଷା ଜଣେ ବ୍ୟକ୍ତି ଆନ୍ତରିକରୁ ଓ ବ୍ୟବହାରରୁ ସଭ୍ୟ ହେବା ଉଚିତ୍ ।

ଦୃଢ଼ତା

'ଦୃଢ଼ତା' କେବଳ ଶବ୍ଦମାତ୍ର ନୁହେଁ । ଏହାର ବ୍ୟାପକ ଅର୍ଥ ରହିଛି, କାରଣ ଏହା ଜୀବନଶୈଳୀ ସହିତ ଜଡ଼ିତ ଥିବା ଏକ ଗୁଣ ଅଟେ । ଜଣେ ବ୍ୟକ୍ତି ମଧ୍ୟରେ ମୌଳିକ ବ୍ୟାବହାରିକ ଗୁଣ ସହିତ ଦୃଢ଼ତାର ଉପସ୍ଥିତି ମଧ୍ୟ ନିତାନ୍ତ ଜରୁରୀ ।

ଯାହା କହିବ ତାକୁ ପୂରା କରିବ, ଏହାକୁ ହିଁ ଦୃଢ଼ତା କୁହାଯାଏ ।

କହିବ କିଛି, କରିବ କିଛି କିମ୍ବା ବଡ଼-ବଡ଼ କଥା କହି ଅନ୍ୟମାନଙ୍କୁ ଠକିବା; ଆଜି କିଛି ଚିନ୍ତା, କାଲି କିଛି ଚିନ୍ତା, ଏପରି ବ୍ୟକ୍ତିକୁ ଦୃଢ଼ କୁହାଯାଇପାରିବ ନାହିଁ, ଆଉ ନା ହିଁ କୌଣସି ବୁଦ୍ଧିମାନ୍ ଓ ପରିପକ୍ୱ ବ୍ୟକ୍ତି ଏପରି ଲୋକଙ୍କ ଉପରେ ବିଶ୍ୱାସ କରିଥା'ନ୍ତି ।

ମୁଁ ନିଜେ, ମୋ ପାଠକମାନଙ୍କୁ ସତର୍କ କରିବାକୁ ଚାହୁଁଛି ଯେ, ଯେଉଁ ବ୍ୟକ୍ତି ନିଜ କଥାରେ ସ୍ଥିର ନରୁହେ, ଯାହାର ଚିନ୍ତାଧାରାରେ ବିଜ୍ଞତା ଓ ଦୃଢ଼ତା ନଥିବ,

ଯାହାର ବିଚାର ଓ ମାନଦଣ୍ଡ, ପାଣି ଫୋଟକା ପରି ଦୈନିକ ମିଳେଇ ଯାଉଥିବ, ଯାହାର କଥାରେ ଓଜନ ନଥିବ, ଏପରି ବ୍ୟକ୍ତିଙ୍କଠାରୁ ସର୍ବଦା ଦୂରେଇ ରୁହନ୍ତୁ, କାରଣ ସେ କେବେବି ବିଶ୍ୱସନୀୟ ହୋଇପାରିବ ନାହିଁ । ଯେଉଁ ବ୍ୟକ୍ତିଠାରେ ପ୍ରସ୍ତର ପରି ଦୃଢ଼ତା ଥିବ ଏବଂ ଯିଏ ନିଜ ବାକ୍ୟ ପ୍ରତି ସଂକଳ୍ପବାନ୍ ଥିବ, ସେହି ବ୍ୟକ୍ତିକୁ ହିଁ ଆପଣ ବିଶ୍ୱାସ କରନ୍ତୁ ଏବଂ ତା'ସହିତ ଆତ୍ମୀୟତା ରଖନ୍ତୁ, ସେପରି ବ୍ୟକ୍ତି କେବେସୁଦ୍ଧା ବିଶ୍ୱାସଘାତକତା କରିବ ନାହିଁ । ଯଦି ଆପଣଙ୍କଠାରେ ଦୃଢ଼ତା ନାହିଁ, ତେବେ ଏହା ଆପଣଙ୍କର ସର୍ବବୃହତ୍ ଦୋଷ ଅଟେ । ଆପଣଙ୍କ କଥାରେ ଓଜନ ରହିବା ଦରକାର, ଯେଉଁଥିରୁ ଲୋକମାନେ ଆପଣଙ୍କ ଉପରେ ବିଶ୍ୱାସ କରିପାରିବେ ।

ନମ୍ରତା

ଜଣେ ବ୍ୟକ୍ତି ନମ୍ର ହେବା ଉଚିତ୍, ମାତ୍ର କେତେକ ଲୋକ ଏହି ଶବ୍ଦର ଅର୍ଥ ମଧ୍ୟ ଜାଣନ୍ତି ନାହିଁ । ସେମାନେ ସର୍ବଦା ନିଜର ମିଥ୍ୟା ଆତ୍ମାଭିମାନରେ ରହିଥା'ନ୍ତି । ସେମାନେ, ନିଜକୁ ବହୁତ ଜ୍ଞାନୀ, ଧନୀ ବା ଶକ୍ତିଶାଳୀ ବୋଲି ଭାବି ଗର୍ବ କରିବା ସହିତ ସାମନା ଲୋକକୁ ନିମ୍ନ ଓ ତୁଚ୍ଛ ମନେକରିଥା'ନ୍ତି ଏବଂ ସେମାନଙ୍କ ସହ ଅସଭ୍ୟ ବ୍ୟବହାର କରିଥା'ନ୍ତି । ଏପରି ଲୋକମାନଙ୍କ ସହିତ ଆମେ କୌଣସି ପ୍ରକାରର ସମ୍ପର୍କ ରଖିବା ଉଚିତ୍ ନୁହେଁ, କାରଣ ମନୋବୈଜ୍ଞାନିକ ଦୃଷ୍ଟିକୋଣରୁ ଏପରି ଲୋକ ଅତ୍ୟନ୍ତ ଅହଂକାରୀ ଓ ସ୍ୱାର୍ଥପର ହୋଇଥା'ନ୍ତି । ନିଜର ଉଦ୍ଦେଶ୍ୟ ସାଧନ ପାଇଁ ଏହି ଲୋକ କୌଣସି ବ୍ୟକ୍ତି ସହିତ ମଧୁର କଥା ହୋଇଥା'ନ୍ତି, ମାତ୍ର ଉଦ୍ଦେଶ୍ୟ ସାଧନ ହୋଇଗଲା ପରେ ଏପରି ବ୍ୟବହାର କରନ୍ତି, ଯେପରି ଆପଣଙ୍କୁ ଚିହ୍ନି ନାହାଁନ୍ତି । ତେଣୁ ଆପଣ ଆତ୍ମ ବିଶ୍ଳେଷଣ କରନ୍ତୁ ଯେ, ଆପଣ ମଧ୍ୟ ଏପରି ବିକାରଗ୍ରସ୍ତ ନୁହଁନ୍ତି ତ ?

ମୌଳିକତା

ଆଜିକାଲି ଅଧିକାଂଶ ଲୋକ ଅନ୍ୟମାନଙ୍କର ନକଲ କରୁଛନ୍ତି । ଲୋକଦେଖାଣିଆ ଜୀବନ ଯାପନ କରୁଛନ୍ତି । ନିଜ ସହିତ ପ୍ରବଞ୍ଚନା କରୁଛନ୍ତି । ନିଜ ସ୍ତରରୁ ବଢ଼ିକରି ଦେଖାଇହେବା, ନିଜକୁ ଠକିବା ପରି ଅଟେ, ଏହାକୁ ପରିତ୍ୟାଗ କରନ୍ତୁ । ନକଲି ମୁଖା କାଢ଼ି, ନିଜର ଅସଲି ଚେହେରା ଦେଖିବାର ସାହସ କରନ୍ତୁ । ତତ୍‌ସହିତ ନିଜର ପ୍ରକୃତ ବ୍ୟକ୍ତିତ୍ୱକୁ ସ୍ଥାପିତ କରନ୍ତୁ । ଯାହା ଆପଣଙ୍କର ବାସ୍ତବିକ ମୌଳିକ ରୂପ ଅଟେ, ତଦନୁସାରେ ଲୋକଙ୍କ ସହିତ ଭଲ ବ୍ୟବହାର କରନ୍ତୁ ।

ଆଜିର ଯୁଗରେ ଅଧିକାଂଶ ଲୋକ, ଆଧୁନିକତାର ଚମକରେ ଅନ୍ଧହୋଇ ଭ୍ରମାତ୍ମକ ତଥା କାଳ୍ପନିକ ଜୀବନ ଅତିବାହିତ କରୁଛନ୍ତି । ଏହିପ୍ରକାରରେ, ସେହି ଲୋକମାନେ ନାକେବଳ ସମାଜକୁ, ବରଂ ନିଜକୁ ମଧ୍ୟ ପ୍ରତାରଣା କରୁଛନ୍ତି । ସେମାନେ ଯାହା ନୁହଁନ୍ତି, ତାହା ଦେଖାଯିବା ପାଇଁ ଲୋକମାନଙ୍କ ନିକଟରେ ବ୍ୟର୍ଥ ପ୍ରଦର୍ଶନ କରୁଛନ୍ତି । ଯେତେବେଳେ ସେମାନଙ୍କର ସତ୍ୟତା ଜଣାପଡ଼େ, ସେତେବେଳେ ଅନ୍ୟମାନଙ୍କ ସମ୍ମୁଖରେ ଅପମାନିତ ହେବାକୁ ପଡ଼ିଥାଏ । ତାହାପରେ ଲୋକମାନେ, ସେମାନଙ୍କ ଉପରେ ବିଶ୍ୱାସ କରିବା ଛାଡ଼ିଦିଅନ୍ତି । ସେଥିପାଇଁ, ଲୋକମାନେ ଆପଣଙ୍କୁ ପରିତ୍ୟାଗ କରିବେ, ତାହାପୂର୍ବରୁ ଆପଣ ଲୋକ ଦେଖାଣିଆ ଗୁଣ ଛାଡ଼ିଦିଅନ୍ତୁ । ଲୋକ ଦେଖାଣିଆ ଜୀବନ-ଯାପନ, ଲୋକ ଦେଖାଣିଆ ହସ, ଲୋକ ଦେଖାଣିଆ ପ୍ରତିଷ୍ଠା, ଏହିସବୁ ନିଶ୍ଚିତ ଭାବେ ଗୋଟିଏ ଦିନ ଆପଣଙ୍କ ପାଇଁ ଘୋର ସମସ୍ୟା ସାବ୍ୟସ୍ତ ହେବ, ଏକଥା ଭୁଲନ୍ତୁ ନାହିଁ ।

ବ୍ୟବସ୍ଥା

ସାଧାରଣତଃ, ବ୍ୟବସ୍ଥାର ଅର୍ଥ ମ୍ୟାନେଜ୍‌ମେଣ୍ଟ୍ ଅଟେ । ବ୍ୟବହାର ଓ ବ୍ୟବସ୍ଥା ମଧ୍ୟରେ କୌଣସି ପ୍ରତ୍ୟକ୍ଷ ସମ୍ବନ୍ଧ ନଦେଖାଗଲେ ମଧ୍ୟ. ଯଦି ଆମେ ଧ୍ୟାନପୂର୍ବକ ଦେଖିବା, ତେବେ ଏହି ଦୁଇଟି ମଧ୍ୟରେ ଗଭୀର ସମ୍ପର୍କ ଦେଖାଦେବ ।

ଆପଣଙ୍କର ବ୍ୟବସ୍ଥିତ ବା ଅବ୍ୟବସ୍ଥିତ ଜୀବନ, ଆପଣଙ୍କ ବ୍ୟବହାରର ଦର୍ପଣ ଅଟେ । ଏଠାରେ ବ୍ୟବସ୍ଥାର ଆଉ ଏକ ଅର୍ଥ ହେଉଛି – ଅନୁଶାସନ ।

ଜଣେ ଅନୁଶାସିତ ବ୍ୟକ୍ତିର ବ୍ୟବହାର ଲୋକମାନଙ୍କ ପ୍ରତି ମାର୍ଜିତ ହୋଇଥାଏ, କାରଣ ସେ ନିଜ ଅନ୍ତରରୁ ଶାନ୍ତ ଓ ସଂଯତ ହୋଇଥାଏ । ଯେତେବେଳେକି କୌଣସି ଅବ୍ୟବସ୍ଥିତ ବ୍ୟକ୍ତି, ଯିଏ ଅନ୍ତରରୁ ଅଶାନ୍ତ, ଚିନ୍ତିତ, ବିରକ୍ତ ଓ ଚାପଗ୍ରସ୍ତ ଥିବ, ତା'ର ବ୍ୟବହାର ମଧ୍ୟ ଲୋକମାନଙ୍କ ପ୍ରତି ସେହିପରି ହେବ । ସେ ଭଲ ବ୍ୟବହାର କରିହିଁ ପାରିବନାହିଁ, କାରଣ ତା'ମନ-ମସ୍ତିଷ୍କ ଅନିୟନ୍ତ୍ରିତ ଥାଏ । ସେ ହୁଏତ ବିରକ୍ତ ହେବ କିମ୍ବା କ୍ରୋଧିତ ହେବ । ଚିନ୍ତା ଓ ମାନସିକ ଚାପ କାରଣରୁ ସେ, କେବେବି କାହାକୁ ଉଚିତ୍ ମାନ-ସମ୍ମାନ ଦେଇପାରେନାହିଁ ।

ତେଣୁ, ଯେତେଦୂର ସମ୍ଭବ, ନିଜ ଜୀବନକୁ ଏବଂ ତତ୍‌ସହିତ ନିଜ କାର୍ଯ୍ୟାଳୟ ଓ ଘରକୁ ବ୍ୟବସ୍ଥିତ ରଖନ୍ତୁ । ଏହାଦ୍ୱାରା ଆପଣଙ୍କୁ ଚାପରୁ ମୁକ୍ତି ମିଳିବ । ଏଥିରୁ ଆପଣ ଶାନ୍ତ ଓ ସଂଯତ ରହିବେ ଏବଂ ଲୋକମାନଙ୍କ ସହିତ ଭଲ ବ୍ୟବହାର କରିବେ, ଯେଉଁଥିରୁ ଆପଣଙ୍କ ଲୋକପ୍ରିୟତା ଓ ସ୍ୱୀକାର୍ଯ୍ୟତା, ଉଭୟର ଗ୍ରାଫ୍ ଦ୍ରୁତ ଗତିରେ ଉପରକୁ ଉଠିବ ତଥା ଲୋକମାନଙ୍କ ସହିତ ଆପଣଙ୍କ ସମ୍ପର୍କରେ ଦୃଢ଼ତା ଆସିବ ।

ବ୍ୟାପାରିକ ଓ ବ୍ୟକ୍ତିଗତ ବ୍ୟବସାୟରେ ଥିବା ଲୋକମାନଙ୍କ ପାଇଁ ତ ବ୍ୟବସ୍ଥିତ କାର୍ଯ୍ୟକଳାପର ଅର୍ଥ ହିଁ ହେଉଛି ଲାଭ । ଯଦି ସେମାନଙ୍କର ସମୟ ଓ ଗ୍ରାହକଙ୍କ ରେକର୍ଡ ବ୍ୟବସ୍ଥିତ ଥାଏ, ସେମାନେ ନିଜର ସମସ୍ତ ନେଣ-ଦେଣ ତଥା ଅନ୍ୟାନ୍ୟ କାର୍ଯ୍ୟଗୁଡ଼ିକୁ ସଫଳତା ପୂର୍ବକ ନିର୍ବାହ କରିପାରନ୍ତି ।

ପରୋପକାରିତା

ଏହି ସଂସାରରେ ବିଭିନ୍ନ ପ୍ରକାରର ଲୋକ ଅଛନ୍ତି । ଅଧିକାଂଶ ଲୋକ କେବଳ ନିଜ ପାଇଁ ବଞ୍ଚିଥା'ନ୍ତି । ହେଲେ, ଏପରି ମଧ୍ୟ କିଛି ଲୋକ ଅଛନ୍ତି, ଯେଉଁମାନେ ନିଜ ବ୍ୟତୀତ ଅନ୍ୟମାନଙ୍କ ପାଇଁ ମଧ୍ୟ ବଞ୍ଚନ୍ତି । ପ୍ରକୃତ ଅର୍ଥରେ, ଯିଏ ଅନ୍ୟ ପାଇଁ

ମଧ୍ୟ ବଞ୍ଚେ, ଯାହାଠାରେ ସର୍ବଦା ପରୋପକାର ଭାବନା ରହୁଥାଏ, ଯିଏ ଅନ୍ୟକୁ ଦେବାରେ, ଅନ୍ୟର ସହାୟତା କରିବାରେ, ଅନ୍ୟର ସେବା କରିବାରେ ଜୀବନର ସାର୍ଥକତା ଅନୁଭବ କରେ, ତାହାର ହିଁ ବଞ୍ଚିବା ସାର୍ଥକ ଅଟେ ।

କେବଳ ନିଜ ପାଇଁ ବଞ୍ଚୁଥିବା ଲୋକଙ୍କୁ ନିଜେ ଚିନ୍ତା କରିବା ଦରକାର, ସେମାନେ ମନୁଷ୍ୟ ବାଚ୍ୟ କି ?

ଏହି ବିଶ୍ୱରେ ଯେତେବି ଆବିଷ୍କାର ହୋଇଛି, ସେଗୁଡ଼ିକର ଆବିଷ୍କାରକମାନଙ୍କ ମନରେ 'ସର୍ବ ମଙ୍ଗଳ'ର ପ୍ରବଳ ଭାବନା ଥିଲା ।

ଆଜି, ପ୍ରତ୍ୟେକ ସଂସ୍କୃତିରେ ଏପରି ବ୍ୟକ୍ତିଙ୍କୁ ସର୍ବାଧିକ ପସନ୍ଦ କରାଯାଉଛି, ଯିଏ ନିଃସ୍ୱାର୍ଥ ଭାବରେ ଅନ୍ୟର ସହାୟତା ପାଇଁ ପ୍ରସ୍ତୁତ ରହୁଥିବ । ଏହି ଶ୍ରେଣୀରେ ପ୍ରତ୍ୟେକ ବର୍ଗର ଲୋକ ଅଛନ୍ତି - କେତେକ ବୁଦ୍ଧିଜୀବୀ ଅଛନ୍ତି, ଯେଉଁମାନେ ଲୋକମାନଙ୍କୁ ଧନ ଦେଇପାରିବେ ନାହିଁ, ମାତ୍ର ନିଜ ବୁଦ୍ଧିବଳ ଦ୍ୱାରା ସମାଜର ସେବା କରନ୍ତି । ଏପରି ମଧ୍ୟ କେତେକ ଲୋକ ଅଛନ୍ତି, ଯେଉଁମାନେ ଶାରୀରିକ ପରିଶ୍ରମ କରି ଲୋକମାନଙ୍କର ସେବା କରିପାରନ୍ତି ନାହିଁ । ସେମାନେ ଅନ୍ୟ ପ୍ରକ୍ରିୟାରେ ଲୋକମାନଙ୍କର ସହାୟତା ଓ ସେବା କରନ୍ତି । ଅନ୍ୟ କେତେକ ଲୋକ ସର୍ବଦା ଅନ୍ତରରୁ ଅନ୍ୟମାନଙ୍କର ସାହାଯ୍ୟ କିମ୍ବା ସେବା କରିବା ପାଇଁ ପ୍ରସ୍ତୁତ ରହିଥା'ନ୍ତି ।

ଯାହା ମନରେ ଏପରି ଭାବନା ଥାଏ ଯେ, ସେ ଅନ୍ୟ ସହିତ ବାଣ୍ଟିକରି ଖାଇବ, ଅନ୍ୟମାନଙ୍କର ସହାୟତା ଓ ସେବା କରିବ, ଏପରି କିଛି କରିବ, ଯାହାଦ୍ୱାରା ଲୋକମାନଙ୍କୁ ସୁଖ ମିଳିବ, ନିଃସନ୍ଦେହରେ ତା'ର ବ୍ୟବହାର ଲୋକମାନଙ୍କଠାରୁ ପ୍ରଶଂସା ପାଇବାଯୋଗ୍ୟ ହୋଇଥାଏ । ତେଣୁ, ଜଣେ ବ୍ୟକ୍ତିକୁ ଦରକାର, ସେ ନିଜ ଚିନ୍ତା ଅପେକ୍ଷା ପରୋପକାରର ଭାବନା ନିଜ ମନରେ ରଖୁ; ବ୍ୟାବହାରିକତାରେ ଔଜଲ୍ୟତା ଆଣିବା ପାଇଁ ଏତାଦୃଶ ଗୁଣ ମଣି ସଦୃଶ । ଏପରି ବ୍ୟକ୍ତି ସର୍ବଦା ସମାଜର ନଜରରେ ହିରା ପରି ଚମକିଥାଏ ।

ସମୟାନୁବର୍ତ୍ତିତା

ଯଦି ଆପଣ ଚାହାଁନ୍ତି ଯେ, ଲୋକମାନେ ଆପଣଙ୍କର ସମ୍ମାନ କରନ୍ତୁ, ତେବେ ସମୟନିଷ୍ଠ ହୁଅନ୍ତୁ । ମୁଁ ଦେଖିଛି ଯେ, ଆଜିକାଲି, ଅଧିକାଂଶ ଲୋକ ଏହି ଗୁରୁତ୍ୱପୂର୍ଣ୍ଣ ଦିଗରୁ ବିମୁଖ ହୋଇଛନ୍ତି । ସେମାନେ, ନା ନିଜ ସମୟର ସମ୍ମାନ କରନ୍ତି, ନା ହିଁ ଅନ୍ୟ ଲୋକର । ଏହା ଏକ ବିରାଟ ବ୍ୟାବହାରିକ ଦୋଷ, ଯାହା ଅକ୍ଷମ୍ୟ ଅଟେ ।

ଏପରି ବ୍ୟକ୍ତି ଉପରେ ବିଶ୍ୱାସ କ୍ଷଣକରେ ହିଁ ସମାପ୍ତ ହେବା ସହିତ ଅନ୍ୟ ଲୋକର ଦୃଷ୍ଟିରେ ଏପରି ବ୍ୟକ୍ତି ତତ୍‌କ୍ଷଣାତ୍, ଦାୟିତ୍ୱହୀନ ହୋଇଯାଇଥାଏ । ଏହାଦ୍ୱାରା, ନାକେବଳ ସେହି ବ୍ୟକ୍ତିର ଛବି ଖରାପ ହୋଇଥାଏ, ବରଂ ତା'ମାନବ ସମ୍ବନ୍ଧରେ ମଧ୍ୟ ଫାଟ ସୃଷ୍ଟି ହୋଇଥାଏ ।

ପୁରୁଣା ପ୍ରବାଦ ରହିଛି - ସମୟ ବହୁତ ମୂଲ୍ୟବାନ୍ । ଏହାମଧ୍ୟ ଗ୍ରହଣ କରାଯାଇଛି ଯେ, ଧନ ଓ ସମୟ ମଧ୍ୟରୁ ସମୟର ଚୟନ ବୁଦ୍ଧିମତ୍ତାର ପରିଚୟ, କାରଣ ତାହା ବହୁମୂଲ୍ୟ ଅଟେ । ସେଥିପାଇଁ, ନିଜ ସମୟର ତଥା ଅନ୍ୟ ଜଣଙ୍କ ସମୟର ମଧ୍ୟ ସମ୍ମାନ କରିବା ଶିଖନ୍ତୁ ।

କାହାକୁ ଯଦି କୌଣସି ସମୟରେ କୌଣସି କାର୍ଯ୍ୟ କରିବାର ପ୍ରତିଶ୍ରୁତି ଦେଇଛନ୍ତି, ତେବେ ସମ୍ପୂର୍ଣ୍ଣ ନିଷ୍ଠାପର ଭାବରେ ତାହା ସମ୍ପୂର୍ଣ୍ଣ କରନ୍ତୁ । ନିଜ ବାକ୍ୟ ତଥା ସମୟର ସମ୍ମାନ ରଖନ୍ତୁ । ଏଥିରୁ ଲୋକମାନେ ଆପଣଙ୍କ ଉପରେ ବିଶ୍ୱାସ ଏବଂ ଆପଣଙ୍କୁ ପସନ୍ଦ କରିବାକୁ ଲାଗିବେ । ଆପଣଙ୍କୁ, କେବଳ ଏହି ଗୁଣ ବିକଶିତ କରିନେଲେ, ବିଶ୍ୱାସର ଧନ ଆପେ-ଆପେ ମିଳିଥାଏ ।

ଆତ୍ମସମ୍ମାନ

ଯିଏ, ନିଜ ସମ୍ମାନ ନିଜେ କରେନାହିଁ, ଅନ୍ୟ ଲୋକମାନେ ମଧ୍ୟ ତା'ର ସମ୍ମାନ କରନ୍ତି ନାହିଁ ।

ମୁଁ, ଏପରି ଅନେକ ଲୋକଙ୍କୁ ଦେଖିଛି, ଯେଉଁମାନେ ସାମାନ୍ୟ ସ୍ୱାର୍ଥ ପାଇଁ

ନିଜର ସମ୍ମାନ ଧୂଳିସାତ୍ କରିଦିଅନ୍ତି । ଆତ୍ମସମ୍ମାନକୁ ଧୂଳିସାତ୍ କରି ଯଦି ଆପଣ କିଛି ପ୍ରାପ୍ତ କରୁଛନ୍ତି, ତେବେ ଆପଣଙ୍କୁ ସେହି ପ୍ରାପ୍ତିର ପ୍ରକୃତ ସୁଖ କେବେବି ମିଳିବନାହିଁ, କାରଣ କଦା-କ୍ୱଚିତ୍ ଆପଣଙ୍କ ମନରେ ଏହି କଥା ଅବଶ୍ୟ ଘର କରିନେବ ଯେ, ଆପଣ ସେହି ବସ୍ତୁ, ପଦ, ଧନ କିମ୍ବା ପ୍ରତିଷ୍ଠା ନିଜ ସମ୍ମାନ ହରାଇ ପ୍ରାପ୍ତ କରିଛନ୍ତି । ଏକଥା, ଅନ୍ୟମାନେ ନଜାଣିପାରିଲେ ମଧ୍ୟ ସାରା ଜୀବନ ଆପଣ ଏହିକଥାକୁ ନେଇ ଚିନ୍ତିତ ରହିବେ ।

ତେଣୁ, ଯେତେ ଅଭାବ ଥିଲେବି, ଲୋଭ ବଶବର୍ତ୍ତୀ ହୋଇ ନିଜ ଆତ୍ମସମ୍ମାନ ହରାନ୍ତୁ ନାହିଁ । ଯଦି ଆପଣ ଏପରି କରନ୍ତି, ତେବେ ପ୍ରଥମତଃ, ଲୋକମାନଙ୍କ ନଜରରେ ଆପଣଙ୍କ ସମ୍ମାନ ହ୍ରାସ ହୋଇଯିବ, ସେମାନେ ଆପଣଙ୍କୁ ଅତ୍ୟନ୍ତ ଶସ୍ତା ଓ ତୁଚ୍ଛ ଦୃଷ୍ଟିରେ ଦେଖି ଆପଣଙ୍କ ସହିତ ସର୍ବଦା ଅଶୋଭନୀୟ ବ୍ୟବହାର କରିବେ ଏବଂ ଦ୍ୱିତୀୟତଃ, ଆପଣ କେବେବି ନିଜ ସହିତ ଆଖି ମିଶାଇପାରିବେ ନାହିଁ ।

ଏହି ସନ୍ଦର୍ଭରେ କୁକୁର ଓ ହାତୀର ଉଦାହରଣ ନିଆଯାଇପାରେ । କୁକୁରକୁ ଆପଣ ବାରମ୍ବାର ଗୋଇଠା ମାରନ୍ତୁ ଏବଂ ବାରମ୍ବାର ରୁଟି ଦେଖାଇ ଡାକନ୍ତୁ, ସେ ସର୍ବଦା ଆପଣଙ୍କ ସମ୍ମୁଖକୁ ଆସି ଲାଙ୍ଗୁଡ ହଲାଇବ ଏବଂ ଆପଣଙ୍କ ପାଦକୁ ଚାଟିବ । ହେଲେ, ହାତୀ ଏତେ ସ୍ୱାଭିମାନୀ ଯେ, ଯଦି ତା'ମାହୁନ୍ତ ତାକୁ ସାମାନ୍ୟ ଗାଳି ମଧ୍ୟ କରିଦିଏ, ତେବେ ସେ, ସେତେବେଳେ ପର୍ଯ୍ୟନ୍ତ ଖାଦ୍ୟକୁ ଛୁଏଁ ନାହିଁ, ଯେପର୍ଯ୍ୟନ୍ତ ମାହୁନ୍ତ ତାକୁ ଟିକିଏ ଗେଲ କରିଦେଇ, କ୍ଷମା ମାଗିନନେଇଛି ।

ତେଣୁ, କାହା ସମ୍ମୁଖରେ ମଧ୍ୟ ନିଜର ଦୁର୍ବଳତା କିମ୍ବା ଅଭାବକୁ ଦେଖାଇ, ନିଜକୁ ଏତେ ନଗଣ୍ୟ କରନ୍ତୁ ନାହିଁ ଯେ, ଆପଣଙ୍କର ସମ୍ମାନ ହିଁ ସମାପ୍ତ ହୋଇଯିବ । ସେଥିପାଇଁ, ସର୍ବଦା ନିଜର ଆତ୍ମସମ୍ମାନ ବଜାୟ ରଖନ୍ତୁ ଏବଂ ସ୍ୱାଭିମାନ ସହିତ ମୁଣ୍ଡ ଟେକି ବଞ୍ଚନ୍ତୁ ।

ସତ୍ୟତା

କେତେକ ଲୋକ ନିଜ ଜୀବନରେ ସତ୍ୟତାକୁ କିଛି ଖାସ୍ ମହତ୍ୱ ଦିଅନ୍ତି ନାହିଁ । ସେମାନେ, କଥା-କଥାରେ ମିଥ୍ୟାର ସାହାଯ୍ୟ ନିଅନ୍ତି ଏବଂ ଗୋଟିଏ ମିଛକୁ ଲୁଚାଇବାକୁ ଯାଇ ଶହେ ମିଛ କୁହନ୍ତି । ଏପରି ଲୋକଙ୍କ ବିଶ୍ୱାସର ଗ୍ରାଫ୍ ଦ୍ରୁତ ଗତିରେ ତଳକୁ ଖସିଥାଏ । ଲୋକମାନେ, ସେହିପରି ବ୍ୟକ୍ତିଙ୍କର କୌଣସି କଥାକୁ ବିଶ୍ୱାସ କରନ୍ତି ନାହିଁ । ବ୍ୟାବହାରିକତା ଦୃଷ୍ଟିରେ ଏହା, ବ୍ୟକ୍ତିର ବହୁତ ବଡ଼ ଦୋଷ ହୋଇଯାଏ ।

ମୁଁ ଦେଖିଛି ଯେ, ଏପରି ଲୋକମାନଙ୍କର ସାମାଜିକ ପରିସର ଯେତେ ବ୍ୟାପକ ହୋଇଥିଲେ ମଧ୍ୟ ସେଥିରେ ଦୃଢ଼ତା ନଥାଏ । ମିଥ୍ୟାବାଦୀ ଲୋକକୁ, ବାହାର ଲୋକଙ୍କ କଥା ଛାଡ଼ନ୍ତୁ, ନିଜ ପରିବାର ଲୋକ ସୁଦ୍ଧା ପସନ୍ଦ କରନ୍ତି ନାହିଁ । ଗୋଟିଏ ଥର କୌଣସି ଲୋକର ଛବି ଯଦି ମିଥ୍ୟାବାଦୀ ଭାବରେ ଅଙ୍କିତ ହୋଇଯାଏ, ତେବେ ତାହା ସହଜରେ ଲିଭେନାହିଁ । ପରବର୍ତ୍ତୀ ସମୟରେ, ସେ ସତ୍ୟ କହିଲେ ମଧ୍ୟ, ସାରା ଜୀବନ, ଲୋକମାନେ ତା'କଥାକୁ ବିଶ୍ୱାସ କରନ୍ତି ନାହିଁ । ଏପରି ବ୍ୟକ୍ତି ସହିତ ଲୋକମାନେ କୌଣସି ପ୍ରକାରର ସମ୍ପର୍କ ରଖିବାକୁ ଚାହାଁନ୍ତି ନାହିଁ । ବ୍ୟବସାୟ ଓ ସେଲ୍ସ କାମରେ କେବଳର ବିଶ୍ୱାସର ଭାଷା ପ୍ରଚଳିତ ହୋଇଥାଏ । ସେଥିପାଇଁ, ମିଥ୍ୟା ପାଇଁ ସେଠାରେ କୌଣସି ସ୍ଥାନ ନାହିଁ ।

ହେଲେ, କୌଣସି ଲୋକ ସିଧା ଭାବରେ ସ୍ୱୀକାର କରେନାହିଁ ଯେ, ସେ ମିଛ କହୁଛି ବୋଲି । ମାତ୍ର, ସେ ଭଲ ଭାବରେ ଜାଣିଥାଏ ଯେ, ସେ ମିଛ କହୁଛି । ସେ, ମିଛ କହି ଓ ଅଭିନୟ କରି ଭାବେ ଯେ, ସାମନା ଲୋକକୁ ମୁର୍ଖ ବନାଇଦେଲା, ହେଲେ ପ୍ରକୃତ କ୍ଷେତ୍ରରେ ଏପରି ହୁଏନାହିଁ । ଲୋକମାନେ ତୁରନ୍ତ ହିଁ ସତ-ମିଛ ମଧ୍ୟରେ ପ୍ରଭେଦ କରିନିଅନ୍ତି ଏବଂ ସେମାନଙ୍କ ନଜରରେ ସେହି ମିଥ୍ୟାବାଦୀର ସମ୍ମାନ ହ୍ରାସ ହୋଇଯାଏ । ତେଣୁ, ସର୍ବଦା ସତ କୁହନ୍ତୁ । ଯେଉଁ ପର୍ଯ୍ୟନ୍ତ ସମ୍ଭବ, ସତ୍ୟତାକୁ ଛାଡ଼ନ୍ତୁ ନାହିଁ । କାହାର ମିଥ୍ୟା ପ୍ରଶଂସା କରନ୍ତୁ ନାହିଁ । ମିଥ୍ୟାବାଦୀ

ଲୋକ କେବେବି କାହା ସହିତ ଆଖି ମିଶାଇପାରନ୍ତି ନାହିଁ ଏବଂ ଏପରି ଲୋକମାନଙ୍କର ସମ୍ପର୍କ ମଧ୍ୟ ଦୀର୍ଘକାଳୀନ ଅଟେନାହିଁ । ଏପରି ଲୋକମାନଙ୍କ ପାଖରେ ପ୍ରକୃତ ସହଯୋଗୀ, ସାହାଯ୍ୟକାରୀ ଓ ସହାନୁଭୂତି ରଖୁଥିବା ଲୋକଙ୍କର ସର୍ବଦା ଅଭାବ ରହିଥାଏ । ଏହି କାରଣ ଯୋଗୁଁ ମିଥ୍ୟାବାଦୀମାନେ ଜୀବନରେ ଉନ୍ନତି କରିପାରନ୍ତି ନାହିଁ ।

ଆପଣ କହିପାରନ୍ତି ଯେ ଆଜିକାଲି, ମିଥ୍ୟାବାଦୀ, ଠକ ଓ ଅସାଧୁ ଲୋକମାନେ ହିଁ ସର୍ବାଧିକ ଉନ୍ନତି କରୁଛନ୍ତି । ଆପଣ, କେତେକ ପରିମାଣରେ ଠିକ୍ ହୋଇଥାଇପାରନ୍ତି । ହେଲେ, ଆପଣ କେବେ ସେମାନଙ୍କର ମନୋଦଶା ଜାଣିବାକୁ ଚେଷ୍ଟା କରନ୍ତୁ - ସେମାନେ ଭିତରୁ ଅତ୍ୟନ୍ତ ଦୁଃଖୀ, ଅଶାନ୍ତ, ଭିତତ୍ରସ୍ତ ଓ ବିଚଳିତ ରହିଥା'ନ୍ତି ଏବଂ ଜୀବନର ପ୍ରକୃତ ଆନନ୍ଦ ଉପଭୋଗ କରିପାରନ୍ତି ନାହିଁ । ସେମାନଙ୍କୁ ପ୍ରତ୍ୟେକ ସମୟରେ ସମାଜର ନୀତି-ନିୟମ ଓ ଆଇନ୍-କାନୁନ୍‌ର ଭୟ ଲାଗିରହିଥାଏ ।

କ'ଣ ଆପଣ ଏହାକୁ ଉନ୍ନତି କରିବା କହିପାରିବେ ? ଯେବେ ସତ୍ୟତା ବଳରେ ଆପଣ ନିଜ ଛବିକୁ ଉଚ୍ଚତର କରିପାରିବେ, ଜୀବନର ପ୍ରକୃତ ଆନନ୍ଦ ଉପଭୋଗ କରିପାରିବେ, ତେବେ ମିଥ୍ୟାର ପଙ୍କରେ କାହିଁକି ପାଦଦେବେ ?

ସଚ୍ଚୋଟତା

ସତ୍ୟ ଓ ସଚ୍ଚୋଟତା ମଧ୍ୟରେ କୌଣସି ଖାସ୍ ପ୍ରଭେଦ ନାହିଁ । ଯେଉଁ ଲୋକ ସତ୍ୟବାଦୀ, ସେହି ଲୋକ ସଚ୍ଚୋଟ ମଧ୍ୟ ଏବଂ ସଚ୍ଚୋଟତା, ଏକ ଚମତ୍କାର ବ୍ୟାବହାରିକ ଗୁଣ ଅଟେ । ଆପଣ ଯଦି ସଚ୍ଚୋଟ, ତେବେ ଲୋକମାନେ, ଆପଣଙ୍କ ଉପରେ ଆଖି ବନ୍ଦକରି ବିଶ୍ୱାସ କରନ୍ତି । ଆପଣଙ୍କର ସୁନାମ ହୋଇଯାଏ ଏବଂ ନିଜର ଏହି ଗୁଣ କାରଣରୁ ଆପଣ, ସମସ୍ତଙ୍କର ପ୍ରିୟପାତ୍ର ତଥା ସମସ୍ତଙ୍କ ପାଇଁ ସମ୍ମାନର ପାତ୍ର ହୋଇଯା'ନ୍ତି । ଆପଣଙ୍କର ବନ୍ଧୁ, ସହଯୋଗୀ ଓ ସମ୍ପର୍କୀୟମାନଙ୍କର ପରିସରରେ ବ୍ୟାପକତା ଆସିଯାଏ ।

ଇଂରାଜୀରେ ଗୋଟିଏ ପ୍ରବାଦ ଅଛି - ଅନେଷ୍ଟୀ ଇଜ୍ ଦି ବେଷ୍ଟ୍ ପଲିସୀ । ଏହାର ଅର୍ଥ ହେଉଛି, 'ସାଧୁତା ହିଁ ପ୍ରକୃଷ୍ଟ ପନ୍ଥା' ।

ଆପଣ, ଜୀବନରେ ସୁଖ, ଶାନ୍ତି, ସଫଳତା, ସମ୍ମାନ, ଲୋକପ୍ରିୟତା, ଯାହା କିଛିବି ପ୍ରାପ୍ତ କରିବାକୁ ଚାହାଁନ୍ତି, ଆପଣଙ୍କୁ ସାଧୁ ବା ସଚ୍ଚୋଟ ହେବାକୁ ପଡ଼ିବ । ନିଜ ପ୍ରତି, ନିଜ ପରିବାର ପ୍ରତି, ନିଜ ବ୍ୟବସାୟ ପ୍ରତି, ନିଜ କାର୍ଯ୍ୟ ପ୍ରତି, ନିଜ ସମାଜ ପ୍ରତି ତଥା ନିଜ ଦେଶ ପ୍ରତି ।

ମିଛ ଓ ବେଇମାନୀର ମୂଳଦୁଆରେ ଯଦି ଆପଣ କୌଣସି ଅଟ୍ଟାଳିକା ଠିଆ ମଧ୍ୟ କରିଦିଅନ୍ତି, ତେବେ ତାହା ଯେକୌଣସି ମୁହୂର୍ତ୍ତରେ ଭାଙ୍ଗି ଚୁରମାର୍ ହୋଇଯାଇପାରେ । ବେଇମାନ, ଠକ, ମିଥ୍ୟାବାଦୀ ଓ ଚାଲ୍‌ବାଜ୍ ଲୋକ, ନା ସମାଜରେ, ନା ସମ୍ପର୍କରେ ଓ ନା ହିଁ ବ୍ୟାପାରରେ, କେଉଁଠାରେ ମଧ୍ୟ ଅଧିକ ସମୟ ପର୍ଯ୍ୟନ୍ତ ରହିପାରନ୍ତି ନାହିଁ । ଏପରି ଲୋକଙ୍କର ବହୁତ ଶୀଘ୍ର ଭେଦ ଖୋଲିଯାଇଥାଏ ଏବଂ ସେତେବେଳେ ସେମାନଙ୍କର କୌଣସି ଅସ୍ତିତ୍ୱ ରୁହେନାହିଁ । ଏପରି ଲୋକଙ୍କ ସହିତ ଅନ୍ୟ ଲୋକମାନେ କୌଣସି ପ୍ରକାରର ଆଦାନ-ପ୍ରଦାନ କରିବା ପସନ୍ଦ କରନ୍ତି ନାହିଁ ।

ତେଣୁ, ଆପଣ ଯଦି ସର୍ବମାନ୍ୟ ହେବାକୁ ଚାହାଁନ୍ତି, ମାନବିକ ସମ୍ପର୍କକୁ ସୁନ୍ଦର ଓ ସୁଦୃଢ଼ କରିବାକୁ ଚାହାଁନ୍ତି, ବ୍ୟାପାରରେ ଉନ୍ନତି କରିବାକୁ ଚାହାଁନ୍ତି, ତେବେ ଆପଣ ସଚ୍ଚୋଟ ହେବା ଉଚିତ୍, ଅନ୍ୟଥା ଆପଣଙ୍କର ପ୍ରତ୍ୟେକ ପ୍ରୟାସ ବିଫଳ ହେବ ।

ମୁଁ ଦେଖିଛି ଯେ, ମିଥ୍ୟାବାଦୀ ଓ ବେଇମାନ ଲୋକଙ୍କଠାରେ ଆତ୍ମବିଶ୍ୱାସ ଓ ସାହସ ନଥାଏ । ସେମାନେ ଭିତରୁ ଭୟଭୀତ ଥା'ନ୍ତି, କାହା ସହିତ ଆଖି ମିଶାଇ କଥା ହୋଇପାରନ୍ତି ନାହିଁ । ଏପରି ଲୋକଙ୍କର ଖାସ୍ ପରିଚୟ ହେଉଛି, ପ୍ରଥମ ଦେଖାରେ ସେମାନେ ନିଜକୁ ସତ୍ୟତା ଓ ସଚ୍ଚୋଟତାର ପ୍ରତିମୂର୍ତ୍ତି ଭାବରେ ଉପସ୍ଥାପିତ କରିଥା'ନ୍ତି । ରାଣ ପକାଇ ଓ ଈଶ୍ୱରଙ୍କୁ ଭୟ କରୁଥିବାର ଅଭିନୟ କରି କୁହନ୍ତି ଯେ, ସେମାନେ କେତେ ସାଧୁ ଓ ସଚ୍ଚୋଟ ।

ବନ୍ଧୁଗଣ, ଯଦି ଆପଣଙ୍କଠାରେ ଏପରି କୌଣସି ବଦ୍‌ଗୁଣ ରହିଛି, ତେବେ ଆଜି, ବର୍ତ୍ତମାନ ଓ ଏହି କ୍ଷଣ ହିଁ ପରିତ୍ୟାଗ କରନ୍ତୁ, କାରଣ ଏହା ଆପଣଙ୍କର ବହୁତ କ୍ଷତି କରୁଛି । ଏଥିସହିତ ଏହିପ୍ରକାର ଲୋକମାନଙ୍କଠାରୁ ମଧ୍ୟ ନିଜକୁ ରକ୍ଷା କରନ୍ତୁ । ଏପରି ଲୋକମାନେ ସମ୍ପର୍କ ସ୍ଥାପନ କରିବାଯୋଗ୍ୟ ନୁହଁନ୍ତି । ସେମାନେ ଆପଣଙ୍କୁ କେବେବି ଧୋକା ଦେବାରେ କୁଣ୍ଠାବୋଧ କରିବେ ନାହିଁ ।

ଚରିତ୍ର

ମନୁଷ୍ୟର ମହାଶକ୍ତି ହେଉଛି - **ତା'ର ଚରିତ୍ର ।**

ପ୍ରାଚୀନ ଜନଶ୍ରୁତି ରହିଛି -

ଧନ ଚାଲିଗଲା, କିଛି ଯାଇନାହିଁ ।

ସ୍ୱାସ୍ଥ୍ୟ ଚାଲିଗଲା, ଅଳ୍ପ କିଛି ଗଲା ।

ଚରିତ୍ର ଚାଲିଗଲା, ସବୁକିଛି ଗଲା ।

ଚରିତ୍ର ଏପରି ଶକ୍ତି ଅଟେ, ଯାହା ଚାଲିଗଲେ ଜଣେ ଲୋକର ସବୁକିଛି ଚାଲିଯାଏ । ଚରିତ୍ରବାନ୍ ଲୋକ ସମ୍ମୁଖରେ ଜଗତ ମୁଣ୍ଡ ଲୁଆଁଏ, ଯେତେବେଳେକି ଚରିତ୍ରହୀନ ବ୍ୟକ୍ତିକୁ ଲୋକମାନେ ଘୃଣା ଓ ହୀନ ଦୃଷ୍ଟିରେ ଦେଖନ୍ତି ।

ଏଠାରେ ଚରିତ୍ରର ଭିନ୍ନ-ଭିନ୍ନ ସନ୍ଦର୍ଭରେ ଭିନ୍ନ-ଭିନ୍ନ ଅର୍ଥ ରହିଛି ।

- ବ୍ୟବସାୟିକ କ୍ଷେତ୍ରରେ ଯଦି କୌଣସି ବ୍ୟବସାୟୀ ନିଜ ବ୍ୟବସାୟ ବୃଦ୍ଧି କରିବା ପାଇଁ ନିଜ ସିଦ୍ଧାନ୍ତରୁ ଅବତରଣ କରି ଅନୈତିକ କାର୍ଯ୍ୟ କରେ, ତେବେ ଏହାକୁ ଚରିତ୍ରରୁ ଖସିବା କୁହାଯିବ ।
- କୌଣସି ସରକାରୀ କର୍ମଚାରୀ ଉତ୍କୋଚ ନିଏ, ନିଜ ହିତ ପାଇଁ ଅନ୍ୟଠାରୁ ଧନ ଆତ୍ମସାତ୍ କରେ, ତେବେ ତା'ର ମଧ୍ୟ ଚରିତ୍ର ସ୍ଖଳନ ହୋଇଛି ।
- ସମାଜରେ ଏପରି ଲୋକମାନଙ୍କୁ ଘୃଣା ଦୃଷ୍ଟିରେ ଦେଖାଯାଏ, ଯିଏ

ଯୌନାଚାରୀ ହୋଇଥିବ ଏବଂ ଅନ୍ୟମାନଙ୍କର ମା'-ଭଉଣୀ-ଝିଅଙ୍କୁ ଖରାପ ନଜରରେ ଦେଖୁଥିବ । ଏହା ହେଉଛି ଚରିତ୍ରହୀନତାର ସବୁଠାରୁ ନିମ୍ନସ୍ତର ।

- ଯେଉଁ ରାଜନେତାମାନେ, ନିଜ ଶାସନ ଲୋଭ ପାଇଁ ଅନୈତିକ କାର୍ଯ୍ୟ କରନ୍ତି, ଲୋକମାନଙ୍କୁ ପଥଭ୍ରଷ୍ଟ କରନ୍ତି, ମିଥ୍ୟା କୁହନ୍ତି, ହତ୍ୟା କରାନ୍ତି, ସାମ୍ପ୍ରଦାୟିକ ବିଦ୍ୱେଷ ବ୍ୟାପ୍ତ କରାନ୍ତି, ସେମାନେ ମଧ୍ୟ ଚରିତ୍ରହୀନ ଶ୍ରେଣୀରେ ଆସନ୍ତି ।

ଏହିପ୍ରକାର ଚରିତ୍ରହୀନ ଲୋକମାନଙ୍କୁ ଆପଣ, ବ୍ୟକ୍ତିଗତ ଜୀବନରେ କେଉଁ ସ୍ଥାନ ଦେବେ, ତାହାର ନିଷ୍ପତ୍ତି ଆପଣ ନିଜେ କରନ୍ତୁ । ନିଃସନ୍ଦେହରେ ଆପଣ, ଏପରି ଲୋକ ଆପଣଙ୍କୁ ପସନ୍ଦ ନୁହଁନ୍ତି ପରିଣାମରେ ପହଞ୍ଚିବେ । ଯଦି ଆପଣ ନିଜେ ଏପରି ଲୋକଙ୍କୁ ପସନ୍ଦ କରିବେ ନାହିଁ, ତେବେ ଚିନ୍ତା କରନ୍ତୁ, ଯଦି ଆପଣଙ୍କଠାରେ ଏହିପ୍ରକାର ଦୋଷ ଥିବ, ତେବେ ଲୋକମାନେ ଆପଣଙ୍କୁ କାହିଁକି ପସନ୍ଦ କରିବେ ? ଲୋକମାନେ କାହିଁକି ଆପଣଙ୍କ ସହିତ କୌଣସି ପ୍ରକାରର ସମ୍ପର୍କ ରଖିବାକୁ ଚାହିଁବେ ?

ତେଣୁ, ଚରିତ୍ରବାନ୍ ହୁଅନ୍ତୁ । ନିଜ ଚରିତ୍ରରେ କୌଣସି ପ୍ରକାରର ଦାଗ ଲାଗିବାକୁ ଦିଅନ୍ତୁ ନାହିଁ । ନିଜ ସିଦ୍ଧାନ୍ତକୁ ଭଲ ପାଇବା ଶିଖନ୍ତୁ । ନିଜ ସମ୍ମାନର, ସର୍ବ ପରିସ୍ଥିତିରେ ଏବଂ ସର୍ବ ମୂଲ୍ୟରେ ରକ୍ଷା କରନ୍ତୁ । ଉତ୍ତମ ବ୍ୟକ୍ତିତ୍ୱ ବିଶିଷ୍ଟ, କିନ୍ତୁ ସିଦ୍ଧାନ୍ତହୀନ, ଦୁଶ୍ଚରିତ୍ର ବ୍ୟକ୍ତି ସେହି ସୁଗନ୍ଧହୀନ ଫୁଲ ପରି ଅଟେ, ଯେଉଁଥିରେ କଣ୍ଟା ମଧ୍ୟ ଥାଏ, ଯାହାର କୌଣସି ମୂଲ୍ୟ ନଥାଏ ।

ଜନ-ପ୍ରତିକ୍ରିୟା

ସୂର୍ଯ୍ୟ ବାବୁ,

କିଛିଦିନ ପୂର୍ବେ ଆସାମରେ ହୋଇଥିବା ଆପଣଙ୍କର ତ୍ରିଦିବସୀୟ **'ଗୋଲ୍ ସେଟିଙ୍ଗ୍ ଆଣ୍ଡ ଡ୍ରିମ୍ ବିଲ୍ଡିଙ୍ଗ୍ ପ୍ରୋଗ୍ରାମ୍'** ଅତ୍ୟନ୍ତ ସଫଳ ରହିଲା । ପ୍ରୋଗ୍ରାମ୍ ଆଟେଣ୍ଡ୍ କରିବା ପରେ ଅନେକ ସଂଖ୍ୟକ ଯୁବ-ଯୁବତୀମାନେ ମୋତେ କହିଲେ ଯେ, ଆପଣଙ୍କର ଏହି ପ୍ରୋଗ୍ରାମ୍ ଆଟେଣ୍ଡ୍ କରି ସେମାନଙ୍କୁ ବାସ୍ତବରେ ଏକ ନୂତନ ଦିଗ ମିଳିଛି । ସମସ୍ତଙ୍କର ଏହି ଇଚ୍ଛା ଯେ, ଆସାମରେ ଆପଣଙ୍କର ଆଉ କିଛି ପ୍ରୋଗ୍ରାମ୍, ଯେପରି - 'ନେଟ୍ୱର୍କ ମାର୍କେଟିଙ୍ଗ୍‌ରେ ସଫଳତା, ବ୍ୟକ୍ତିତ୍ୱ ବିକାଶ (ପର୍ସନେଲିଟୀ ଡେଭଲପ୍‌ମେଣ୍ଟ୍' ଆଦିର ଆୟୋଜନ କରାଯାଉ । ଏହି ପ୍ରସଙ୍ଗରେ ଆମ ଗ୍ରୁପ୍ ଖୁବ୍ ଶୀଘ୍ର ହିଁ କୌଣସି ନିଷ୍ପତ୍ତି ନେଇ ଆପଣଙ୍କୁ ସୂଚିତ କରିବ ।

- **ସୁଶୀଲ କୁମାର ଦତ୍ତ, ଗୟାସୁଦ୍ଦୀନ୍ ଅହମଦ୍** (ଆସାମ)

*****

ସୂର୍ଯ୍ୟ ବାବୁ,

ଆଜି ଆପଣ ଜଣେ 'ମ୍ୟାନେଜ୍‌ମେଣ୍ଟ୍ ଗୁରୁ' ଭାବରେ ଜଣାଶୁଣା । ମୁଁ କୋଲକାତାରେ ଆୟୋଜିତ ଆପଣଙ୍କ କାର୍ଯ୍ୟକ୍ରମ 'ସିକ୍ରେଟ୍ ଅଫ୍ ସକ୍‌ସେସ୍' ଆଟେଣ୍ଡ୍ କରିଥିଲି । ଏଥିରୁ ମୋତେ ବହୁତ ଲାଭ ହୋଇଛି । ସବୁଠାରୁ ବଡ଼ କଥା ହେଉଛି ଯେ, ପୂର୍ବରୁ ମୁଁ ସବୁବେଳେ ନକରାତ୍ମକ କଥା ଭାବୁଥିଲି ଏବଂ କୌଣସି ଅଜଣା ଭୟରେ ଆଶଂକିତ ଥିଲି, ମାତ୍ର ଆପଣଙ୍କର ସକରାତ୍ମକ ଭାଷଣ ମୋ ଜୀବନ ହିଁ ବଦଳାଇଦେଲା । ଆଜି ମୁଁ ସକରାତ୍ମକ ଓ ଆଶାମୟ ବିଚାର ମୋ ମନରେ ରଖିଛି ଏବଂ ବାସ୍ତବରେ ଆଜି ମୁଁ ଜୀବନର ଆନନ୍ଦ ଉଠାଉଛି ।

- **ପୀୟୁଷ ଦେ** (କୋଲକାତା)

*****

ଆମ ଜୀବନରେ ଅଗଣିତ ସମସ୍ୟାରେ ରହିଛି । ଶ୍ରୀ ସୂର୍ଯ୍ୟ ସିହ୍ନାଙ୍କ ମାର୍ଗଦର୍ଶନରେ ***'ପର୍ସନେଲିଟୀ ଡେଭେଲପ୍‌ମେଣ୍ଟ୍ କୋର୍ସ୍'*** କରି ମୁଁ, କିପରି ଏହିସବୁ ସମସ୍ୟାଗୁଡ଼ିକର ସାମନା କରି ଏହାର ସମାଧାନ କାଢ଼ିପାରିବି ଏବଂ କିପରି ନିଜ ଜୀବନକୁ ସୁନ୍ଦର ଭାବେ ଯାପନ କରିପାରିବି, ତାହା ଶିଖିଲି ।

- **କମଲେଶ ପ୍ରସାଦ**, ଗୋରଖପୁର

ମୋଠାରେ ଆତ୍ମବିଶ୍ୱାସର ଅଭାବ ଥିଲା । କେଉଁଠାରେ ଓ କାହା ସାମନାରେ କିଛି କଥା କହିବାବେଳକୁ, ଠିକ୍ ଭାବେ କହିପାରୁନଥିଲି । ମାତ୍ର, ଏହି **'ପର୍ସନେଲିଟୀ ଡେଭେଲପମେଣ୍ଟ କୋର୍ସ୍'** କରି ମୋର ଶାରୀରିକ ତଥା ମାନସିକ ବଳ ବୃଦ୍ଧି ପାଇଛି । ଏବେ ମୁଁ, ଯେକୌଣସି ସ୍ଥାନରେ ହେଉ ଏବଂ ଯାହା ସାମନାରେ ହେଲେ ମଧ୍ୟ ବିନା କୌଣସି ଭୟରେ କଥା କହିପାରୁଛି । ଏହି କୋର୍ସ କରିବା ପରେ ମୋର ଆତ୍ମବିଶ୍ୱାସ ବହୁତ ବଢ଼ିଯାଇଛି ।

– **ଅଶୋକ ତ୍ୟାଗୀ,** ଦିଲ୍ଲୀ

*****

'ପର୍ସନେଲିଟୀ ଡେଭେଲପମେଣ୍ଟ କୋର୍ସ୍' ନାମକ କର୍ମଶାଳାରେ ମୋର ମାନସିକ, ଭାବନାତ୍ମକ ଓ ଆଧ୍ୟାତ୍ମିକ ଅନୁଭବ ବହୁତ ଉତ୍ତମ ରହିଲା । ଆଧ୍ୟାତ୍ମ ପ୍ରତି ମୋର ଆଗ୍ରହ ବହୁତ ବଢ଼ିଯାଇଛି । ସମୟ ଓ ସ୍ୱାସ୍ଥ୍ୟର ମହତ୍ୱକୁ ମଧ୍ୟ ମୁଁ ବୁଝିଲି ଏବଂ ମୋର ସ୍ମରଣ ଶକ୍ତିରେ ମଧ୍ୟ ବୃଦ୍ଧି ହୋଇଛି । ଏପରି ଜ୍ଞାନବର୍ଦ୍ଧକ କର୍ମଶାଳାରେ ଅଂଶଗ୍ରହଣ କରି ଯେକୌଣସି ବ୍ୟକ୍ତି ନିଜ ଜୀବନକୁ ବ୍ୟବସ୍ଥିତ କରିପାରିବ । ସେଥିପାଇଁ ମୁଁ ଏହା କହିବି ଯେ, ଶ୍ରୀ ସୂର୍ଯ୍ୟ ସିହ୍ନାଙ୍କ ସାନ୍ନିଧରେ ଏପରି କୋର୍ସ/କର୍ମଶାଳା ଯେଉଁଠାରେ ମଧ୍ୟ ଆୟୋଜିତ ହେବ, ଆପଣମାନେ ସେଥିରେ ନିଶ୍ଚିତ ଅଂଶଗ୍ରହଣ କରନ୍ତୁ ।

– **ଅସ୍‌ଲମ୍ ଖାନ୍,** ଲକ୍ଷ୍ନୌ

*****

ଆପଣଙ୍କ ଦ୍ୱାରା ଆୟୋଜିତ **'ପର୍ସନେଲିଟୀ ଡେଭେଲପମେଣ୍ଟ କୋର୍ସ୍'** କରି ମୁଁ ମାନସିକ ସ୍ତରରେ ବହୁତ ହାଲୁକା ଅନୁଭବ କରୁଛି । ବର୍ତ୍ତମାନ, ମୋ ମନ ପ୍ରସନ୍ନତାରେ ଭରି ରହିବା ସହିତ ଶରୀରରେ ସ୍ଫୁର୍ତି ଓ ଆନନ୍ଦ ଅନୁଭବ ହେଉଛି । ବର୍ଷ-ବର୍ଷ ଧରି ଯେଉଁ ଅଭ୍ୟାସ ଛାଡ଼ିପାରୁନଥିଲି, ଏବେ ଧୀରେ-ଧୀରେ ସେଗୁଡ଼ିକ ଛାଡ଼ିବାରେ ଲାଗିଛି । ଭୟର ଭାବନା ସମାପ୍ତ ହୋଇଯାଇଛି ଏବଂ ଆତ୍ମବିଶ୍ୱାସ ବଢ଼ିଛି । ଏବେ ମୁଁ ଏହା ଦୃଢ଼ତାର ସହିତ କହିପାରିବି ଯେ, ଏହି କୋର୍ସ କରି ମୁଁ ବଞ୍ଚିବା ଶିଖିଯାଇଛି ।

– **ତାରିକ୍ ଅନ୍‌ୱର,** ଅହମଦାବାଦ୍

*****

ଶ୍ରୀ ସୂର୍ଯ୍ୟ ସିହ୍ନାଙ୍କଠାରୁ ମୁଁ ଏତେ ଜିନିଷ ଶିଖିଛି ଯେ, ସେଗୁଡ଼ିକୁ ମୁଁ ଶବ୍ଦରେ ବର୍ଣ୍ଣନା କରିପାରିବି ନାହିଁ । ଏବେ ମୁଁ ମାନସିକ ଶାନ୍ତି ଅନୁଭବ କରୁଛି । ଶାରୀରିକ ଭାବରେ ବହୁତ ଫିଟ୍ ଲାଗୁଛି । ମୋ ମନୋବଳରେ ଦୃଢ଼ତା ଆସିଛି, ମୋ ବ୍ୟବହାରରେ ବହୁତ ପରିବର୍ତ୍ତନ ଆସିଛି, ଆତ୍ମବିଶ୍ୱାସ ବୃଦ୍ଧି ହୋଇଛି । ତତ୍‌ସାହିତ ଏବେ ମୁଁ ଅତ୍ୟନ୍ତ ଗମ୍ଭୀରତାର

ସହ ନିଜ ଲକ୍ଷ୍ୟପ୍ରାପ୍ତି କରିବାରେ ଲାଗିଯାଇଛି ।

– **ନେହା ଶର୍ମା,** ଜୟପୁର

*****

'ପର୍ସନେଲିଟୀ ଡେଭେଲପ୍‌ମେଣ୍ଟ କୋର୍ସ୍' କରିବା ସମୟର ଚାହିଦା ଅଟେ । ସେଥିପାଇଁ, ଏହି କୋର୍ସ କରିବି ବୋଲି ଭାବିଲି । କୋର୍ସ କରିବା ପରେ ଜାଣିଲି ଯେ, ସମ୍ପୂର୍ଣ୍ଣ **'ପର୍ସନେଲିଟୀ ଡେଭେଲପ୍‌ମେଣ୍ଟ କୋର୍ସ୍'** ମନୋରଞ୍ଜକ, ଜ୍ଞାନବର୍ଦ୍ଧକ ତଥା ଉତ୍ତମତାରେ ଭରପୁର ଥିଲା । କୋର୍ସର ପ୍ରଥମ ଦିନରୁ ହିଁ ମୋତେ ଜଣାପଡ଼ିଯାଇଥିଲା ଯେ, ମୁଁ ଏଥିରେ ଅଂଶଗ୍ରହଣ କରି କୌଣସି ଭୁଲ୍ କରିନି । ଏହି କୋର୍ସରେ ମୁଁ ଏତେକିଛି ଶିଖିଛି. ଯାହାକୁ ମୁଁ ଶବ୍ଦରେ ବ୍ୟଖ୍ୟା କରିପାରିବି ନାହିଁ । କେବଳ ଏତିକି କହିପାରିବି ଯେ, **'ପର୍ସନେଲିଟୀ ଡେଭେଲପ୍‌ମେଣ୍ଟ କୋର୍ସ୍'** ରେ ଅଂଶଗ୍ରହଣ କରି ମୁଁ ନିଜକୁ ବହୁତ ଭାଗ୍ୟବାନ୍ ମନେକରୁଛି ।

– **ଆଲୋକ ଶର୍ମା,** ପାଟନା

*****

ଭିନର୍ଜ ଟ୍ରେକ୍ ଦ୍ୱାରା ଆୟୋଜିତ ତଥା ଶ୍ରୀ ସୂର୍ଯ୍ୟ ସିହ୍ନାଙ୍କ ଦ୍ୱାରା କରାଯାଇଥିବା **'ପର୍ସନେଲିଟୀ ଡେଭେଲପ୍‌ମେଣ୍ଟ କୋର୍ସ୍'** କରି ମୋତେ ଏତେ ଆନନ୍ଦ ଆସିଲା, ଯେତେ ଆନନ୍ଦ ମୋତେ 'ଏସେଲ୍ ୱାର୍ଲ୍ଡ' ଯାଇକରି ଆସିନଥିଲା । ଏଠାରେ ଶ୍ରୀ ସୂର୍ଯ ସିହ୍ନା, ପ୍ରତ୍ୟେକ ବିଷୟକୁ ଏତେ ସୁନ୍ଦର ଭାବେ ବୁଝାଇଲେ ଓ କରାଇଲେ ଯେ, ମୋତେ ଏପରି ଲାଗିଲା, ଯେପରି ଆମେ ନୂଆ ପ୍ରକାରର ଜୀବନ ବଞ୍ଚୁଛୁ । ଏଥିରେ ପ୍ରତ୍ୟେକ ଅଂଶଗ୍ରହଣକାରୀ, ନିଜ ଅନୁଭବରୁ ଶିଖୁଥିଲା । ଏଠାରୁ ମୁଁ, ମନୋରଞ୍ଜକ ଭାବରେ ଶିଖିବା ବ୍ୟତୀତ ସକରାତ୍ମକ ଢଙ୍ଗରେ ଚିନ୍ତା କରିବା ଓ ଦେଖିବା ମଧ୍ୟ ଶିଖିନେଇଛି ।

– **ରାଜୀବ ଖଣ୍ଡେଲୱାଲ୍,** ପୀତମପୁରା, ଦିଲ୍ଲୀ

*****

ଶ୍ରୀ ସୂର୍ଯ୍ୟ ସିହ୍ନାଙ୍କ ଦ୍ୱାରା କରାଯାଇଥିବା **'ପର୍ସନେଲିଟୀ ଡେଭେଲପ୍‌ମେଣ୍ଟ କୋର୍ସ୍'** କରି ମୁଁ, ଜୀବନକୁ କିପରି ଜୀଇବାର ଅଛି, ଲୋକମାନଙ୍କ ସହିତ କିପରି ବ୍ୟବହାର କରିବାର ଅଛି, ସମୟକୁ କିପରି ପରିଚାଳନା କରିବାର ଅଛି, ନିଜ କାର୍ଯ୍ୟକ୍ଷମତାକୁ କିପରି ବିକଶିତ କରିବାର ଅଛି, ଲକ୍ଷ୍ୟପ୍ରାପ୍ତି କିପରି କରିବାର ଅଛି ତଥା ନିଜ ଜୀବନକୁ କିପରି ସାର୍ଥକ କରିବାର ଅଛି, ତାହାସବୁ ଶିଖିଲି । ଏହିସବୁ ବିଷୟ ପାଇଁ ମୁଁ ଭିନର୍ଜ ଟ୍ରେକ୍ ଓ ଶ୍ରୀ ସୂର୍ଯ୍ୟ ସିହ୍ନାଙ୍କ ଆଭାର ବ୍ୟକ୍ତ କରୁଛି ।

– **ମହିମା ଦେଶପାଣ୍ଡେ,** ଏଡ୍‌ଭୋକେଟ୍, ମୁମ୍ବଇ ହାଇକୋର୍ଟ

*****

ପୂର୍ବେ ମୁଁ, ନିଜର ବିଚାରକୁ ଅନ୍ୟମାନଙ୍କ ସମ୍ମୁଖରେ ବ୍ୟକ୍ତ କରିପାରୁନଥିଲି । ମାତ୍ର, **'ପର୍ସନେଲିଟୀ ଡେଭେଲପମେଣ୍ଟ କୋର୍ସ'** କରି ମୁଁ ନିଜ ବିଚାରକୁ ବ୍ୟକ୍ତ କରିବା ଶିଖିଯାଇଛି । ମୋ ଭୟ ସମାପ୍ତ ହୋଇଯାଇଛି । ଏବେ ମୁଁ, ବହୁତ ସହଜରେ ଅନ୍ୟମାନଙ୍କ ସମ୍ମୁଖରେ ନିଜର ବିଚାର ବ୍ୟକ୍ତ କରିପାରୁଛି । ନିଜକୁ ଜାଣିବା ତଥା ଆତ୍ମ ନିରୀକ୍ଷଣ କରିବା, ମୋତେ ସବୁଠାରୁ ଭଲ ଲାଗିଲା । ଏହି ଅଭ୍ୟାସ କରିବାପରେ ମୋ ଜୀବନ ଓ ବ୍ୟବହାରରେ ବହୁତ ଆଶ୍ଚର୍ଯ୍ୟଜନକ ତଥା ସୁନ୍ଦର ପରିବର୍ତ୍ତନ ଆସିଛି ।

– **ଦିନେଶ ମେହରା,** ଡେରାଡୁନ୍

*****

'ପର୍ସନେଲିଟୀ ଡେଭେଲପମେଣ୍ଟ କୋର୍ସ' କରିବା ପୂର୍ବରୁ ମୁଁ ବହୁତ ଶୀଘ୍ର ରାଗିଯାଉଥିଲି । ଏବେ, ମୋଠାରେ ବହୁତ ପରିବର୍ତ୍ତନ ଆସିଯାଇଛି । ମୋର ଏହି ଶାନ୍ତ ସ୍ୱଭାବକୁ ଦେଖି ମୋ ଘରଲୋକ ବହୁତ ଆଶ୍ଚର୍ଯ୍ୟ ତଥା ଖୁସି ଅଛନ୍ତି । ଏବେ, ଯେତେବେଳେକି ମୋ କୋର୍ସ ସମାପ୍ତ ହୋଇଯାଇଛି, ସେଥିପାଇଁ ଯଦି ମୋତେ ଏହାର ପ୍ରଚାର-ପ୍ରସାର ପାଇଁ କୌଣସି କାର୍ଯ୍ୟଭାର ଦିଆଯିବ, ତେବେ ତାହାକୁ ମୁଁ ନିଜର ସୌଭାଗ୍ୟ ମନେକରିବି ।

– **ଶୀତଲ୍ ନେଗୀ,** ଅଲ୍‌ମୋଡା, ଉତ୍ତରାଖଣ୍ଡ

*****

ଏହି **'ପର୍ସନେଲିଟୀ ଡେଭେଲପମେଣ୍ଟ କୋର୍ସ'** ରୁ ମୋତେ ବହୁତ ଲାଭ ହୋଇଛି । ଏଥିରେ ମୁଁ ଜାଣିଲି ଯେ, କିପରି ଭାବେ ଆମେ ନିଜ ଭିତରେ ଲୁଚିଥିବା ଶକ୍ତିଗୁଡ଼ିକୁ ଜାଗ୍ରତ କରି, ସେଗୁଡ଼ିକୁ ଉଚିତ୍ ଢଙ୍ଗରେ ପ୍ରୟୋଗ କରାଯାଇପାରିବ । ଏହିପ୍ରକାରର **'ପର୍ସନେଲିଟୀ ଡେଭେଲପମେଣ୍ଟ କୋର୍ସ'** ରେ ଅଂଶଗ୍ରହଣ କରିବାର ଯଦି ମୋତେ ସୁଯୋଗ ମିଳୁଥିବ, ତେବେ ମୁଁ ବାରମ୍ବାର ଏଥିରେ ଭାଗ ନେବାକୁ ଚାହିଁବି ।

– ବିନୟ କୁମାର ପାଠକ, ପାଟନା

*****

ସାର୍,

ଆପଣଙ୍କର **'ପର୍ସନେଲିଟୀ ଡେଭେଲପମେଣ୍ଟ କୋର୍ସ'** କରିବାପରେ ମୋ ଜୀବନରେ ଆଶ୍ଚର୍ଯ୍ୟଜନକ ପରିବର୍ତ୍ତନ ଆସିଛି । ଆପଣଙ୍କର **'ପର୍ସନେଲିଟୀ ଡେଭେଲପମେଣ୍ଟ କୋର୍ସ'** ମୋ ଜୀବନର ମାର୍ଗ ବଦଳାଇଦେଇଛି । ମୁଁ ଗୋଟିଏ ଔଷଧ କମ୍ପାନୀରେ ଏକ୍‌ଜିକ୍ୟୁଟିଭ୍ ଥିଲି, ହେଲେ ମୋତେ କୌଣସି ଖାସ୍ ସଫଳତା ମିଳୁନଥିଲା । ମାତ୍ର,

ଆପଣଙ୍କ କୋର୍ସକୁ ପାଳନ କରିବାପରେ, ସେହି କମ୍ପାନୀରେ ମୁଁ ଏବେ ନମ୍ବର୍ ଏକ ଅଟେ । ଆପଣଙ୍କ ଦିଗନିର୍ଦ୍ଦେଶ ପାଳନ କରିକି ହିଁ ମୁଁ ନିଜ ବ୍ୟକ୍ତିତ୍ୱରେ ଏପରି ବିକାଶ କରିଛି ଯେ, ଏବେ ମୋ କାର୍ଯ୍ୟକ୍ଷେତ୍ରରେ ମୋର ପ୍ରଭାବ ବହୁତ ବଡ଼ ଅଟେ ଏବଂ ଆତ୍ମବିଶ୍ୱାସରେ ମଧ୍ୟ ବିରାଟ ପରିବର୍ତ୍ତନ ହୋଇଛି । ମୋ ସଫଳତାର ଶ୍ରେୟ, ପ୍ରକୃତ ଅର୍ଥରେ ଆପଣଙ୍କୁ ଯାଉଛି ।

– **ମନୀଷ କୁମାର,** କାନପୁର

*****

ସାର୍,

ମୋର ଜଣେ ମିତ୍ର, ଆପଣଙ୍କର ***'ପର୍ସନେଲିଟୀ ଡେଭେଲପମେଣ୍ଟ୍ କୋର୍ସ୍'*** ବିଷୟରେ କହିଥିଲା । ଆପଣଙ୍କର କ୍ଲାସ୍ ଆଟେଣ୍ଡ୍ କରି, ମୁଁ ନିଜ ବ୍ୟକ୍ତିତ୍ୱକୁ ଉଜ୍ଜ୍ୱଳ କରି, ତାହାସବୁ ପାଇଲି, ଯାହାସବୁ ମୁଁ ଚାହୁଁଥିଲି, ଅର୍ଥାତ୍ ପ୍ରଭାବ, ସମ୍ମା. ସଫଳତା, ଲୋକପ୍ରିୟତା ଓ ପ୍ରତିଷ୍ଠା । ଆଜି, ମୋର କେହି ବିରୋଧୀ କିମ୍ବା ଶତ୍ରୁ ନାହାଁନ୍ତି । ଯେଉଁମାନେବି ଥିଲେ, ସେମାନଙ୍କୁ ମୁଁ, ଆପଣଙ୍କ ଦ୍ୱାରା କୁହାଯାଇଥିବା ସୂତ୍ର ପାଳନ କରି ନିଜ ବନ୍ଧୁ କରିନେଇଛି । ଏବେ ମୁଁ, ମୋର ପୁଅ ଓ ଝିଅକୁ ମଧ୍ୟ ଆପଣଙ୍କ କ୍ଲାସ୍ ଆଟେଣ୍ଡ୍ କରାଇବାକୁ ଚାହୁଁଛି । ଦୟାକରି କୁହନ୍ତୁ ଯେ, ଏବେ ଅହମଦାବାଦରେ ଆପଣଙ୍କ କ୍ଲାସ୍ କେବେ ଆରମ୍ଭ ହେଉଛି ?

– ଆପଣଙ୍କ ବିଦ୍ୟାର୍ଥୀ, **ଜେ.କେ. ବର୍ମା,** ଅହମଦାବାଦ

*****

ମୋ ପ୍ରେରଣା ସ୍ରୋତ ସୂର୍ଯ୍ୟ ସାର୍,

ଆପଣଙ୍କର ଗତ ନାଗପୁର ପ୍ରବାସ ସମୟରେ ମୁଁ ଆପଣଙ୍କଠାରୁ ***'ପର୍ସନେଲିଟୀ ଡେଭେଲପମେଣ୍ଟ୍ କୋର୍ସ୍'*** ର କିଛି ଟିପ୍ସ ନେଇଥିଲି । ଯେଉଁଥିରୁ ମୋତେ, ନାକେବଳ ବ୍ୟାବହାରିକ ସଫଳତା ମିଳିଥିଲା, ବରଂ ନିଜର କେତେକ ଦୋଷ-ତ୍ରୁଟି ଦୂରକରି, ସମାଜରେ ବହୁତ ସମ୍ମାନ ପାଇଲି । ମୋ କର୍ମଚାରୀ ମଧ୍ୟ ଏବେ ପ୍ରଭାବିତ ଓ ପ୍ରସନ୍ନ ରହୁଛନ୍ତି । ରାଗ ତ ଏବେ ମୋତେ ବୁଲକୁଲ ଲାଗୁନାହିଁ ।

ଏହି ପରିବର୍ତ୍ତନର ଶ୍ରେୟ ମୁଁ ଆପଣଙ୍କୁ ହିଁ ଦେଉଛି । ଆପଣଙ୍କ ଦ୍ୱାରା କରାଯାଇଥିବା ମେଡିଟେଶନ୍ ତଥା କୁହାଯାଇଥିବା ଟିପ୍ସକୁ ପାଳନ କରି, ମାନସିକ ଶାନ୍ତି ଭାବରେ ବହୁତ ବଡ଼ ଲାଭ ମିଳିଛି । ଏବେ ମୁଁ ବହୁତ ଶାନ୍ତ ରହୁଛି । ନିବେଦନ ଏହିକି ଯେ ମୁଁ, ନିଜ ଫ୍ୟାକ୍ଟ୍ରୀ କର୍ମଚାରୀମାନଙ୍କୁ ମଧ୍ୟ ଆପଣଙ୍କ କ୍ଲାସ୍ ଆଟେଣ୍ଡ୍ କରାଇବାକୁ ଚାହୁଁଛି । ଆପଣଙ୍କର ଆଗାମୀ ନାଗପୁର ଗସ୍ତ କେବେ ହେବ ? ଦୟାକରି କୁହନ୍ତୁ କିମ୍ବା ମୋ ନିମନ୍ତ୍ରଣରେ

ନାଗପୁରକୁ ଆସନ୍ତୁ । ଆପଣଙ୍କର ସମସ୍ତ ସର୍ତ୍ତରେ ମୁଁ ରାଜି ।

- **ସୁଧାକର ଭୋଂସଲେ,** ନାଗପୁର

*****

ସୂର୍ଯ୍ୟ ସାର୍,

ଆପଣଙ୍କର ***ମେମୋରୀ ଡେଭଲେପ୍‌ମେଣ୍ଟ୍ ୱର୍କଶପ୍*** ରୁ ମୋତେ ବହୁତ ଲାଭ ମିଳିଛି । ୱର୍କଶପ୍ ଆଟେଣ୍ଡ୍ କରିବାପରେ ମୁଁ, ଆପଣଙ୍କ ପୁସ୍ତକ **'ନିଜ ସ୍ମରଣଶକ୍ତି କିପରି ବଢ଼ାଇବେ'** ମଧ୍ୟ କିଣିଲି ଏବଂ ସେହି ପୁସ୍ତକରୁ ମଧ୍ୟ ମୁଁ ବହୁତ କିଛି ଶିଖିଲି । ଆପଣଙ୍କ ଦ୍ୱାରା ପରାମର୍ଶିତ ପଦ୍ଧତି ଉପରେ କାର୍ଯ୍ୟକରି ମୋ ସ୍ମରଣଶକ୍ତି ଏତେ ତୀବ୍ର ହୋଇଗଲା ଯେ, ଲୋକମାନେ ମୋତେ କମ୍ପ୍ୟୁଟର୍ ବୋଲି କହୁଛନ୍ତି ।

ସାର୍, ଏବେ ମୁଁ, ଆପଣଙ୍କର ***'ପର୍ସନେଲିଟୀ ଡେଭେଲପ୍‌ମେଣ୍ଟ୍ କୋର୍ସ'*** ନାମକ କ୍ଲାସ୍ ଆଟେଣ୍ଡ୍ କରିବାକୁ ଚାହୁଁଛି । ଯଦି ନିକଟ ଭବିଷ୍ୟତରେ ଡେରାଡୁନ୍ କିମ୍ବା ଆଖପାଖ ଅଞ୍ଚଳରେ ଆପଣଙ୍କର କୌଣସି କାର୍ଯ୍ୟକ୍ରମ ଆୟୋଜିତ ହେବାର ଯୋଜନା ଅଛି, ତେବେ ଦୟାକରି ମୋତେ ନିଶ୍ଚିତ ଜଣାଇବେ ।

- **ରାଜେଶ କୁମାର,** ଡେରାଡୁନ୍

*****

ସାର୍,

ଆପଣଙ୍କ ପୁସ୍ତକ **'ଚିନ୍ତାଧାରାର କୁହୁକ'** ବହୁତ ପସନ୍ଦ ଆସିଲା । ଏହି ପୁସ୍ତକ, ନାକେବଳ ମୋ ଚିନ୍ତା କରିବାର ଦୃଷ୍ଟିକୋଣ ବଦଳାଇଦେଲା, ବରଂ ସକରାତ୍ମକ ଚିନ୍ତା ମୋ ଜୀବନ ହିଁ ପରିବର୍ତ୍ତିତ କରିଦେଲା । ମୋର ଯେଉଁ ବନ୍ଧୁ ମୋତେ ଆପଣଙ୍କର ଏହି ପୁସ୍ତକ ଉପହାର ଦେଇଥିଲା, ସେ ହିଁ ମୋତେ ଆପଣଙ୍କ ଦ୍ୱାରା ଆୟୋଜିତ କରାଯାଉଥିବା ***'ପର୍ସନେଲିଟୀ ଡେଭେଲପ୍‌ମେଣ୍ଟ୍ କୋର୍ସ'*** ବିଷୟରେ ମଧ୍ୟ କହିଥିଲା ।

ଏବେ ମୁଁ, ଆପଣଙ୍କର କ୍ଲାସ୍ ଆଟେଣ୍ଡ୍ କରିବାକୁ ଚାହୁଁଛି । ମୁଁ ଭୋପାଳରେ ରୁହେ । ଦୟାକରି ମୋ ମାର୍ଗଦର୍ଶନ କରନ୍ତୁ ଯେ, କିପରି ଭାବରେ ମୁଁ ଆପଣଙ୍କର କ୍ଲାସ୍ ଆଟେଣ୍ଡ୍ କରିପାରିବି ।

- **ସନ୍ତୋଷ ଅଗ୍ରୱାଲ୍,** ଭୋପାଳ

ପ୍ରଶ୍ନ ଆପଣଙ୍କର ଉତ୍ତର ସୂର୍ଯ୍ୟ ସିହ୍ନାଙ୍କର

ପ୍ରଶ୍ନ: ବ୍ୟକ୍ତିତ୍ୱ ବିକାଶ ଦିଗରେ କେଉଁ ମୁଖ୍ୟ ବିଷୟ ଉପରେ ଧ୍ୟାନକେନ୍ଦ୍ରିତ କରାଯିବା ଉଚିତ୍, ଯେଉଁଥିରୁ ବ୍ୟକ୍ତିତ୍ୱର ବିକାଶ ହୋଇପାରିବ ?

- ଅତୁଲ୍ ଶ୍ରୀବାସ୍ତବ (ଲକ୍ଷ୍ନୌ)

ଉତ୍ତର: ଆପଣଙ୍କର ଏହି ପ୍ରଶ୍ନର ଉତ୍ତର ପାଇଁ ଆପଣ ମୋର ଏହି ପୁସ୍ତକର ଗହନ ଅଧ୍ୟୟନ କରନ୍ତୁ । କିଛି ସମୟ ପରେ ଆପଣ ନିଜେ ହିଁ ଅନୁଭବ କରିବେ ଯେ, ଆପଣଙ୍କ ବ୍ୟକ୍ତିତ୍ୱରେ ଔଜ୍ଜଲ୍ୟତା ଆସିସାରିଛି ।

*****

ପ୍ରଶ୍ନ: ମୁଁ ଆପଣଙ୍କ ଦ୍ୱାରା ଆୟୋଜିତ କରାଯାଉଥିବା *'ପର୍ସନେଲିଟୀ ଡେଭେଲପ୍‌ମେଣ୍ଟ୍ କୋର୍ସ୍'*, *'ଲିଡରଶିପ୍ ଡେଭେଲପ୍‌ମେଣ୍ଟ୍ ପ୍ରୋଗ୍ରାମ୍'* ଏବଂ *'ଟିମ୍ ବିଲ୍ଡିଙ୍ଗ୍ ପ୍ରୋଗ୍ରାମ୍'* ଆଟେଣ୍ଡ୍ କରିବାକୁ ଚାହୁଁଛି, ସେଥିପାଇଁ କ'ଣ କରିବି ?

- ସନ୍ଦିପ ପାଟିଲ୍ (ମାଲେଗାଁଓ, ମହାରାଷ୍ଟ୍ର)

ଉତ୍ତର: ଏଥିପାଇଁ ଆପଣଙ୍କୁ ନିଜ ନାମ, ଠିକଣା, ଇ-ମେଲ୍ ଏଡ୍ରେସ୍ ତଥା ଫୋନ୍ ନମ୍ବର୍ ଆମକୁ ଇ-ମେଲ୍ କରିବାକୁ ହେବ । ସେଥିରେ ଆପଣ, ବିଶେଷଭାବରେ ଏହା ଉଲ୍ଲେଖ କରିବାକୁ ଭୁଲିବେ ନାହିଁ ଯେ, ଆପଣ କେଉଁ କୋର୍ସ ବା ପ୍ରୋଗ୍ରାମ୍ ଆଟେଣ୍ଡ୍ କରିବାକୁ ଚାହୁଁଛନ୍ତି । ଯେଉଁଥିରୁ, ଯେବେବି ଆମେ ଆପଣଙ୍କ ସହର କିମ୍ବା ଆଖପାଖରେ କୌଣସି ପ୍ରୋଗ୍ରାମ୍ କରିବାକୁ ଆସିବୁ, ତେବେ ଆପଣଙ୍କୁ ସୂଚିତ କରିପାରିବୁ ।

*****

ପ୍ରଶ୍ନ: ମୁଁ ନିଜ ଟିମ୍ ତଥା କମ୍ପାନୀ ପାଇଁ ଆପଣଙ୍କର ଗୋଟିଏ ଟ୍ରେନିଙ୍ଗ୍ ପ୍ରୋଗ୍ରାମ୍ ରଖିବାକୁ ଚାହୁଁଛି, ସେଥିପାଇଁ ମୁଁ କ'ଣ କରିବି ?

- ସଞ୍ଜୀବ କୁମାର ରାୟ (ପାଟନା)

ଉତ୍ତର: ସେଥିପାଇଁ ଆପଣ ଆପମ ଅଫିସିଆଲ୍ ଷ୍ଟାଫ୍‌ଙ୍କ ସହିତ ଫୋନ୍ କିମ୍ବା ଇ-ମେଲ୍ ମାଧ୍ୟମରେ ସମ୍ପର୍କ କରନ୍ତୁ ।

*****

ପ୍ରଶ୍ନ: ଆପଣ କୌଣସି ସ୍କୁଲ୍ ମଧ୍ୟ ଚଳାଉଛନ୍ତି କି ? ମୁଁ **'ପର୍ସନେଲିଟୀ ଡେଭେଲପମେଣ୍ଟ କୋର୍ସ୍' କୋର୍ସ କରିବାକୁ ଚାହୁଁଛି । ମୁଁ ବାଲିୟାରେ ରହୁଛି । ଏହି କୋର୍ସକୁ ପତ୍ର ବିନିମୟରେ କରାଯାଇପାରିବ କି ?**

– **ରାଜେଶ ସିଂହ** (ବଲିୟା, ବିହାର)

ଉତ୍ତର: ମୋର ***ପର୍ସନେଲିଟୀ ଡେଭେଲପ୍ ମେଣ୍ଟ*** ସମ୍ପର୍କିତ ଅନେକ ପ୍ରୋଗ୍ରାମ୍ ଦିଲ୍ଲୀ, କୋଲକାତା, ମୁମ୍ବଇ, ବେଙ୍ଗାଲୋର୍ ତଥା ଅନ୍ୟାନ୍ୟ ସହରମାନଙ୍କରେ ସମୟ-ସମୟରେ ଆୟୋଜିତ ହେଉଛି । ଯେଉଁଠାକୁ କେବଳ ମୁଁ ହିଁ ନୁହେଁ, କିଛି ଅନ୍ୟ ଟ୍ରେନର୍ସ ମଧ୍ୟ ଆସନ୍ତି ଏବଂ ଲୋକମାନଙ୍କୁ ଟ୍ରେନିଙ୍ଗ୍ ଦେଇ, ସେମାନଙ୍କର ଆତ୍ମିକ ବିକାଶ କରନ୍ତି । ଆପଣ ମୋର କ୍ୟାସେଟ୍ ଓ ସି.ଡି. ଶୁଣନ୍ତୁ, ସେଥିରେ ଆପଣଙ୍କୁ ***ପର୍ସନେଲିଟୀ ଡେଭେଲପମେଣ୍ଟ*** ସମ୍ପର୍କିତ ଅନେକ କଥା ଶିଖିବାକୁ ମିଳିବ । ମୁଁ ଆପଣଙ୍କୁ ସ୍ପଷ୍ଟ କରିଦେବାକୁ ଚାହୁଁଛି ଯେ, ପତ୍ର ବିନିମୟ ଦ୍ୱାରା ଏହି କୋର୍ସ ସମ୍ଭବ ନୁହେଁ । ପୁସ୍ତକ ଓ କ୍ୟାସେଟ୍ସ ଆପଣଙ୍କୁ ବହୁତ ସାହାଯ୍ୟ କରିପାରେ । କେବେଯଦି ଆପଣଙ୍କ ସହରରେ ମୋର କୌଣସି ପ୍ରୋଗ୍ରାମ୍ ହୁଏ, ତେବେ ମୁଁ ଆପଣଙ୍କୁ ନିଶ୍ଚିତ ସୂଚନା ଦେବି ।

*****

ପ୍ରଶ୍ନ: ମୁଁ, ମୋ ଗ୍ରୁପରେ ବାଣ୍ଟିବା ପାଇଁ ୨୦୦ ପୁସ୍ତକ କିଣିବାକୁ ଚାହୁଁଛି, ଏଥିପାଇଁ କେଉଁଠାକୁ ସମ୍ପର୍କ କରିବି ?

– ସନ୍ଦିପ ଷୋଷ (କୋଲକାତା)

ଉତ୍ତର: ପୁସ୍ତକ ପାଇଁ ଆପଣ, ଆମ ଅଫିସିଆଲ୍ ଷ୍ଟାଫ୍‌ଙ୍କ ସହିତ ସମ୍ପର୍କ କରନ୍ତୁ, ଆପଣ ଉଚିତ୍ କମିଶନ୍‌ରେ ପୁସ୍ତକ ପ୍ରାପ୍ତ କରିପାରିବେ ।

*****

ପ୍ରଶ୍ନ: ମୁଁ ଜଣେ ଗ୍ରୁପ୍ ଲିଡର୍ ଅଟେ ଏବଂ ମୋର ଆନ୍ତରିକ ଇଛା ଯେ, ଆପଣ ମୋ ଗ୍ରୁପ୍‌କୁ ଶିକ୍ଷା ପ୍ରଦାନ କରନ୍ତୁ, ଏହା ସମ୍ଭବ କି ? ଦୟାକରି ଆପଣଙ୍କର ଫୀସ୍ ଆଦି କୁହନ୍ତୁ ?

– **ଡି.ପି. ସକ୍ସେନା** (ବାରାଣସୀ, ଉ.ପ୍ର.)

ଉତ୍ତର: ହଁ, ଏହା ସମ୍ଭବ ଅଟେ । ଫୀସ୍ ଆଦି ବିଷୟକୁ ନେଇ ଆପଣ ଅଧିକ ଚିନ୍ତିତ

ହୁଅନ୍ତୁ ନାହିଁ । ଅଧିକରୁ ଅଧିକ ଯୁବ ପିଢ଼ିଙ୍କୁ ଶିକ୍ଷିତ କରିବା ମୋର ଉଦ୍ଦେଶ୍ୟ, ଯେଉଁଥିରୁ ଏକ ଶିକ୍ଷିତ ଓ ସୁନ୍ଦର ଭାରତ ନିର୍ମାଣରେ ସହାୟକ ହୋଇପାରିବି । ଆମର ପାରିଶ୍ରମିକ, ସମୟ ଓ ପରିସ୍ଥିତିକୁ ନେଇ ସ୍ଥିର କରାଯାଇଥାଏ ।

*****

ବୁକିଙ୍ଗ୍ ପାଇଁ ଆଦେଶପତ୍ର

ନାମ ____________________

ଠିକଣା ____________________

____

ଫୋନ୍ __________ ମୋବାଇଲ୍ __________

ଇ-ମେଲ୍ ____________________

କର୍ମଶାଳା / ସେମିନାର୍ - ☐ ସାତ ଦିବସୀୟ ☐ ପାଂଚ ଦିବସୀୟ ☐

ତିନି ଦିବସୀୟ ☐ ଦୁଇ ଦିବସୀୟ ☐ ଏକ ଦିବସୀୟ

(ଯେଉଁ କର୍ମଶାଳା / ସେମିନାର୍‌ର ଚୟନ କରିବେ, ସେହି ବକ୍ସରେ ✓ ଚିହ୍ନ ଲଗାନ୍ତୁ ।)

ଦୟାକରି ଧ୍ୟାନ ଦିଅନ୍ତୁ

- ✓ ସମସ୍ତ କର୍ମଶାଳା / ସେମିନାର୍‌ଗୁଡ଼ିକର ଭିନ୍ନ-ଭିନ୍ ପ୍ରୋଫେଶନାଲ୍ ଫୀସ୍ ରହିଛି ।
- ✓ ଏକାଧିକ ସେମିନାର୍ / କର୍ମଶାଳା କରାଇବା ଉପରେ ପ୍ୟାକେଜ୍ ରିହାତି ମିଳିବ ।
- ✓ ଉଡ଼ା ଜାହାଜ ଭଡ଼ା ଏବଂ ଲଜିଙ୍ଗ୍ ଓ ଫୁଡିଙ୍ଗ୍ ପାଇଁ ଅତିରିକ୍ତ ଚାର୍ଜେସ୍ ଲାଗିବ ।
- ✓ ଚୟନିତ କର୍ମଶାଳା / ସେମିନାର୍ ବୁକିଙ୍ଗ୍ ପାଇଁ ଶୁଳ୍କର ୫୦% ବ୍ୟାଙ୍କ୍ ଡ୍ରାଫ୍ଟ/ ଚେକ୍ ମାଧ୍ୟମରେ ଅଗ୍ରିମ ପୈଠ କରିବା ଆବଶ୍ୟକ ।

ଯଦି ଆପଣଙ୍କୁ ନିଜ ସହରରେ ସୂର୍ଯ୍ୟ ସିହ୍ନାଙ୍କର କୌଣସି ପୁସ୍ତକ କିମ୍ବା କ୍ୟାସେଟ୍ ମିଳିବାରେ କିମ୍ବା କର୍ମଶାଳା / ସେମିନାର୍ ଫୀସ୍ ଓ ବୁକିଙ୍ଗ୍ କରିବା ପାଇଁ ଅସୁବିଧା ହେଉଛି

ଆମକୁ ଫୋନ୍ କରନ୍ତୁ କିମ୍ବା ଇ-ମେଲ୍ ମାଧ୍ୟମରେ ସମ୍ପର୍କ କରନ୍ତୁ

E-mail : winnerztrack@gmail.com
Website :www.suryasinha.com
www. winnerztrack.com
www. authorsuryasinha.com

ଫୋନ୍ - ୦୯୩୧୩୬-୩୨୯୮୧, ୦୯୩୫୦୫-୨୭୨୦୪

ନିମନ୍ତ୍ରଣ

ଯଦି ଆପଣ ନିଜ ବ୍ୟକ୍ତିତ୍ୱ ବିକଶିତ କରିବାକୁ ଚାହୁଁଛନ୍ତି ଏବଂ ବ୍ୟକ୍ତିଗତ ଭାବେ ଲେଖକ, ମାନବ ପ୍ରଶିକ୍ଷକ ତଥା ପ୍ରେରକ ସୂର୍ଯ୍ୟ ସିହ୍ନାଙ୍କର **'ପର୍ସନେଲିଟୀ ଡେଭେଲପ୍‌ମେଣ୍ଟ ପ୍ରୋଗ୍ରାମ୍'** ଆଟେଣ୍ଡ୍ କରିବାକୁ ଚାହୁଁଛନ୍ତି, ତେବେ ଆପଣ ଏହି ରେଜିଷ୍ଟ୍ରେସନ୍ ଫର୍ମ ପୂରଣ କରି ଆମକୁ ପଠାଇପାରିବେ । ଆମେ ଆପଣଙ୍କୁ ଆମର **'ପର୍ସନେଲିଟୀ ଡେଭେଲପ୍‌ମେଣ୍ଟ ପ୍ରୋଗ୍ରାମ୍'**ରେ ଯୋଗଦେବା ପାଇଁ ଆପଣଙ୍କ ନିକଟତମ ସହରକୁ ନିମନ୍ତ୍ରିତ କରିପାରୁ ।

ରେଜିଷ୍ଟ୍ରେସନ୍ ଫର୍ମ

ଆବେଦକଙ୍କ ନାମ : ....

ପିତା / ସ୍ୱାମୀଙ୍କ ନାମ : ....

ମାତାଙ୍କ ନାମ : ....

ବୟସ : .... ବର୍ଷ

ଲିଙ୍ଗ : ପୁରୁଷ ( ) ସ୍ତ୍ରୀ ( )

ଶିକ୍ଷାଗତ ଯୋଗ୍ୟତା : ....

ଆବେଦକଙ୍କ ବୃତ୍ତି : ....

ଘର ଠିକଣା : ....

....

....

ଫୋନ୍ ନଂ. : ....

ମୋବାଇଲ୍ ନଂ. : ....

କାର୍ଯ୍ୟାଳୟ ଠିକଣା : ....

....

....

ଫୋନ୍ ନଂ. ....

ସ୍ଥାନ : ....

....

ତାରିଖ : ....

ଆବେଦକଙ୍କ ହସ୍ତାକ୍ଷର

ପ୍ରଭାତ ପ୍ରକାଶନ ଦ୍ୱାରା ପ୍ରକାଶିତ

हार्ड बॉन्ड: 250/-

पेपर बैक: 125/-

ଆପଣ ଜାଣନ୍ତି କି କମ୍ପ୍ୟୁଟର୍‌ର ଗୋଟିଏ ଖାସ୍ ବୈଶିଷ୍ଟ୍ୟତା କ'ଣ ? ତାହା ହେଉଛି - ତା'ର ମେମୋରୀ, ଅର୍ଥାତ୍ ମନେରଖିବାର କ୍ଷମତା । ଅନେକ ବର୍ଷ ପୁରୁଣା ରେକର୍ଡ ମଧ୍ୟ କୀ-ବୋର୍ଡର ଦୁଇଟି ବଟନ୍ ଟିପିଲେ ଆପଣଙ୍କ ସାମନାକୁ ଚାଲିଆସେ ଏବଂ ଏହି ସ୍ମରଣ ଶକ୍ତି ବଳରେ ହିଁ ଆଜି ସେ ସମସ୍ତଙ୍କର ପ୍ରିୟଭାଜନ ଅଟେ ।

କ'ଣ ଆପଣ ଜାଣନ୍ତି ଯେ, ଆପଣଙ୍କର ନିଜ ମସ୍ତିଷ୍କ ମଧ୍ୟ ଏକ କମ୍ପ୍ୟୁଟର୍ ଅଟେ, ମାତ୍ର ତା'ମେମୋରୀ କ୍ଷମତା ବହୁତ ଦୁର୍ବଳ । କିପରି ବଢ଼ାଇବେ ମଗଜରୂପୀ ଏହି କମ୍ପ୍ୟୁଟର୍‌ର ମେମୋରୀ ପାୱାର୍ ? କିପରି ହେବ ଆପଣଙ୍କର ସ୍ମରଣ ଶକ୍ତି ପ୍ରଖର ?

ଏହାର ଉତ୍ତର ହେଉଛି:

ନିଜ ସ୍ମରଣ ଶକ୍ତି କିପରି ବଢାଇବେ'

ଏହି ବହୁମୂଲ୍ୟ ପୁସ୍ତକ, କେବଳ ଆପଣଙ୍କର ସ୍ମରଣ ଶକ୍ତି ବଢ଼ାଇବ ନାହିଁ, ବରଂ ଆପଣଙ୍କର ସମ୍ପୂର୍ଣ୍ଣ ବ୍ୟକ୍ତିତ୍ୱ ବିକାଶରେ ମଧ୍ୟ ଏକ ଗୁରୁତ୍ୱପୂର୍ଣ୍ଣ ଭୂମିକା ନିର୍ବାହ କରିବ ।

ସୂର୍ଯ୍ୟ ସିହ୍ନା ଙ୍କ କଲମ ନିସୃତ ଅମୂଲ୍ୟ ପୁସ୍ତକ

ମାନବ ବ୍ୟବହାର ଉପରେ ଆଧାରିତ ଏହା ଏକା ଏପରି ଉତ୍କୃଷ୍ଟ ପୁସ୍ତକ, ଯାହା ମୌନତା ଭଙ୍ଗ କରିବା ସହି ସମତା, ମମତା ଓ ପ୍ରେମରେ ଆମକୁ ପରସ୍ପର ସହିତ ଯୋଡ଼ିଥାଏ ।

ଆଜିର ବାତାବରଣରେ, ଜୀବନରେ ସଫଳତା ପାଇବାର ଏକମାତ୍ର ଉପାୟ ହେଉଛି, ଆମେ ଲୋକମାନଙ୍କୁ ନିଜର କିପରି କରାଯାଏ, ତାହା ଶିଖିବା ।

ଏହି **'ମାନବ ବ୍ୟବହାର'** ପୁସ୍ତକ, ପରସ୍ପର ମଧ୍ୟରେ ଥିବା ଦୂରତ୍ୱ ଓ ଏକାକୀପଣକୁ ଦୂରକରି ନୂତନ ଭାବନା, ନୂତନ ଚିନ୍ତାଧାରା ଓ ସମସ୍ତଙ୍କୁ ନିଜର କରିବାର ଦ୍ୱାରା ଖୋଲିବାରେ ଅତ୍ୟନ୍ତ ସହାୟକ ସାବ୍ୟସ୍ତ ହେବ, ଯେଉଁଥିରୁ ଆମେ, ଜୀବନରେ ସୁଖ, ସଫଳତା ପ୍ରାପ୍ତ କରିପାରିବା । ସେଥିପାଇଁ, ଏହାକୁ ନିଶ୍ଚୟ ପଢ଼ନ୍ତୁ ଏବଂ ବ୍ୟବହାର କୁଶଳ ହୁଅନ୍ତୁ ।

हार्ड बॉन्ड: 175/-

पेपर बैक: 95/-

ଯଦି ଆପଣଙ୍କୁ ନିଜ ସହରରେ ସୂର୍ଯ୍ୟ ସିହ୍ନାଙ୍କର କୌଣସି ପୁସ୍ତକ ଅବା ସି.ଡି. ପ୍ରାପ୍ତ ହେବାରେ ସମସ୍ୟା ହେଉଛି, ତେବେ ଆମ ସହିତ ସମ୍ପର୍କ କରନ୍ତୁ । ବଡ଼ ଅର୍ଡର୍ ଉପରେ ବିଶେଷ ରିଆତିର ଲାଭ ପ୍ରାପ୍ତ କରନ୍ତୁ ।

ଫୋନ୍: ୦୯୩୫୦୫-୨୭୨୦୪, ୦୯୩୧୩୬-୩୨୯୮୧

ନିଜ ବ୍ୟକ୍ତିତ୍ୱ ବିକାଶ
ଏବଂ ନିଜ ଟିମ୍‌ର
ସଫଳତା ପାଇଁ
ମାନବ ପ୍ରଶିକ୍ଷକ ଏବଂ ପ୍ରେରକ
ସୂର୍ଯ୍ୟ ସିହ୍ନା
ଙ୍କ ପୁସ୍ତକମାନ ପଢ଼ନ୍ତୁ ଏବଂ
ପ୍ରେରଣାତ୍ମକ କ୍ୟାସେଟ୍ସ ମଧ୍ୟ
ନିଶ୍ଚିତ ଶୁଣନ୍ତୁ

ସୂର୍ଯ୍ୟ ସିହ୍ନାଙ୍କ ପୁସ୍ତକ, କ୍ୟାସେଟ୍ସ ଏବଂ ସେମିନାର୍ ଓ କର୍ମଶାଳାଗୁଡ଼ିକ
ସମ୍ବନ୍ଧରେ ଅଧିକ ସୂଚନା ପାଇଁ

ଫୋନ୍ କରନ୍ତୁ: ୦୯୩୧୩୬-୩୨୯୮୧, ୦୯୩୫୦୫-୨୭୨୦୪

नंबर 1 बेस्टसेलर
जीवन के प्रेरक
कुछ ऐसे विचार, जो बदल देंगे आपकी जिन्दगी
सूर्या सिन्हा
सूर्या सिन्हा
आओ, बनें सफल वक्ता
कहानियाँ बोलती हैं
सूर्या सिन्हा
जीवन को नई रोशनी प्रदान करती प्रेरक कहानियां
सकारात्मक विचारों का जादू
सूर्या सिन्हा
सद्‌विचारों की रोशनी दुर्भाग्य के अंधकार को खत्म कर देती है
ସୂର୍ଯ୍ୟ ସିହ୍ନାଙ୍କ ଦ୍ୱାରା ଲିଖିତ, ଜୀବନର ପ୍ରତ୍ୟେକ କ୍ଷେତ୍ର ପାଇଁ ଉପଯୋଗୀ
कम्पलीट पर्सनैलिटी डेवलॅपमेंट कोर्स
COMPLETE PERSONALITY DEVELOPMENT COURSE
Surya Sinha
अंतर्राष्ट्रीय ख्याति प्राप्त लेखक सूर्या सिन्हा की
मन के जीते जीत
मन को जीतो, दुनिया होगी आपकी मुट्ठी में
ପ୍ରେରଣାଦାୟକ ପୁସ୍ତକ ନିଶ୍ଚିତ ପଢ଼ନ୍ତୁ
୧୨ ଭାଷାରେ ସମଗ୍ର ଦେଶରେ ଉପଲବ୍ଧ
ଅଧିକ ସୂଚନା ପାଇଁ ସମ୍ପର୍କ କରନ୍ତୁ -
चुभते कड़वे प्रवचन
सूर्या सिन्हा
नेटवर्क मार्केटिंग में सफलता पाने के अचूक मंत्र
सूर्या सिन्हा
क्या है नेटवर्क मार्केटिंग जानिए
सूर्या सिन्हा
email: winnerztrack@gmail.com
Ph: 09350527204, 09313632981
अपनी याददाश्त कैसे बढ़ाएँ
सूर्या सिन्हा
नेटवर्क मार्केटिंग सवाल आपके जवाब सूर्या सिन्हा के
12 भारतीय भाषाओं में प्रकाशित
लोक व्यवहार
सूर्या सिन्हा
Learn to Say I Love You
A rare book based on The art of dealing with people
Surya Sinha